こども

スポーツ絵じてん

三省堂編修所 編

三省堂

この絵じてんの特長と使いかた

1 スポーツのことばとルールを6つの章に分けて紹介

子どもに身近なサッカーや野球などの球技から、陸上競技、水泳、日本の伝統的スポーツ、冬のスポーツまで、さまざまなスポーツを取り上げています。

2 絵本感覚で読める楽しいイラスト

イラストをメインに構成しているので、スポーツのことをまだあまりよく知らない子どもでも楽しみながら読むことができます。

3 本文はすべてひらがな・カタカナ

幼児の「読んでみたい」という気持ちに応えられるよう、子ども向けの部分はすべてひらがな・カタカナで表記しています。

4 興味のあるスポーツから読むことができる

この本では、それぞれのスポーツのルールを簡潔にまとめています。知っているスポーツやテレビなどで見たことがあって興味のあるスポーツから読んでみてもよいでしょう。

競技名

そのページで解説している競技の名前を示しています。

きほんのルール

試合がおこなわれる場所やポジション、試合の流れから勝ち負けの決め方まで、基本的なルールをイラストとともに解説しています。

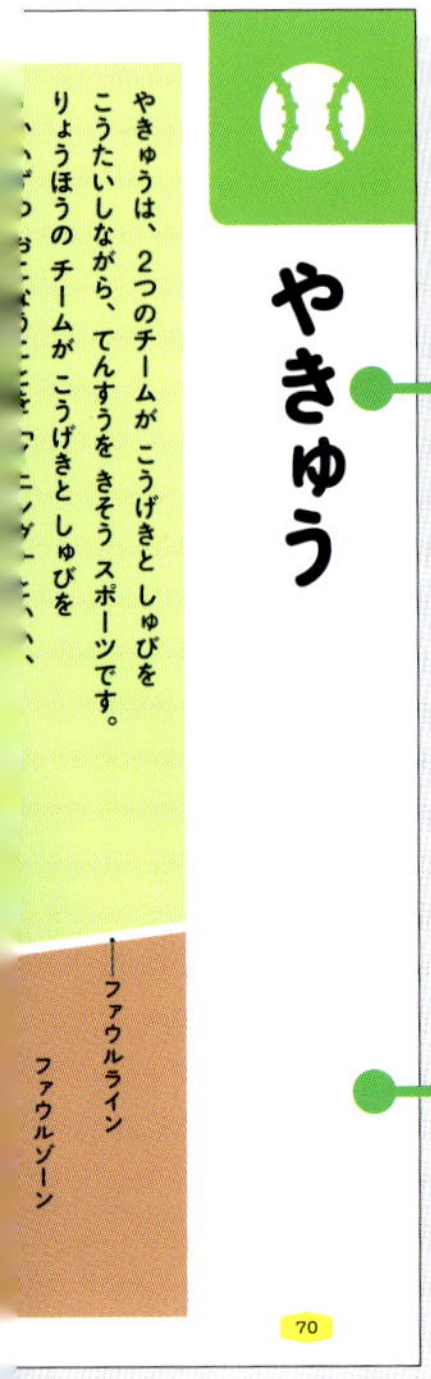

やきゅう
やきゅうは、2つのチームが こうげきと しゅびを こうたいしながら、てんすうを きそう スポーツです。
りょうほうの チームが こうげきと しゅびを
ファウルライン
ファウルゾーン
70

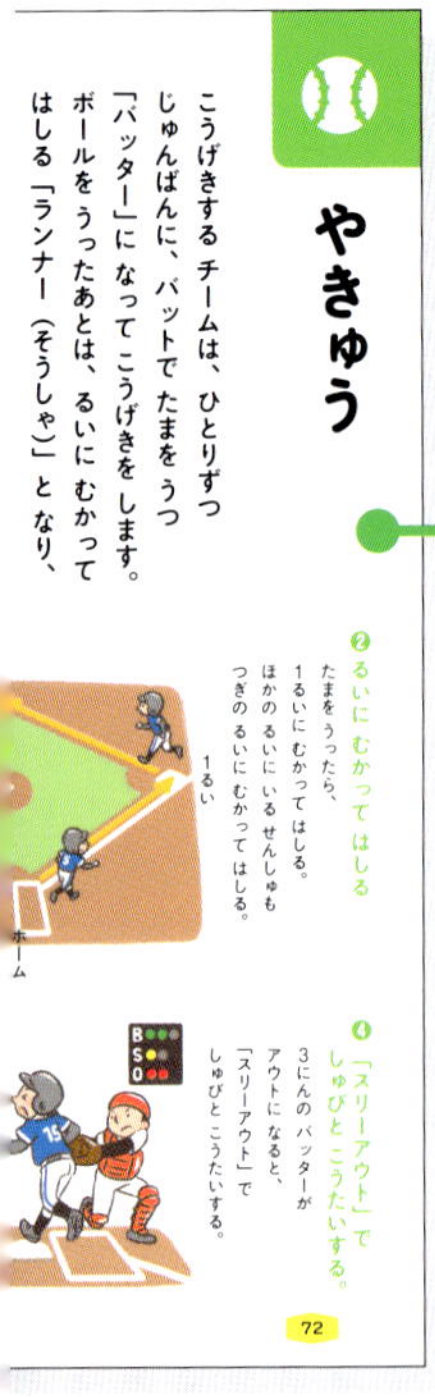

やきゅう
こうげきする チームは、ひとりずつ じゅんばんに、バットで たまを うつ 「バッター」に なって こうげきを します。
ボールを うったあとは、るいに むかって はしる 「ランナー（そうしゃ）」と なり、
❷ るいに むかって はしる
たまを うったら、1るいに むかって はしる。
ほかの るいに いる せんしゅも つぎの るいに むかって はしる。
1るい
ホーム
❹ 「スリーアウト」で しゅびと こうたいする。
3にんの バッターが アウトに なると、「スリーアウト」で しゅびと こうたいする。
B
S
O
72

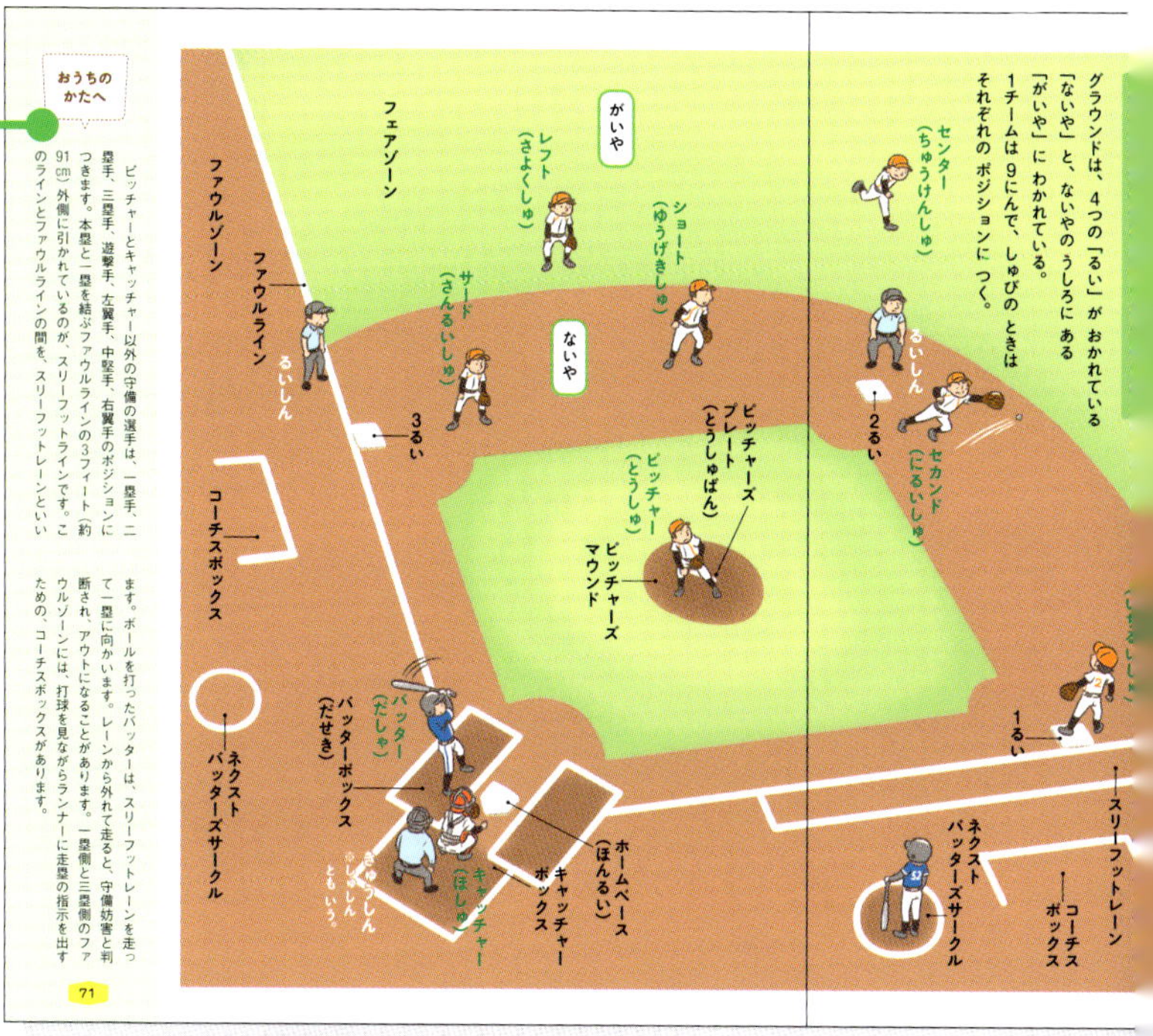

おうちのかたへ

本文で説明できなかった事柄への補足情報やそれぞれの競技の記録など、大人向けの情報をまとめました。

スポーツに関することばを紹介

スポーツのルールや技に関する用語の意味を、イラストとともに解説しています。

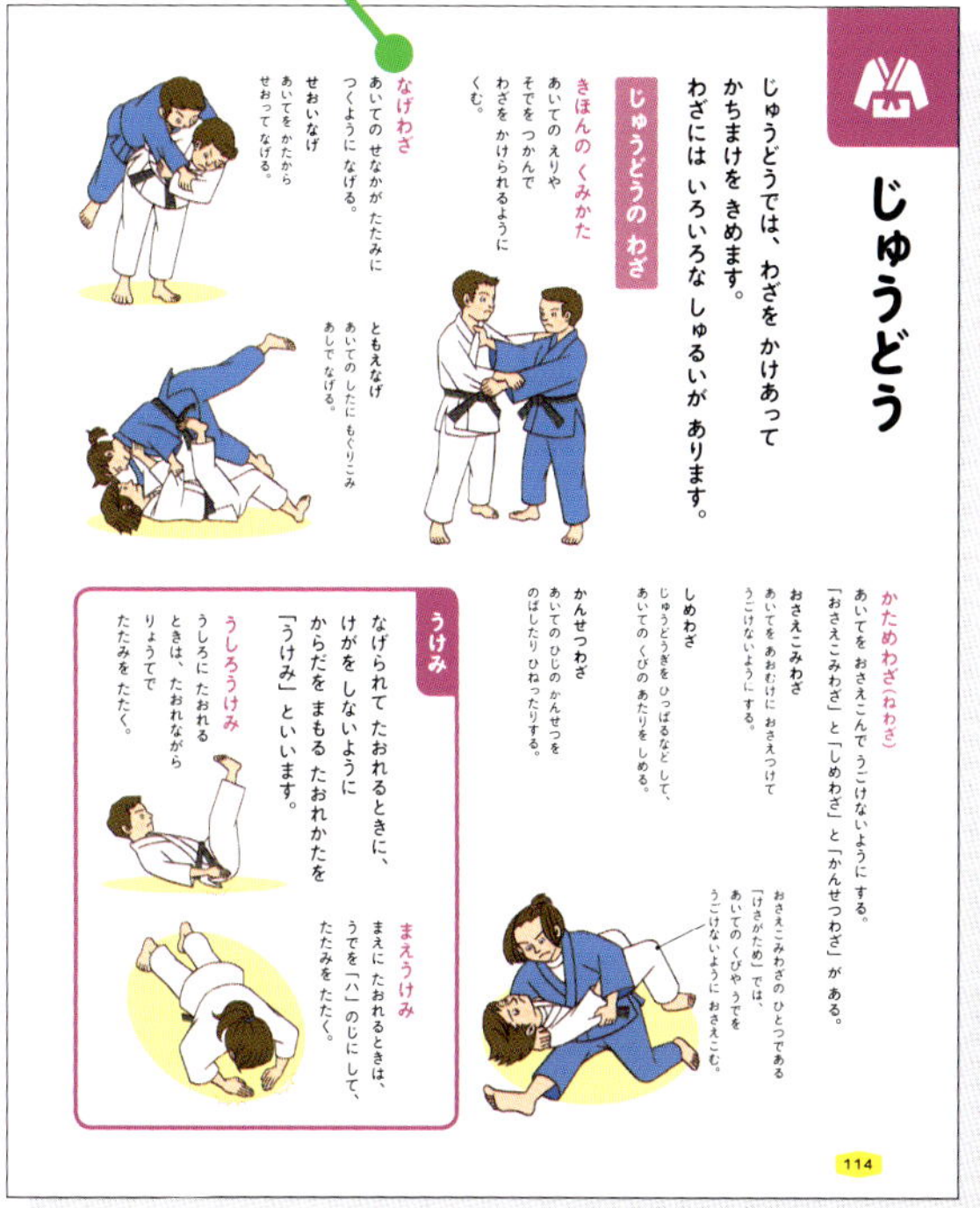

わざの例

それぞれのスポーツの代表的な技を、イラストを交えて解説しています。技を知ることで、そのスポーツのことをより深く知ることができます。

＊この本の競技場面のイラストは、右利きを前提としています。
＊各競技のルールは、2018年3月現在のものです。

もくじ

3 すいえい・みずの スポーツ……43

4 きゅうぎ……59

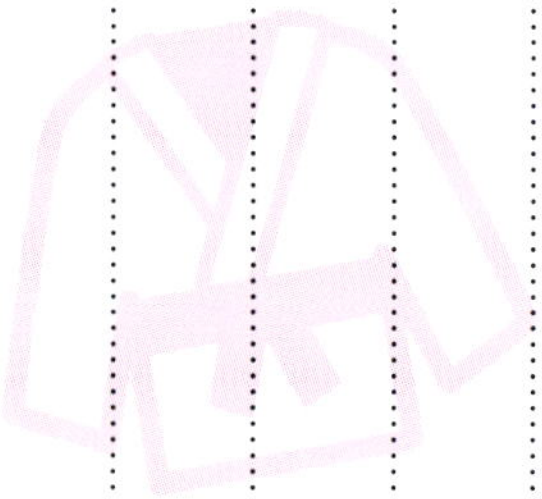

1

からだを うごかす

からだを うごかすのって きもちいい

からだを ぐーっと のばしたり、
てあしを ぐるぐる まわしたり、
からだを うごかすと ウキウキして、
こころまで うごきだすようだね。
おもいきり はしったり、ジャンプを したり、
えいっと ボールを なげたり、けったりすると、
なんだか すっきり きもちが いいね。

おうちのかたへ

子どもは体を動かすのが大好きです。特に幼児期（1歳から6歳ごろ）は、体の神経回路ができあがっていく大切な時期で、この時期にさまざまな動きを経験することが、その後の運動能力の基礎づくりにつながります。保護者の方々が、さまざまな体を動かす遊びに子どもを誘い、保護者自身も一緒に楽しむことで、子どもも、体を動かすことの楽しさを十分に味わえるでしょう。この時期は特定の運動だけではなく、親子や、友だち同士で遊びながら、多様な動きを経験することが大切です。

みんなで うんどう たのしいな

ともだちと いっしょに
はしったり およいだりしたら、
いきを あわせて みんなで
ダンスや なわとびを したら、
ひとりの ときより もっと たのしそう。
こえを かけあい、 はげましあったら、
できなかったことも できるように なりそうだね。

すいえい

たいそう

マットうんどう

とびばこ

ダンス

おうちのかたへ

子どもの意欲が継続するためには、一緒に楽しむ仲間がいることが重要です。「できた」と感じるときにも仲間（友達や親）と一緒にできたときの方が共感する楽しさをより味わえます。また、体を動かす遊びをたくさんすることで、子どもの社会的適応力（コミュニケーション能力）が養われると言われています。たくさん遊んでさまざまな人と関わることで、集団の中でルールを守ったり、仲間と協力しながらものごとを進めたりすることの大切さも自然に学んでいるのです。

スポーツで みんな ともだち

スポーツは せかいじゅうで あいされているよ。
くにが ちがって、ことばが つうじなくても、
たとえ しょうがいを もっていても、
おなじ スポーツを いっしょに たのしんだり、
がんばっている ひとを おうえんしたりすると、
しぜんに こころが つうじあうね。
スポーツを とおして たがいに みとめあえば
みんなが ともだちに なれるよね。

おうちのかたへ

日本のスポーツの方向性を規定しているスポーツ基本法という法律があり、「スポーツは、世界共通の人類の文化である」と記されています。老若男女、国籍や文化、障がいのある・ないにかかわらず、誰でも素晴らしいプレーや演技を見て「すごい」「美しい」と感じたり、憧れたりします。また、ルールは世界共通なので、たとえ言葉が通じなくても一緒にプレーすることができる素晴らしさもあります。プレーするだけでなく、一緒に見る、話をすることもスポーツが身近になる大切な手段です。

いろいろな スポーツを みてみよう

はやさや ちからの つよさや
うつくしさを きそうもの、
ボールや ラケットなどの どうぐを つかうもの、
スポーツには たくさんの しゅるいが あるよ。
どんなスポーツを しっている？
どんなスポーツが してみたい？

おうちのかたへ

スポーツは競技によって特性（そのスポーツの特徴や魅力）が違います。数多くあるスポーツの中には自分が興味のあるものや得意なものがきっとあるはずです。機敏な動きが求められるスポーツ、パワーが必要なスポーツ、表現力が必要なスポーツ、体の大きな人が向いているスポーツ、体重が軽い方が有利なスポーツ、障がいのある人でもできるスポーツ……。いろいろなスポーツを知り、経験していくなかで自分に合ったスポーツが見つかることでしょう。一度決めたからといって、固執する必要はなく、興味があったらいろいろ試してみることができるのが、スポーツの魅力でもあります。

2 りくじょうのスポーツ・たいそうきょうぎ

りくじょうきょうぎ

りくじょうきょうぎは「はしる ちから」「とぶ ちから」「なげる ちから」などを きそう スポーツです。いろいろな しゅもくが あり、きめられた ばしょで きょうぎを おこないます。

りくじょうきょうぎの きょうぎじょう

はしるための みちを「トラック」といい、トラックの うちがわを「フィールド」という。はしる しゅもくは おもに トラックで おこなわれ、とぶ しゅもく、なげる しゅもくは フィールドで おこなわれる。

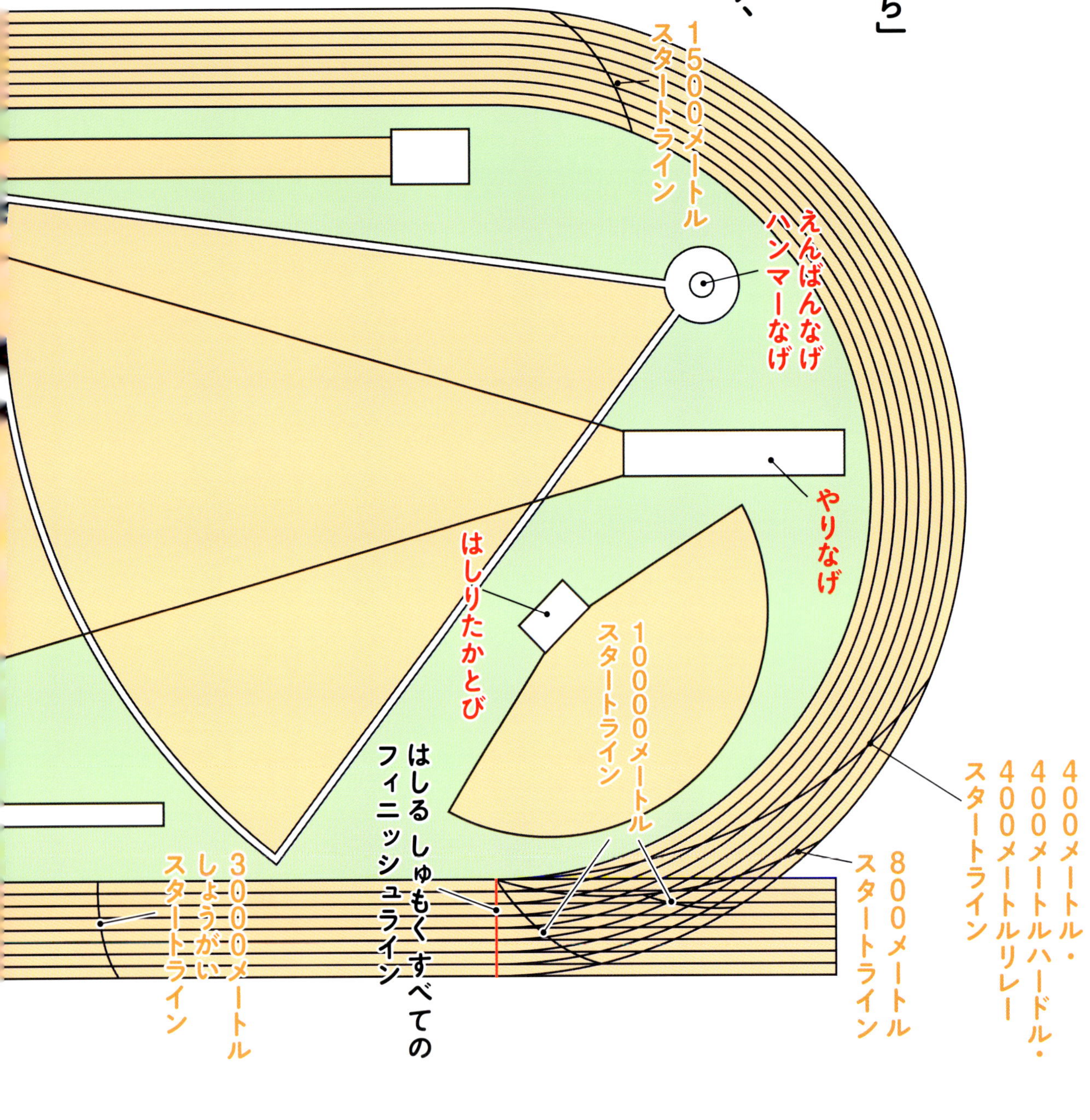
1500メートル スタートライン
えんばんなげ ハンマーなげ
やりなげ
はしりたかとび
10000メートル スタートライン
400メートル・400メートルハードル・400メートルリレー スタートライン
800メートル スタートライン
はしる しゅもく すべての フィニッシュライン
3000メートル しょうがい スタートライン

＊トラックの しゅもくは うすい オレンジ、フィールドの しゅもくは あかの もじで あらわしています。

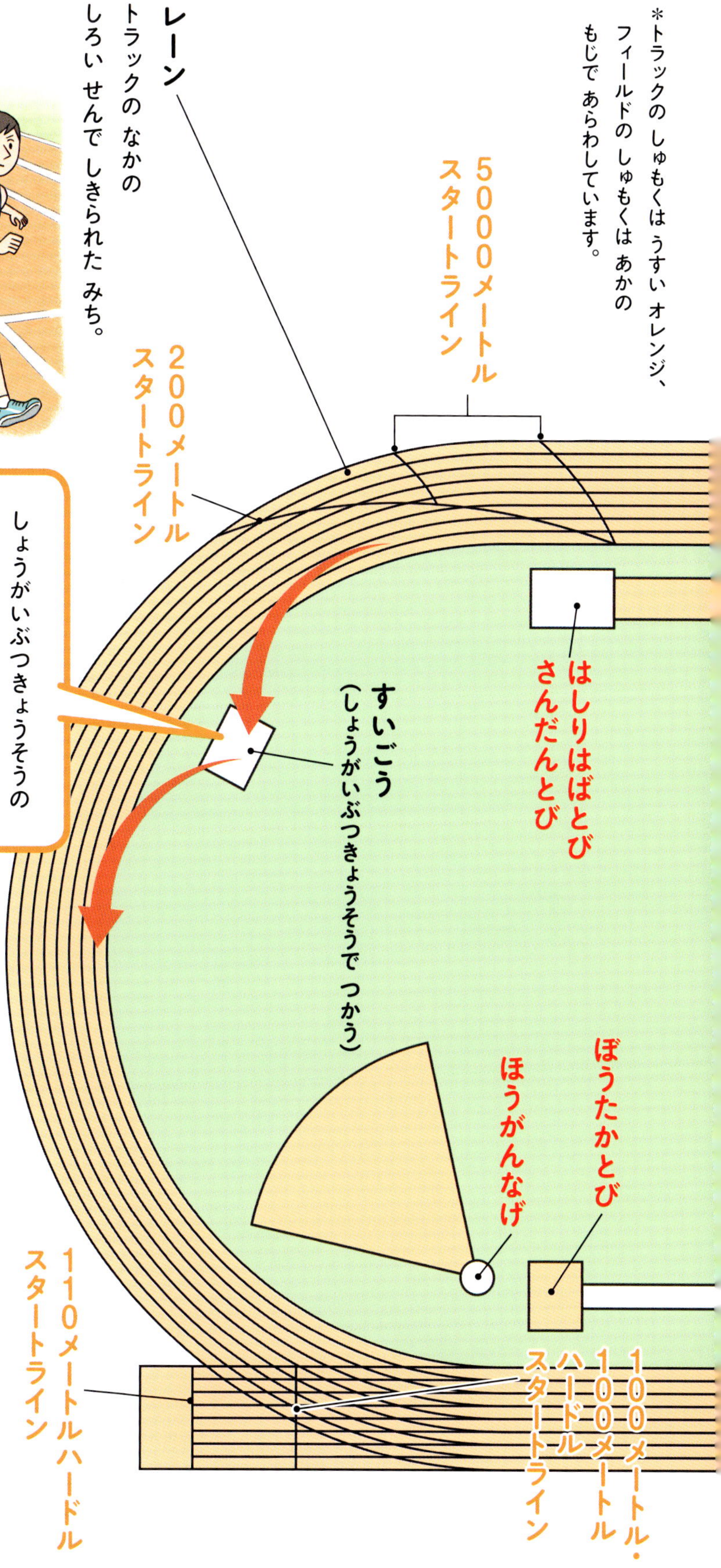

5000メートル スタートライン
レーン
トラックの なかの しろい せんで しきられた みち。
200メートル スタートライン
しょうがいぶつきょうそうの すいごうを こえるときは、すいごうの すこし まえから トラックの うちがわに はいって はしる。すいごうを とびこえた あとは、また トラックに もどって はしる。
はしりはばとび
さんだんとび
すいごう
（しょうがいぶつきょうそうで つかう）
ぼうたかとび
ほうがんなげ
110メートルハードル スタートライン
100メートル・100メートルハードル スタートライン

りくじょうきょうぎでは ゴールの ことを「フィニッシュ」と いいます。はしる しゅもくは、それぞれ スタートの いちが ちがいますが、フィニッシュの いちは みんな おなじです。

おうちのかたへ

陸上競技場には、1周400mのトラックと、その内側のフィールドがあります。トラックでは100〜10000mまでの走る競技（トラック競技）、フィールドでは高跳びや幅跳びなどの跳躍競技と砲丸投げやハンマー投げなどの投てき競技（フィールド競技）がおこなわれます。

また、マラソンや競歩の長距離などは、競技場の外の道路でおこなわれるロード競技です。日本発祥のスポーツで長距離をリレー形式で走る駅伝も、道路でおこなわれます。

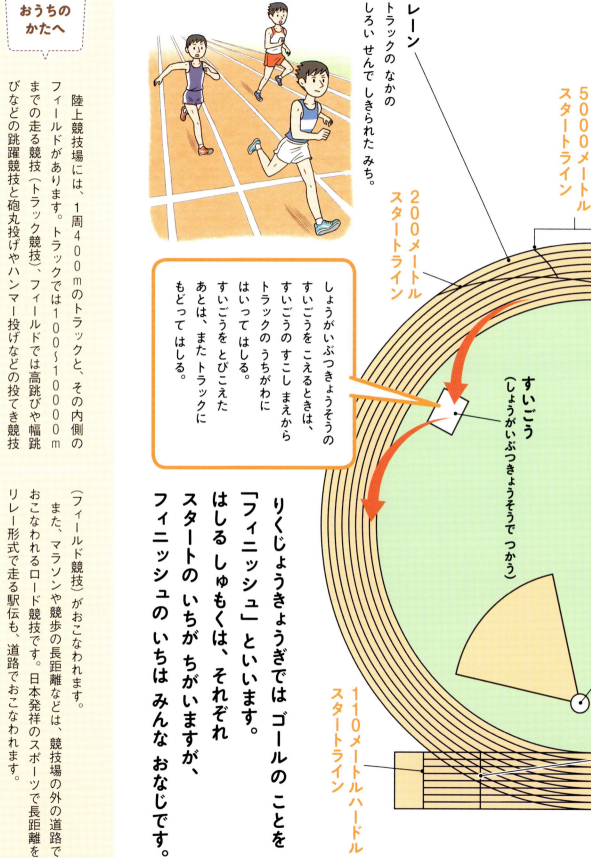

りくじょうきょうぎ ―はしる①―

たんきょりそう

スタートから フィニッシュまで
きめられた レーンを はしり、
はやさを きそいます。
100メートル、200メートル、
400メートルの しゅもくが あります。

スターティング
ブロックを
つかって
スタートする。

いちに ついて、はしりだす
よういの しせいを したら、
うごいては いけない。
スタートの あいずが なったら、
はしりだす。
あいずが なる まえに うごくと
しっかくに なる。

ちゅうきょりそう

トラックを 2しゅうから
5しゅうちかく まわり、
たんきょりそうよりも
ながい きょりを はしって、
はやさを きそいます。
800メートルと 1500メートルの
しゅもくが あります。

800メートルそうでは、
ブレークラインまでは
きまった レーンを
はしるが、
オープンレーンに
はいったら
どこを はしっても よい。

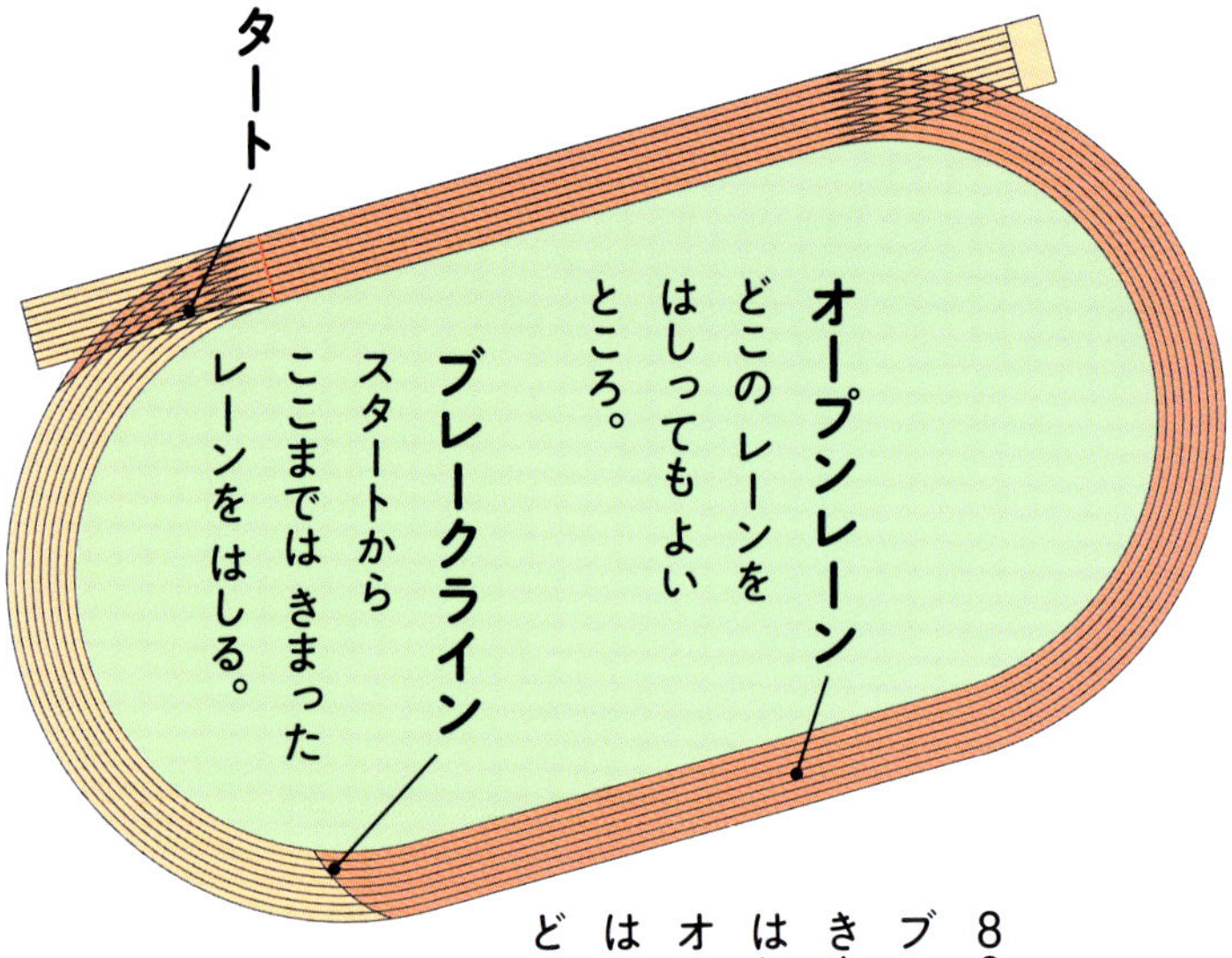
スタート
オープンレーン
どこの レーンを
はしっても よい
ところ。
ブレークライン
スタートから
ここまでは きまった
レーンを はしる。

ちょうきょりそう

トラックを 10しゅういじょう まわり、ながい きょりを はしって はやさを きそいます。5000メートルと 10000メートルの しゅもくが あります。

せんしゅが あと なんしゅう はしるのかを かくにんするための ひょうじばんが ある。さいごの 1しゅうの ときには かねが なる。
10
かね

リレー

チームの せんしゅが バトンを うけわたしながら きめられた きょりを はしり、はやさを きそいます。4にん1チームで、ひとり 100メートルずつや ひとり 400メートルずつ はしる しゅもくが あります。

はしっている せんしゅが つぎの せんしゅに バトンを わたして こうたいする。バトンの うけわたしは 「テークオーバーゾーン」の なかで する。
バトン
テークオーバーゾーン
さいごに はしる ひとを 「アンカー」と よぶ。

おうちのかたへ

トラック競技のスタートでは、スタートの合図の前に動くと、不正スタートとして失格になります。短距離走のスタートの判断には、スターティングブロックと連動したシステムが使われることがあります。このシステムでは、人の反応時間を0.1秒以上とし、合図から0.1秒未満で反応すると不正と判断します。

順位は、選手の胴体がフィニッシュラインを通過した時点で決まります。計測員の手動時計（デジタル式ストップウォッチ）か写真判定で計測します。

りくじょうきょうぎ
―はしる②―

ハードルそう

レーンに ならべられた 10だいの ハードルを こえながら はしり、 はやさを きそいます。 100メートル(じょし)、110メートル(だんし)、400メートル(だんじょ)の しゅもくが あります。

わざとで なければ ハードルを たおしても しっかくには ならない。

しょうがいぶつきょうそう

しょうがいぶつと「すいごう」という みずたまりを こえながら きめられた きょりを はしり、 はやさを きそいます。 3000メートル はしる あいだに しょうがいぶつを 28かい、 すいごうを 7かい こえます。

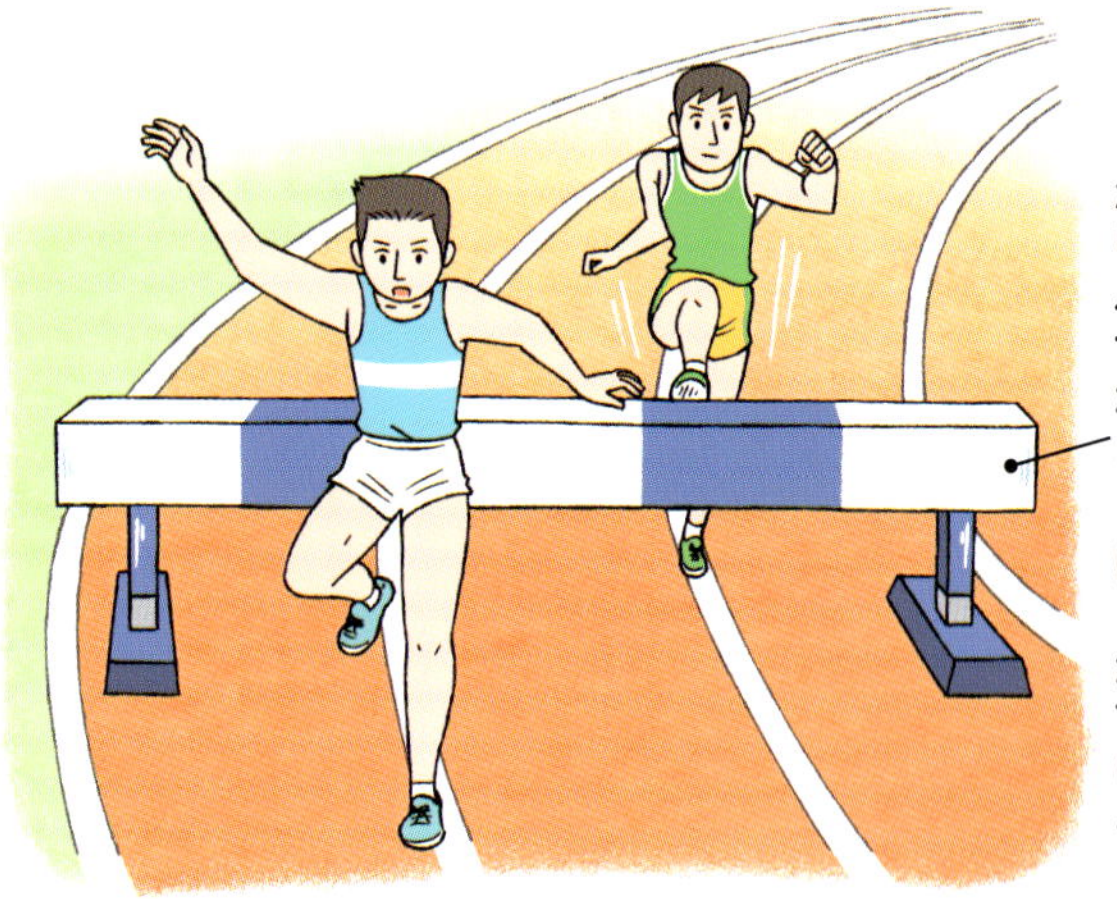

しょうがいぶつ
レーンを またがって おいてある。
トラック1しゅうの なかに 4だいの しょうがいぶつが もうけられている。

すいごう
4だいめの しょうがいぶつの すぐ さきに ある おおきな みずたまり。 とびこえても、 みずの なかを すすんでも よい。

マラソン

ふつうの どうろを コースに して、ながい きょりを はしります。とちゅうで、のみものや たべものを とりながら ゴールを めざします。

えきでん

なんにんかの せんしゅが チームとなり、どうろの コースを たすきを うけわたしながら はしります。にほんで うまれた スポーツです。

たすき

きょうほ

どうろの コースを あるき、はやさを きそう「きょうほ」という しゅもくが あります。きょうほでは あるきかたの ルールが きめられています。

どちらかの あしが いつも じめんに ついていなければ ならない。
まえあしが じめんに ついたあと あしを まっすぐに のばさなくては ならない。

おうちのかたへ

障害物競走の障害物は、手や足をかけて乗り越えてもよいルールです。重さ約100kgで倒れることはありません。長さ約3m66cmの水ごうは、日本では多くがトラックの外側にありますが、世界的には内側に設置することが多くなっています。

マラソンは42.195kmを走ります。一定の距離ごとに飲食物や水、水をふくませたスポンジの供給所が置かれます。多くの大会では、いくつかのチェックポイント（関門）が設定され、決まったタイム以内にここを通過しないとリタイアとなります。

りくじょうきょうぎ ーとぶ①ー

はしりはばとび

じょそうを つけて ふみきり、すなばに むかって とびます。とんで すなばに おりたところまでの きょりを きそいます。

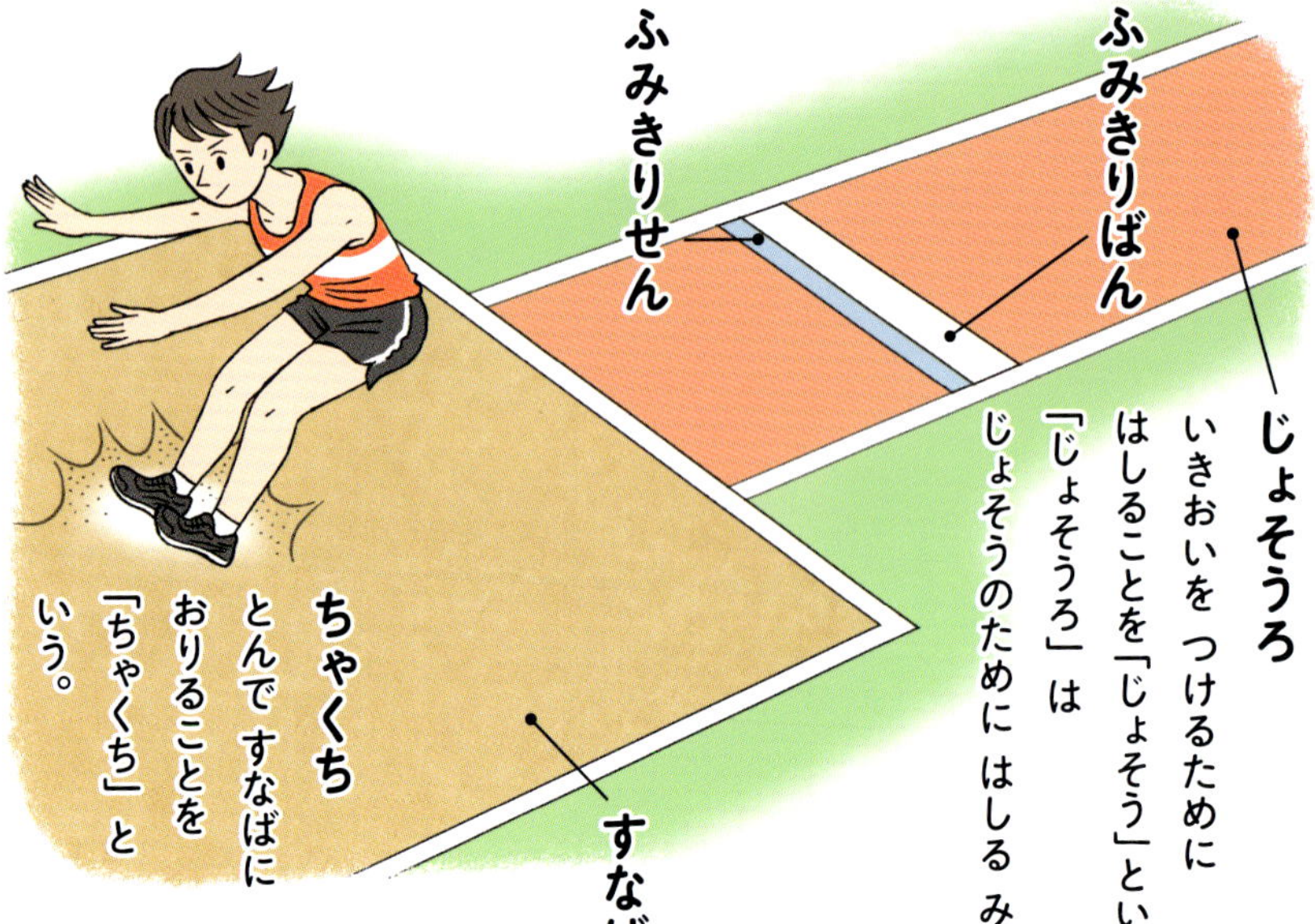
じょそうろ
いきおいを つけるために はしることを「じょそう」という。「じょそうろ」は じょそうの ために はしる みち。
ふみきりばん
ふみきりせん
すなば
ちゃくち
とんで すなばに おりることを「ちゃくち」と いう。

とびかた

ふみきり
ちゃくち

きろくの はかりかた

とんだ きょりでは なく、ふみきりせんから ちゃくちしたところまでの ながさを きろくとして はかる。

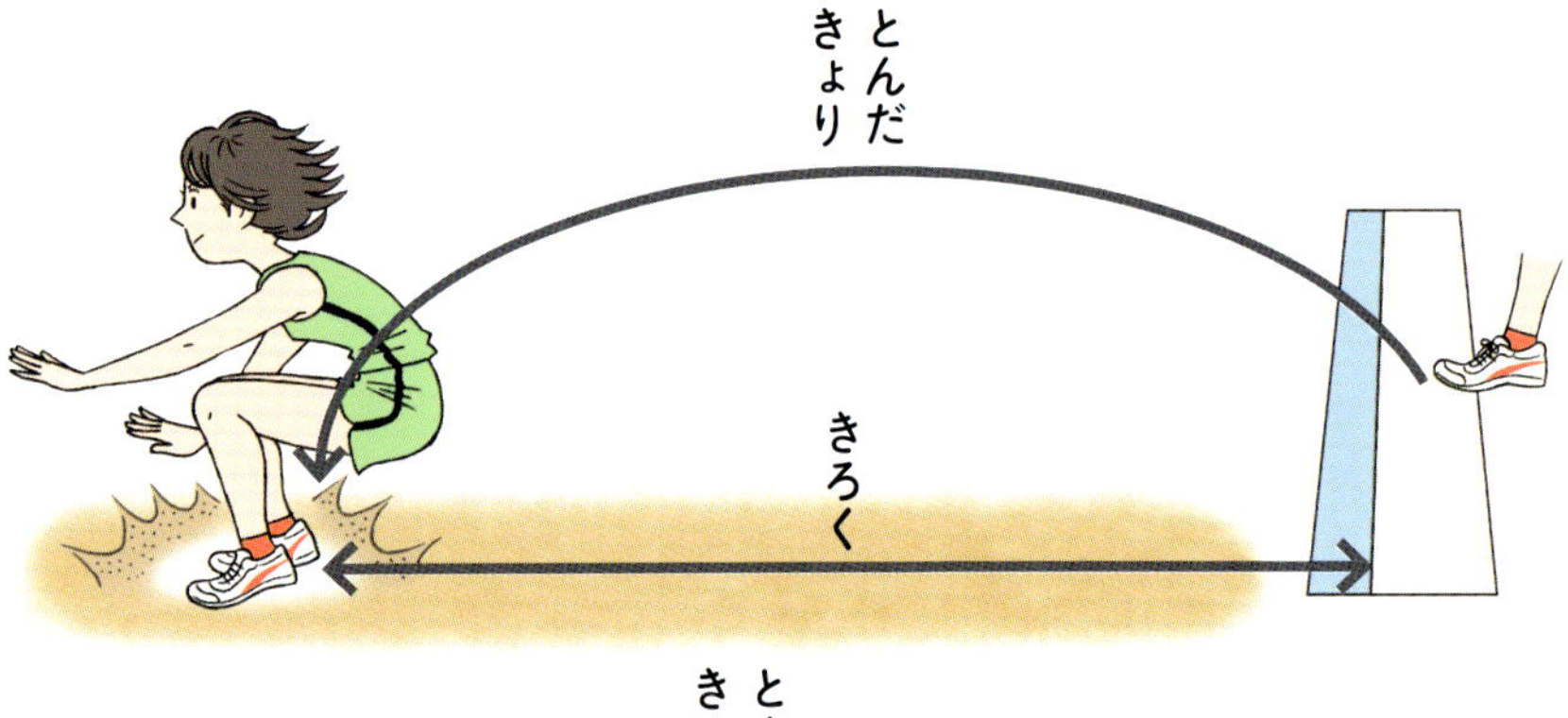
とんだ きょり
きろく

ふみきりせんに ちかいほうの あしの いちが ちゃくちしたところに なる。

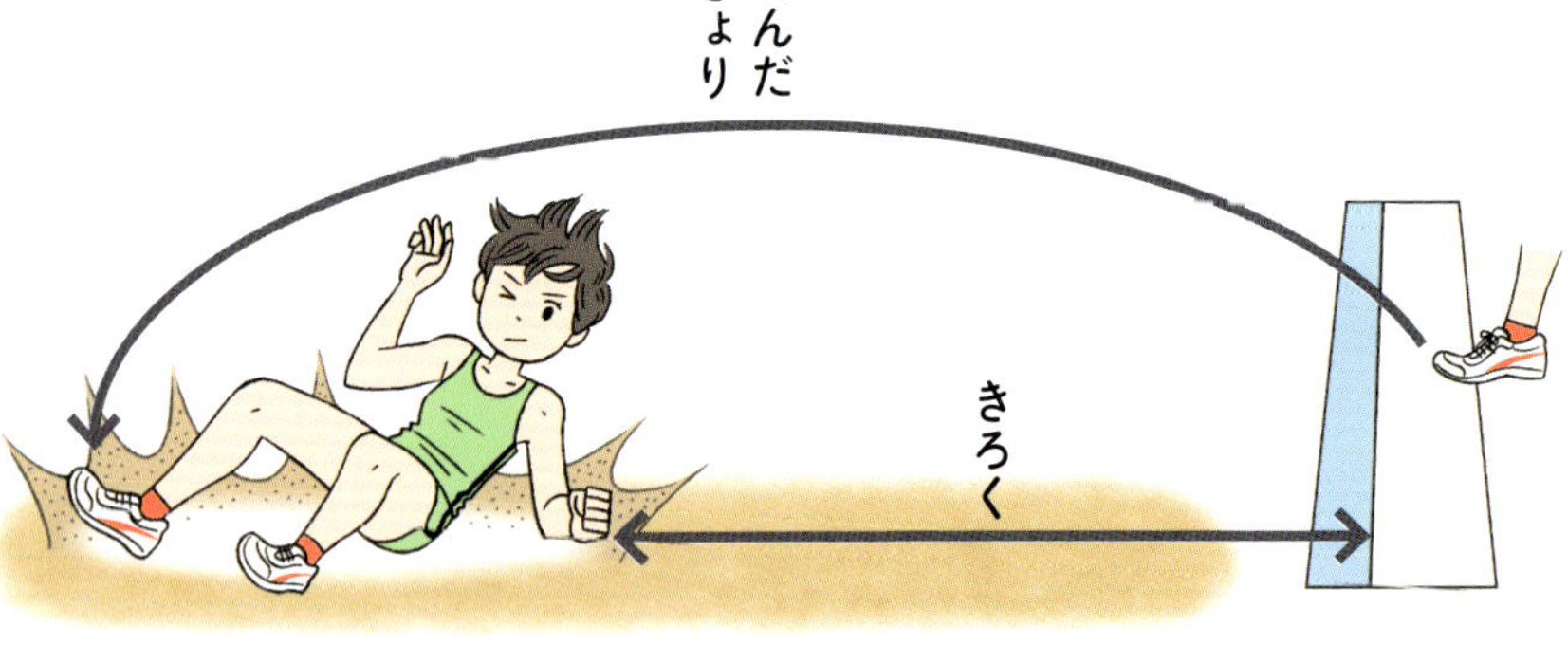
とんだ きょり
きろく

ちゃくちの ときに うしろに てを つくと ふみきりせんと てまでの きょりが きろくと される。

さんだんとび

じょそうを つけて ふみきったあと、「ホップ」「ステップ」「ジャンプ」と 3かい つづけて とびます。ホップで とんで、ジャンプで ちゃくちした ところまでの きょりを きそいます。

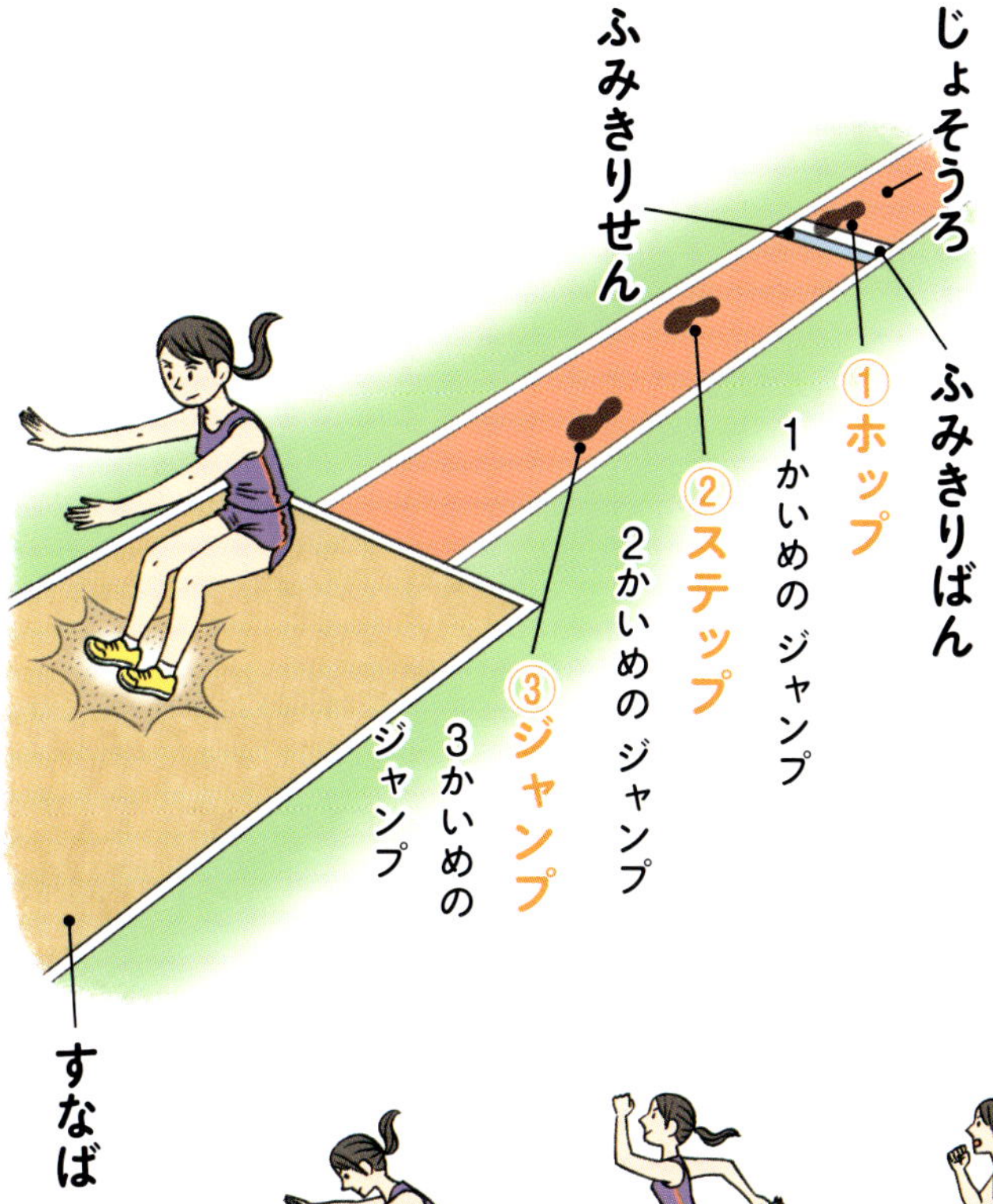

じょそうろ
ふみきりせん
ふみきりばん
①ホップ
1かいめの ジャンプ
②ステップ
2かいめの ジャンプ
③ジャンプ
3かいめの ジャンプ
すなば

とびかた

ホップ
ステップ
ジャンプ

ふみきりと ちゃくちの ルール

ふみきり

あしが ふみきりばんから はみだしたり、こえたりすると きろくに ならない。

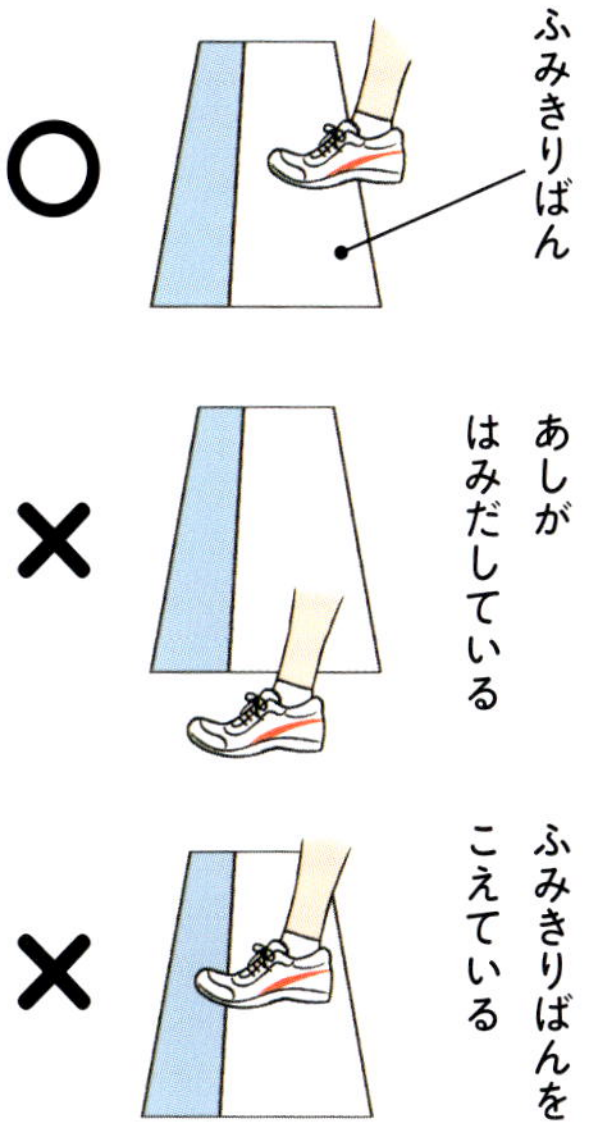

○
ふみきりばん
×
あしが はみだしている
×
ふみきりばんを こえている

ちゃくち

ちゃくちしたところよりも てまえの すなばの そとに てを つくと きろくに ならない。

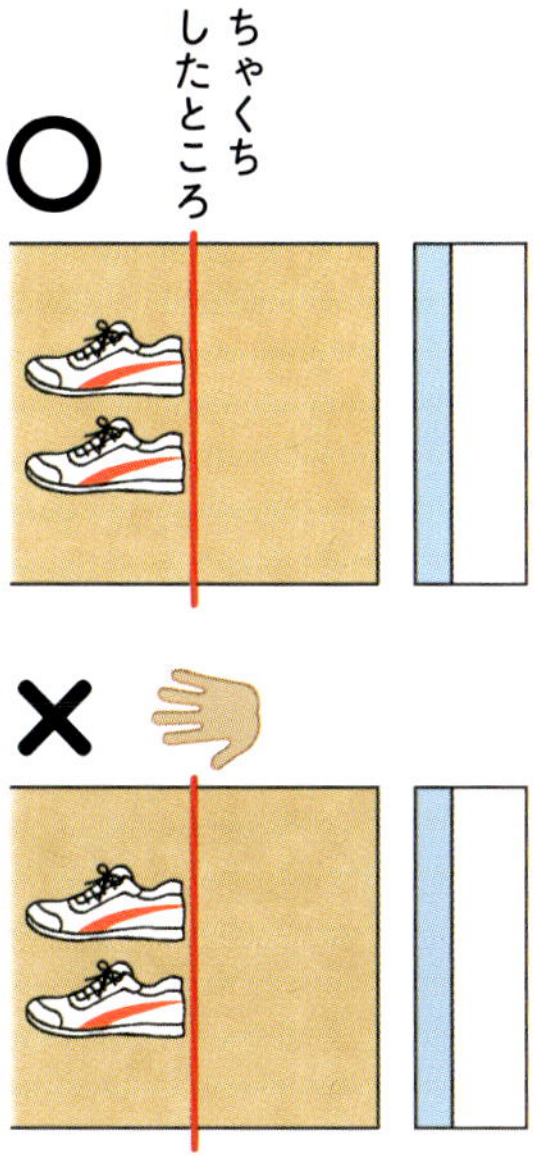

ちゃくち したところ
○
×

おうちのかたへ

世界トップクラスの走り幅跳びの選手は、男子で9ｍ近く、女子で7.5ｍほどの長さを跳びます。よい記録を出すには、跳ぶ前の「助走」も大切です。助走路の長さは40ｍ以上と決められていますが、選手はその範囲のなかで自分の走る歩数や踏み切りのタイミングなどに合わせ、助走距離を決められます。

三段跳びの踏み切り板は、国際大会では、男子は砂場から13ｍ以上、女子は11ｍ以上離れています。最後のジャンプで砂場まで届かなければ、その試技は無効となります。

りくじょうきょうぎ ―とぶ②―

はしりたかとび

じょうそうを つけて かたあしで ふみきり、できるだけ たかく とび、とびこえた バー（よこぼう）の たかさを きそいます。

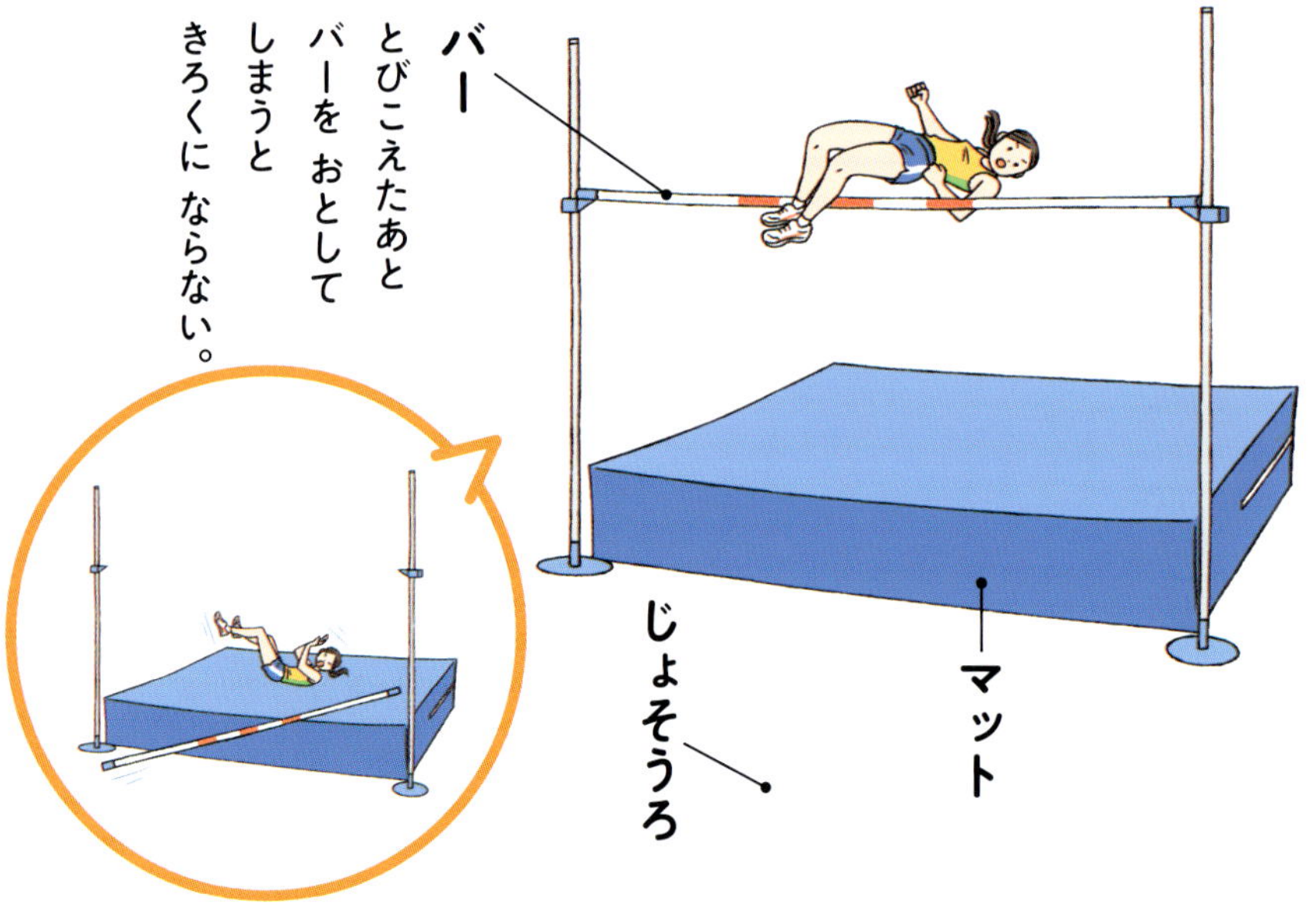
バー
とびこえたあと バーを おとして しまうと きろくに ならない。
マット
じょうそうろ

とびかた

ベリーロール

おなかを したに むけて とぶ とびかた。

おなかを バーの ほうに むけて とびこえる。
かたあしで ふみきる。

はいめんとび

せなかを したに むけて とぶ とびかた。

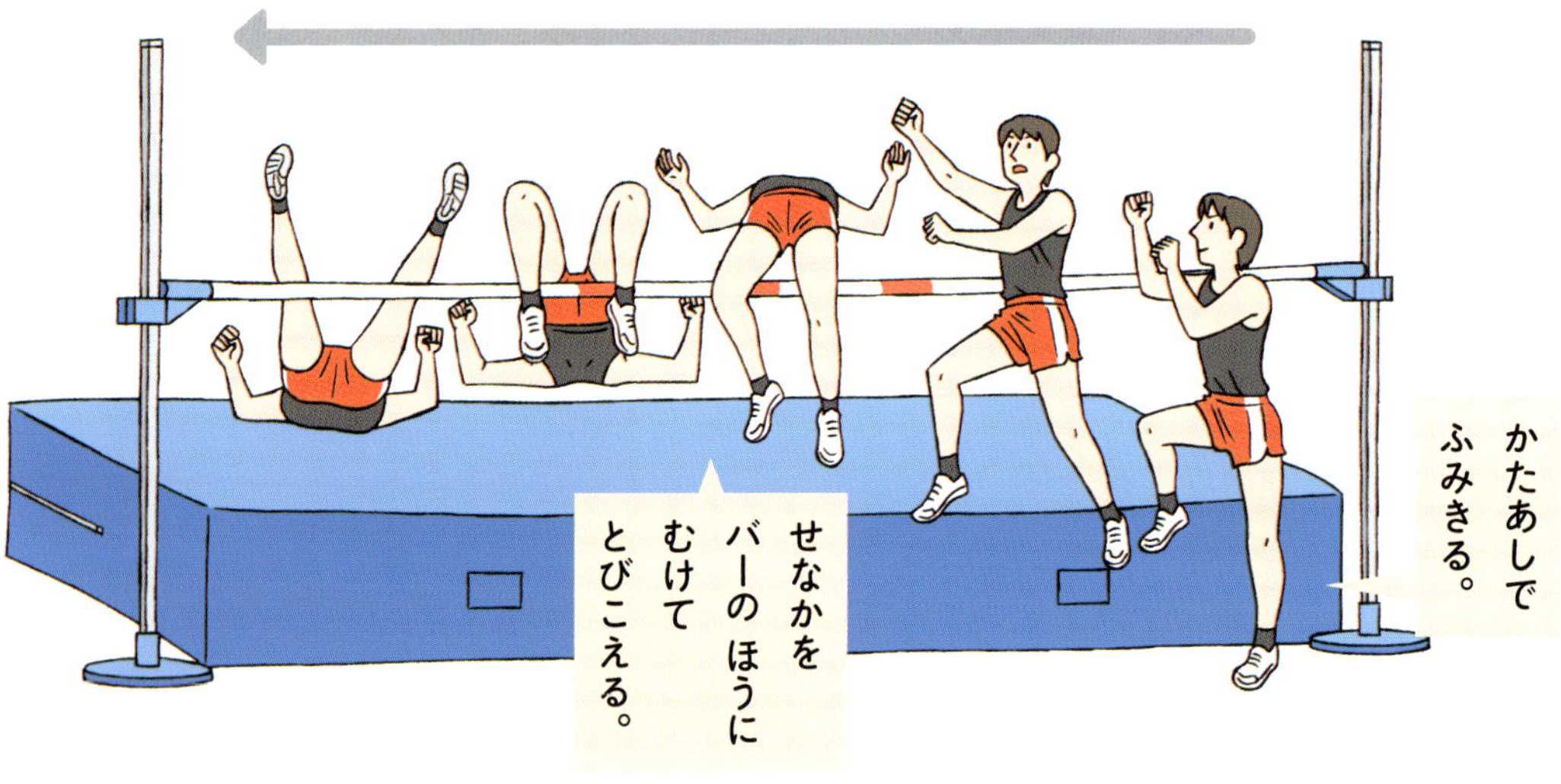
かたあしで ふみきる。
せなかを バーの ほうに むけて とびこえる。

ぼうたかとび

じょそうを つけ、ポールという どうぐを つかって、できるだけ たかく とび、とびこえた バーの たかさを きそいます。

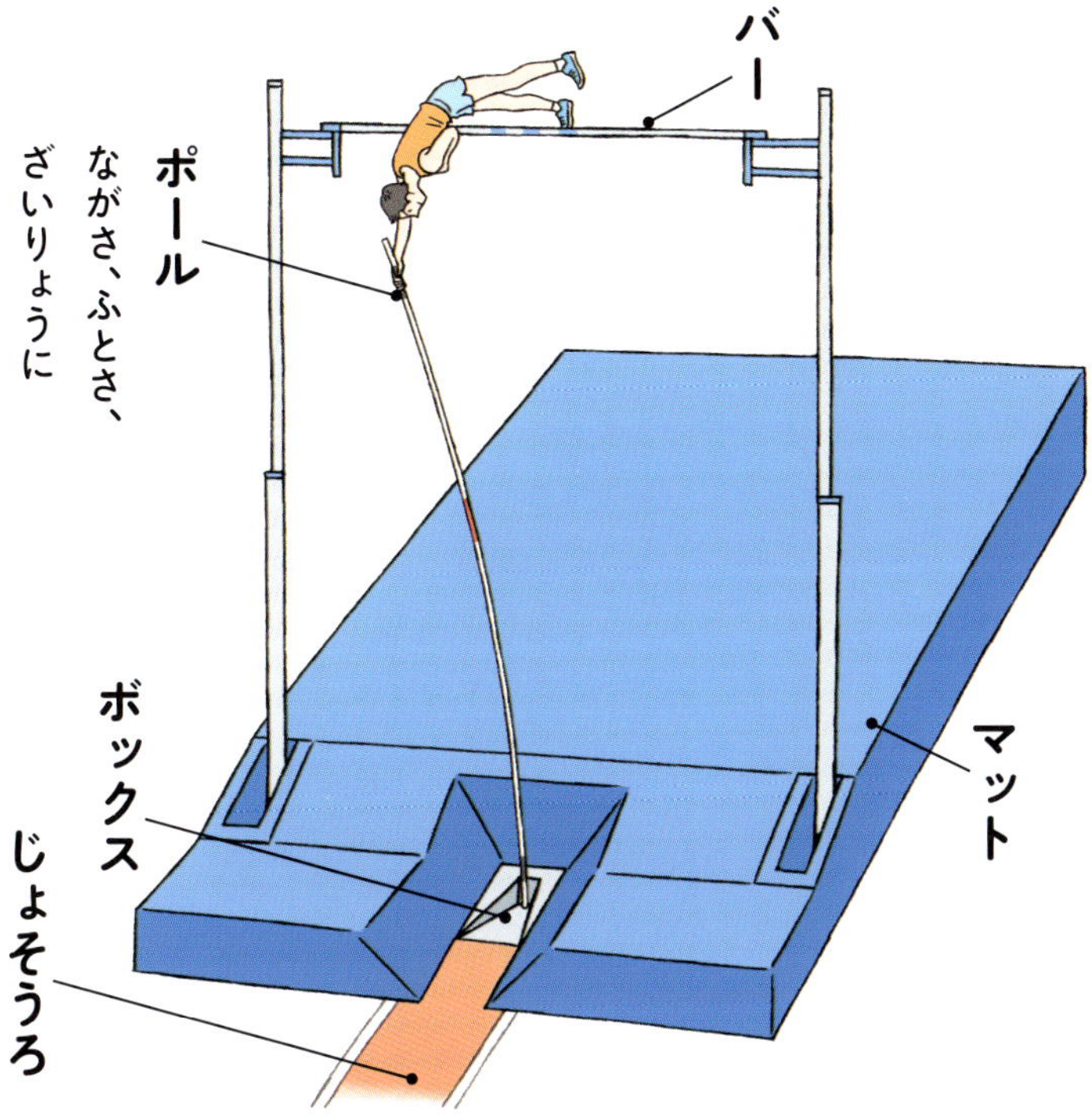

バー
ポール
ながさ、ふとさ、ざいりょうに きまりは ない。
マット
ボックス
じょそうろ

とびかた

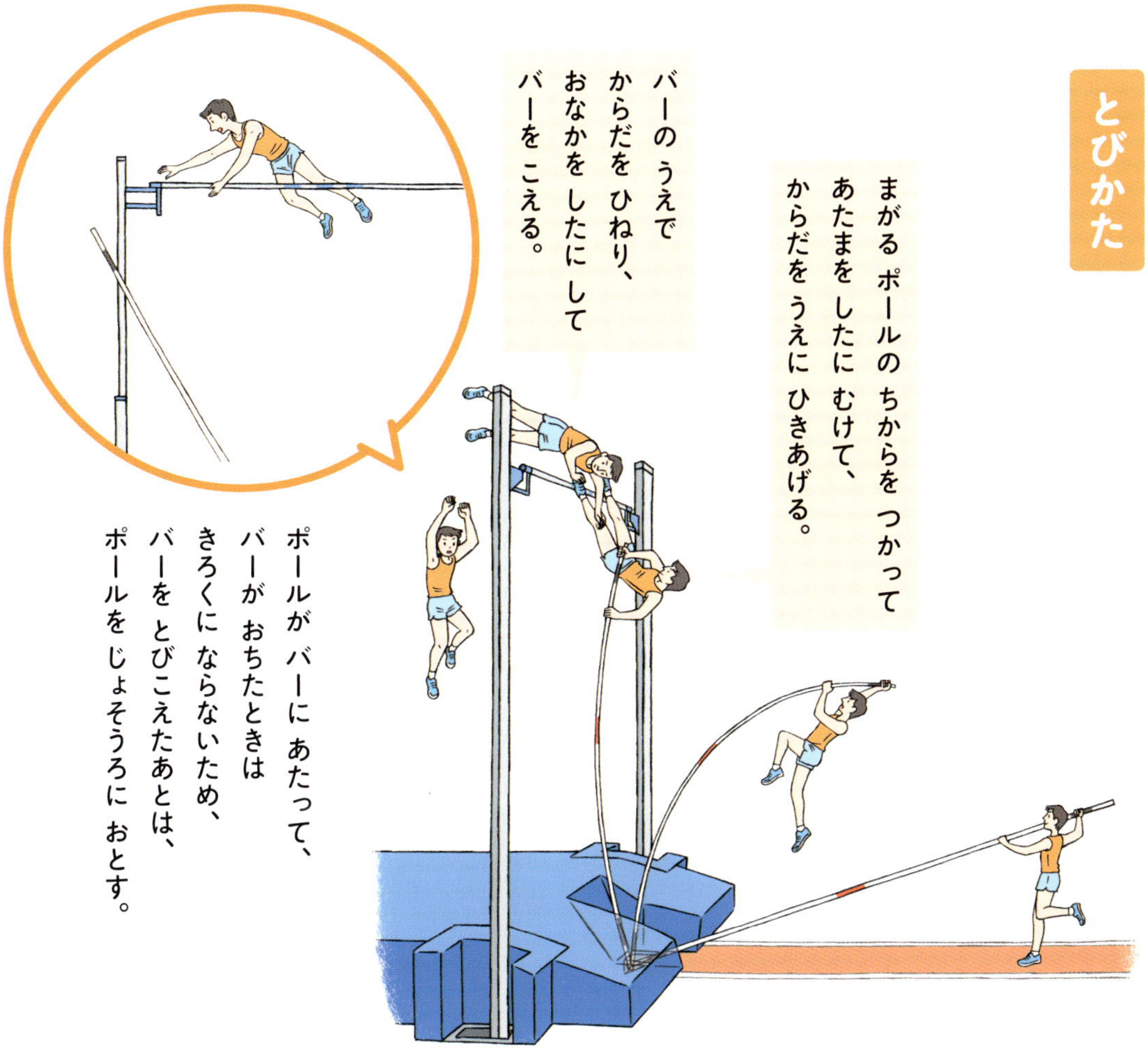

まがる ポールの ちからを つかって あたまを したに むけて、からだを うえに ひきあげる。

バーの うえで からだを ひねり、おなかを したに して バーを こえる。

ポールが バーに あたって、バーが おちたときは きろくに ならないため、バーを とびこえたあとは、ポールを じょそうろに おとす。

おうちのかたへ

走り高跳びや棒高跳びでは、選手は、自分の好きな高さから試技をはじめられます。自分のスタートより低い試技は、跳ばずに「パス」してかまいません。同じ高さを3回続けて失敗すると次の高さに進めませんが、1回または2回失敗したあと、残りを「パス」して次の高さに進むこともできます。

走り高跳びでは、世界トップクラスの男子選手はおよそ2.5ｍ、女子選手は2ｍをこえる高さを跳びます。棒高跳びでは、男子は6ｍ、女子は5ｍをこえる高さを跳びます。

りくじょうきょうぎ

―なげる―

ほうがんなげ

サークルの なかから かたてで ほうがんを なげ、とんだ きょりを きそいます。

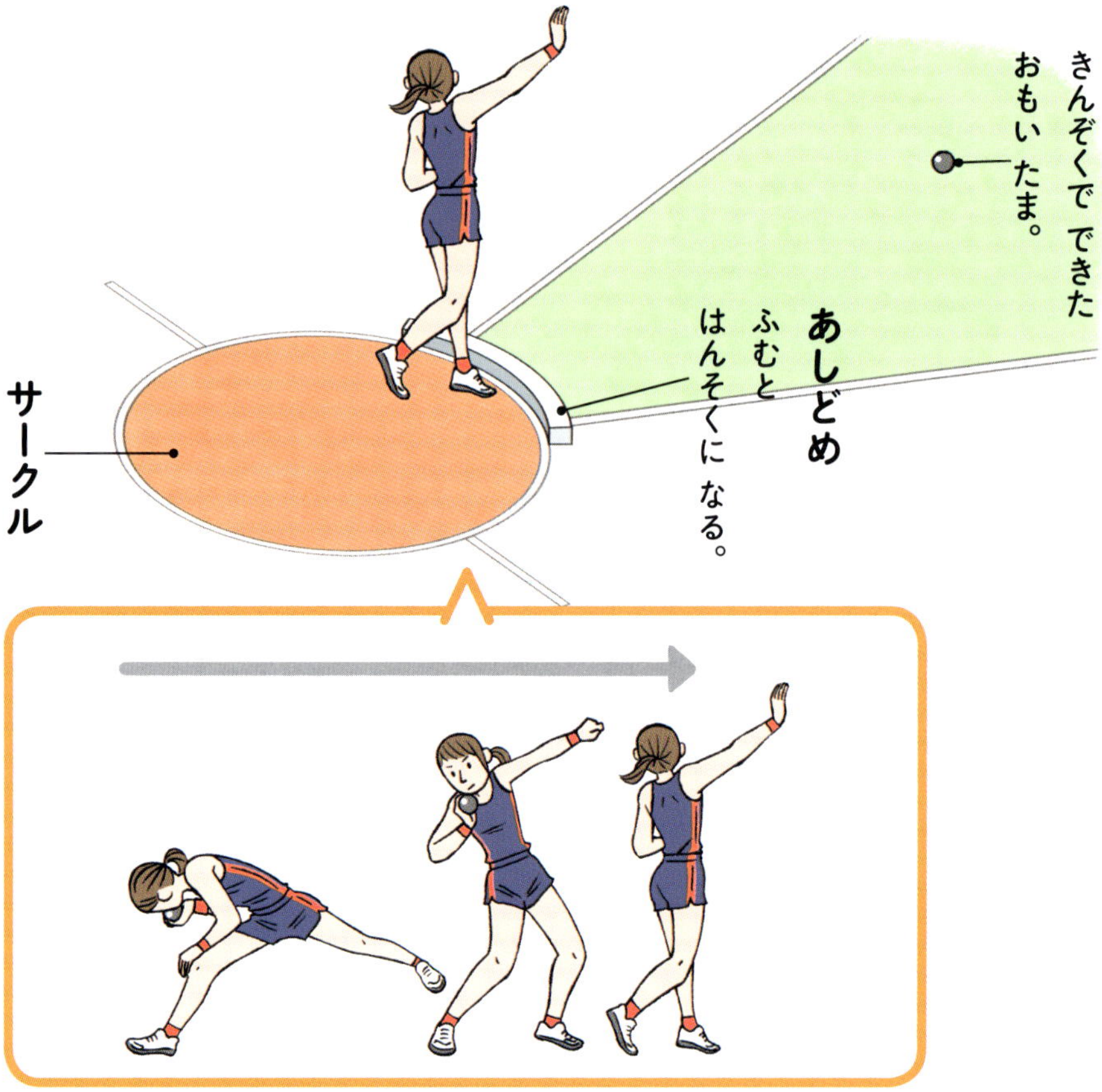
ほうがん
きんぞくで できた おもい たま。
あしどめ
ふむと はんそくに なる。
サークル

ハンマーなげ

ケージに かこわれた サークルの なかで ぐるぐる まわりながら ハンマーを なげ、とんだ きょりを きそいます。

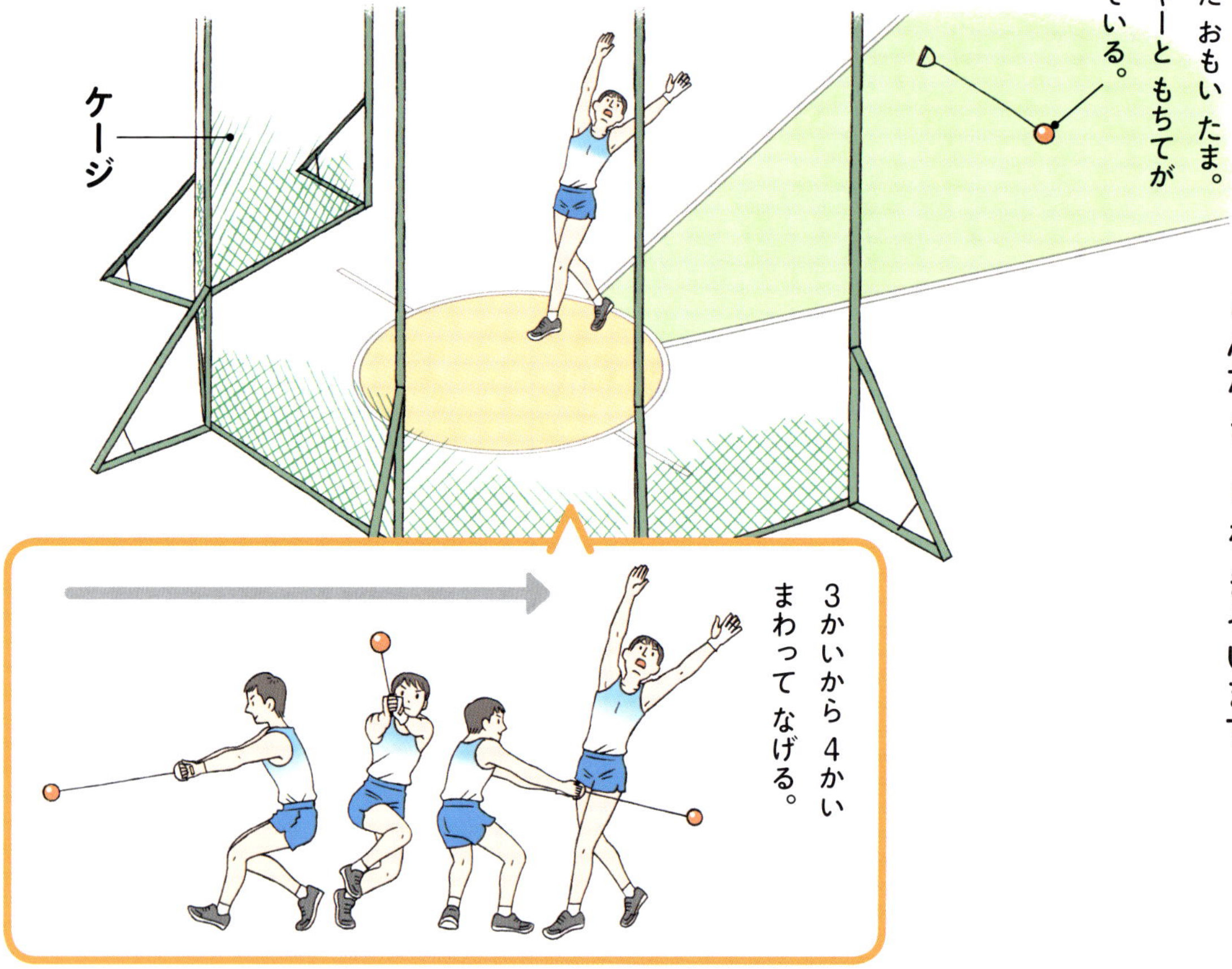
ハンマー
きんぞくで できた おもい たま。ワイヤーと もちてが ついている。
ケージ
3かいから 4かい まわって なげる。

えんばんなげ

ケージに かこわれた サークルの なかで ぐるぐる まわりながら、かたてで えんばんを なげ、とんだ きょりを きそいます。

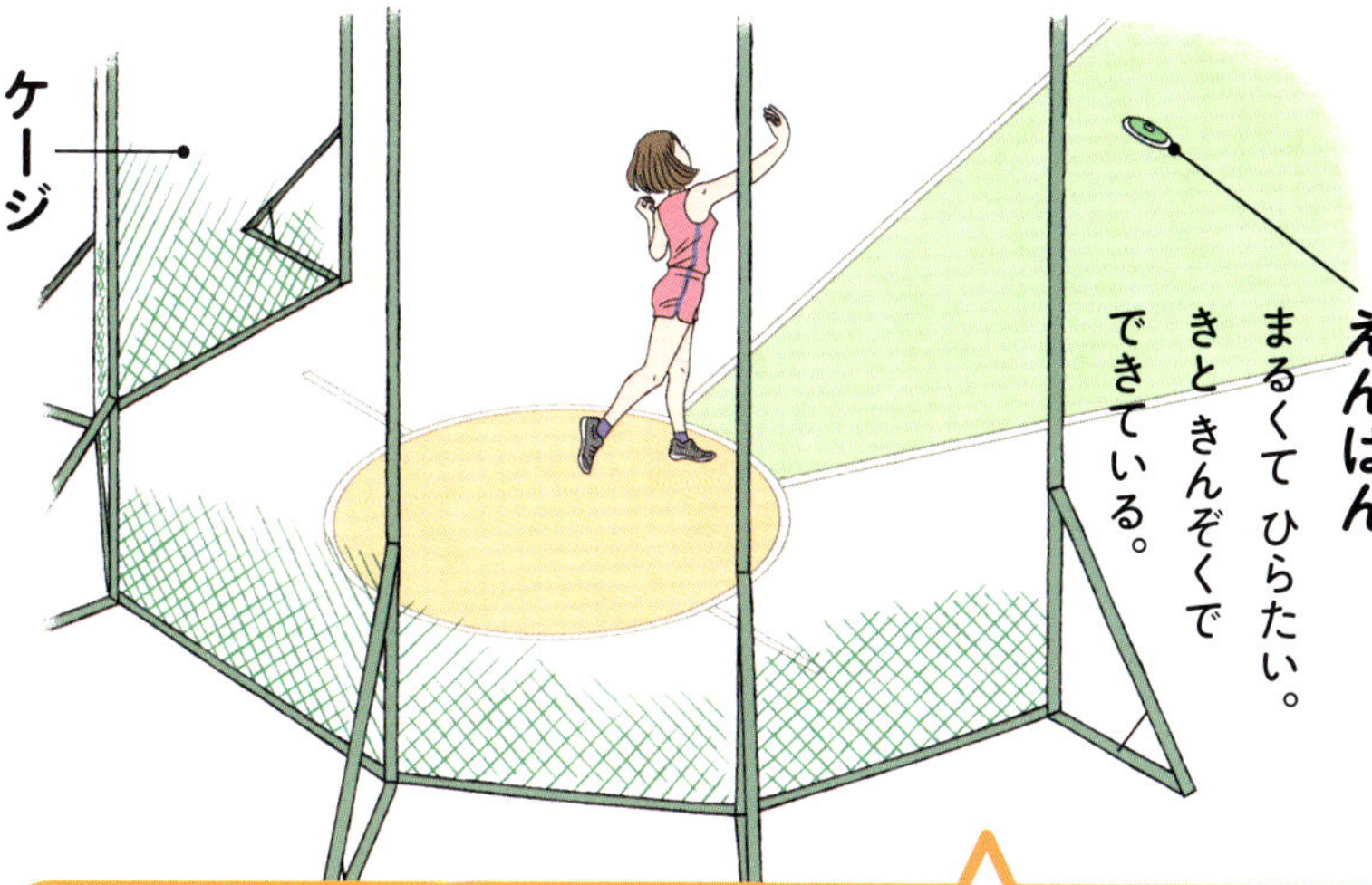
ケージ
えんばん
まるくて ひらたい。
きと きんぞくで できている。

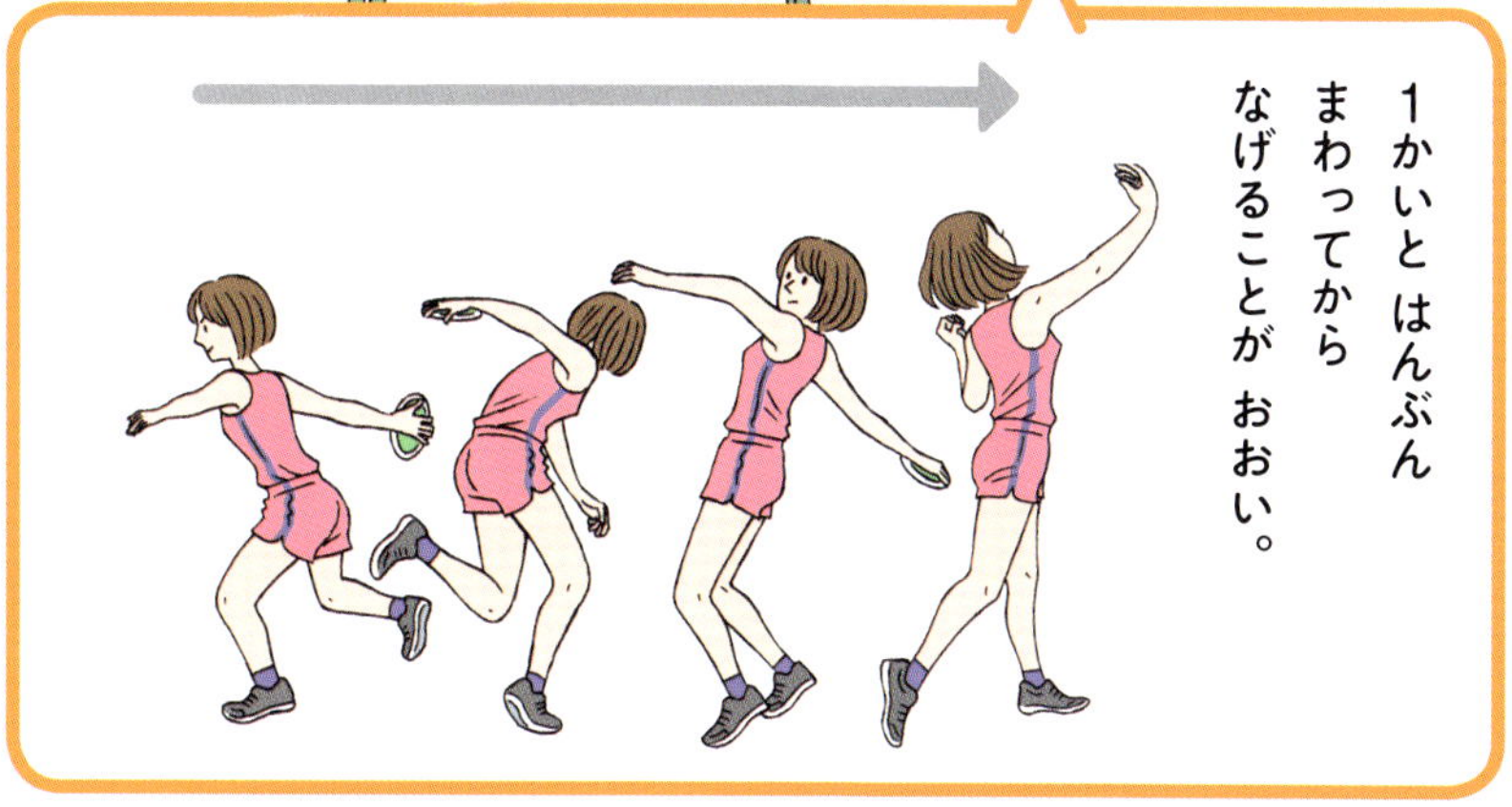
1かいと はんぶん まわってから なげることが おおい。

やりなげ

ゆっくりと じょそうを つけて、かたてで やりを なげ、とんだ きょりを きそいます。

やり
2メートルいじょうの ながさが ある。
じょそうは ゆっくりとした スピードで はしる。

おうちのかたへ

砲丸投げの砲丸は、一般男子で7.26kg以上、女子で4kg以上の重さがありますが、記録は男女とも20mをこえています。ハンマー投げでは、砲丸と同じ大きさ、重さの球に、ワイヤーと持ち手がついたハンマーを投げます。投げ方の違いもあり、男女とも80m以上飛びます。槍投げは、投てき競技（投げる競技）の中で、唯一、助走をつけておこないます。男子の場合、重さ0.8kg、長さ2.6～2.7mの槍が90m以上飛びます。円盤投げの円盤は、女子の方が1kg軽く、男女とも70m以上飛びます。

じてんしゃきょうぎ

トラックレース

ブレーキが ついていない じてんしゃに のって
トラックを はしり、じかんや はやさを きそいます。
さまざまな しゅもくが あります。

トラックレースの きょうぎじょう

スピードを
おとさずに
まがるために
トラックが
ななめに
なっている。

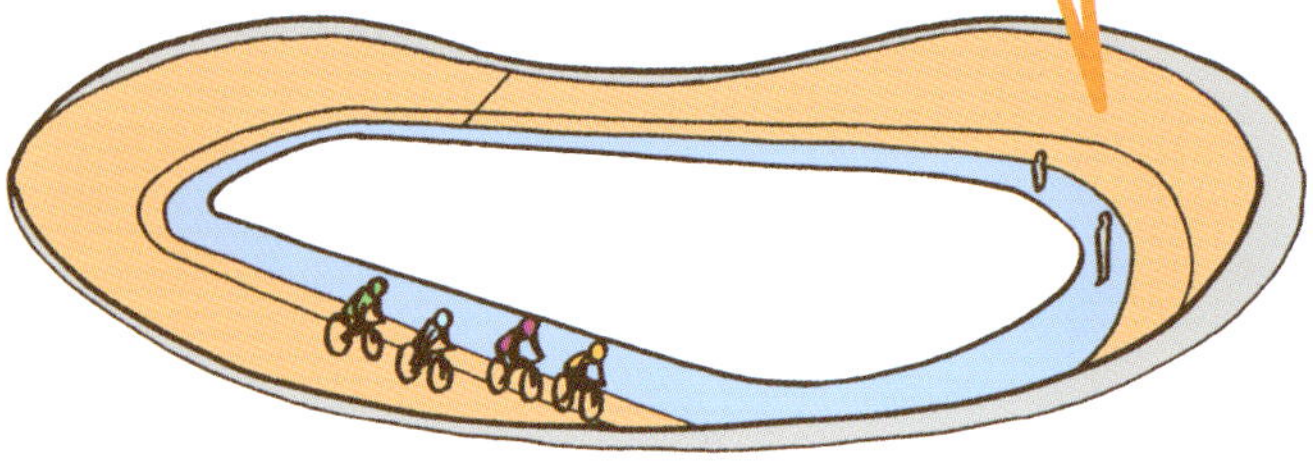

ヘルメット

じてんしゃには
ブレーキが
ついていないので
とまるときは
スピードを
おとしていく。

しゅもく

スプリント

ふたりの せんしゅが
どうじに スタートして、
きめられた かいすうだけ
トラックを まわり、はやさを
きそう。

チームスプリント

ふたつの チームが トラックの
せいはんたいの いちから スタートする。
トラックを はしるときは 1チーム
ふたりから 3にんの せんしゅが
たてに ならんで いっしょに はしる。
いっしゅうごとに せんとうの
ひとが ぬけていき、
さいごの ひとが
ゴールした
じかんを きそう。

せんとうから ぬける

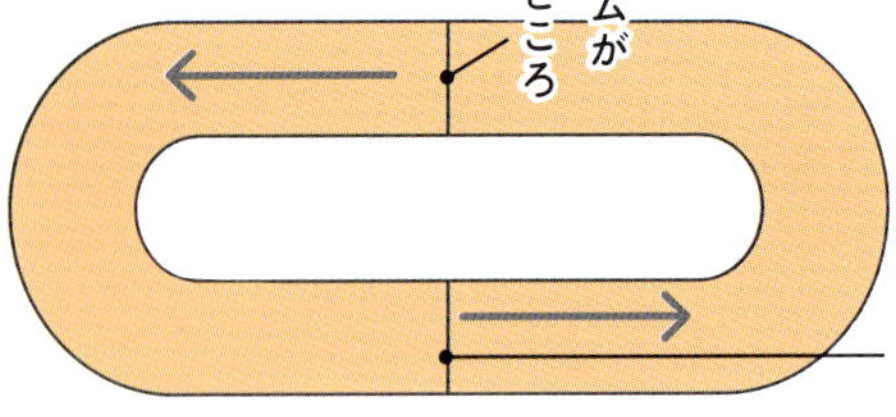
じぶんの チームが
スタートするところ
あいての チームが
スタートするところ

だんしは 1チーム 3にん、
じょしは 1チーム ふたり。

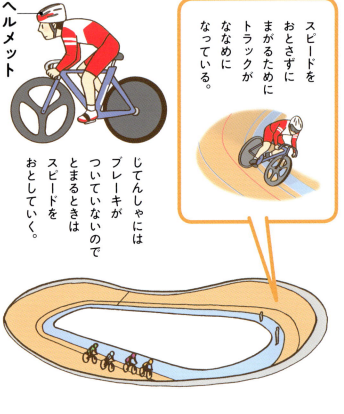

ケイリン

5にんから8にんの せんしゅが どうじに スタートして トラックを まわり、はやさを きそう。とちゅうまで 「せんとうゆうどうしゃ」の あとに ついて はしる。

せんしゅとは べつに せんとうを はしる 「せんとうゆうどうしゃ」が いる。

チームパシュート

1チーム 4にんの せんしゅが たてに ならび、1しゅうごとに せんとうを こうたいして はしり、はしった じかんを きそう。チームスプリントと おなじように、ふたつの チームが トラックの せいはんたいの いちから スタートする。

マディソン

ふたり ひとくみで じゆうに こうたいしながら きめられた かいすうだけ トラックを まわる。トラックの きめられた ばしょを とおりすぎる じゅんばんによって ポイントが あたえられ、ポイントの ごうけいを きそう。

こうたいするときは、そとがわを はしっていた せんしゅが うちがわに おりてきて こうたいする。うちがわを はしっていた せんしゅは そとがわに でて、つぎの こうたいまで ゆっくり はしる。

こうたいの ときは せんしゅどうしが てを つなぎ、はしる せんしゅを なげだすように おしだす。

トラックの うちがわは レースを するところ。ふたりの うち ひとりが はしっている。
トラックの そとがわは もうひとりの せんしゅが こうたいするまでの あいだ ゆっくり はしるところ。

おうちのかたへ

ケイリンは日本で生まれた競技です。オリンピックでは250mのトラックを8周しますが、残り2.5周になるまでは、先頭誘導車が参加し、選手はその前に出ることはできません。先頭誘導車が正面からの風を受けることによって、空気抵抗なしに走れるこの区間のポジション取りが重要とされ、先頭誘導車の抜けた最後2.5周で、一気に勝負が決まります。

ここで紹介した種目のほかにも、ひとりの選手が複数の種目を1日でおこない、総合点で競う「オムニアム」もあります。

じてんしゃきょうぎ

ロードレース

ブレーキや ギア（はやさを かえる そうち）の
ついた じてんしゃに のって、のぼりくだりの
ある どうろの コースを はしります。
はやさを きそう「ロードレース」と
じかんを きそう「タイムトライアル」が あります。

ロードレース
せんしゅみんなが
どうじに スタートして
はやさを きそう。

タイムトライアル
せんしゅは ひとりずつ
べつべつに スタートして、
コースを はしり、
ゴールまでの じかんを
きそう。

マウンテンバイク

しぜんの なかに ある みちを はしり、はやさを きそいます。
ぬかるんだ みちや やまの なかの のぼりざか、
くだりざかも はしることの できる
「マウンテンバイク」という じてんしゃに のります。

ヘルメット
とびはねてくる いしから
あたまを まもり、
ころんだときの
そなえにも なる。
でこぼこした みちも
はしることが できる
じょうぶな タイヤ。

BMX《ビーエムエックス》

「バイシクルモトクロス」という じてんしゃに のって きょうぎを おこないます。はやさを きそう「レース」と わざを きそう「フリースタイル」が あります。

レース

せんしゅは どうじに スタートして はやさを きそう。コースには こぶや ジャンプだいが つくられている。

フリースタイル

えんぎや わざの むずかしさで てんすうが つけられる。きょうぎじょうには ジャンプだいが あり、くうちゅうで まわる わざも ある。

いろいろな じてんしゃ

しょうがいの ある せんしゅが でる パラリンピックでは、とくべつな じてんしゃが つかわれています。

タンデムバイク

めに しょうがいの ある せんしゅが のる じてんしゃ。ふたりようで まえに めの みえる ひとが のって、いっしょに こぐ。

ハンドバイク

あしに しょうがいの ある せんしゅが ての ちからで こぐ じてんしゃ。

おうちの かたへ

BMXのフリースタイルには、「フラットランド」「バート」「パーク」などの種目があります。「フラットランド」は、平らな場所で、タイヤを浮かせたり、立ち上がったり、スピンをしたりする技を、連続しておこないます。「バート」は、パイプを半分に切ったような形のコースを利用して、空中での技を決めます。「パーク」は、大小さまざまなジャンプ台や手すりなどの障害物のあるコースで、ジャンプ中に縦、横に回転する技をおこないます。

ウエートリフティング

「バーベル」という きぐを りょうてで もちあげ、もちあげることの できた おもさを きそいます。

しゅもく

スナッチ

❶ バーベルを にぎる。

❷ いっきに あたまの うえまで もちあげる。

ラバーディスク

1まいずつ とりはずしが できる おもり。ふやすほど おもくなる。

クリーン アンド ジャーク

❶ バーベルを にぎる。

❷ まず かたまで もちあげる。

❸ つぎに あたまの うえまで もちあげる。

パワーリフティング

パラリンピックで、あしに しょうがいの ある せんしゅが おこなう きょうぎです。だいの うえに あおむけに ねて、じょうはんしんの ちからで バーベルを もちあげ、もちあげることの できた おもさを きそいます。

もちあげかた

むねの うえまで うでを のばして もちあげる。

アシスタント

あんぜんのために そばに アシスタントが つく。もちあげた バーベルを おろすときなどに てだすけする。

だいの うえに あしを のばして ねる。

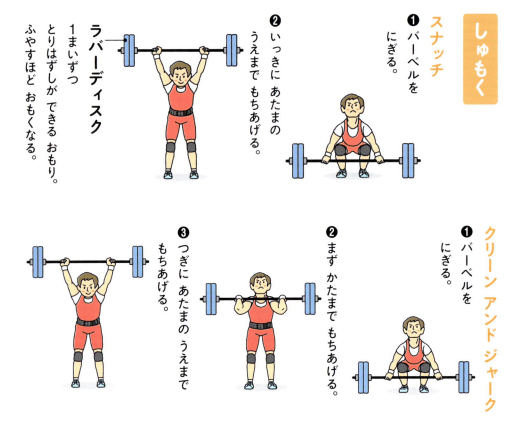

スケートボード

しゃりんが ついた いた（スケートボード）に のって コースを すべります。わざの むずかしさや できばえを きそいます。

しゅもく

パーク

くぼみの ある コースなどを すべる。くうちゅうで まわる わざが みせどころ。

ストリート

まちの なかのように かいだんや さかみち、てすりなどが ある コースを すべる。

スポーツクライミング

「ホールド」という でっぱりに てや あしを かけて かべを のぼります。

しゅもく

リード

きめられた じかんの なかで のぼった たかさを きそう。

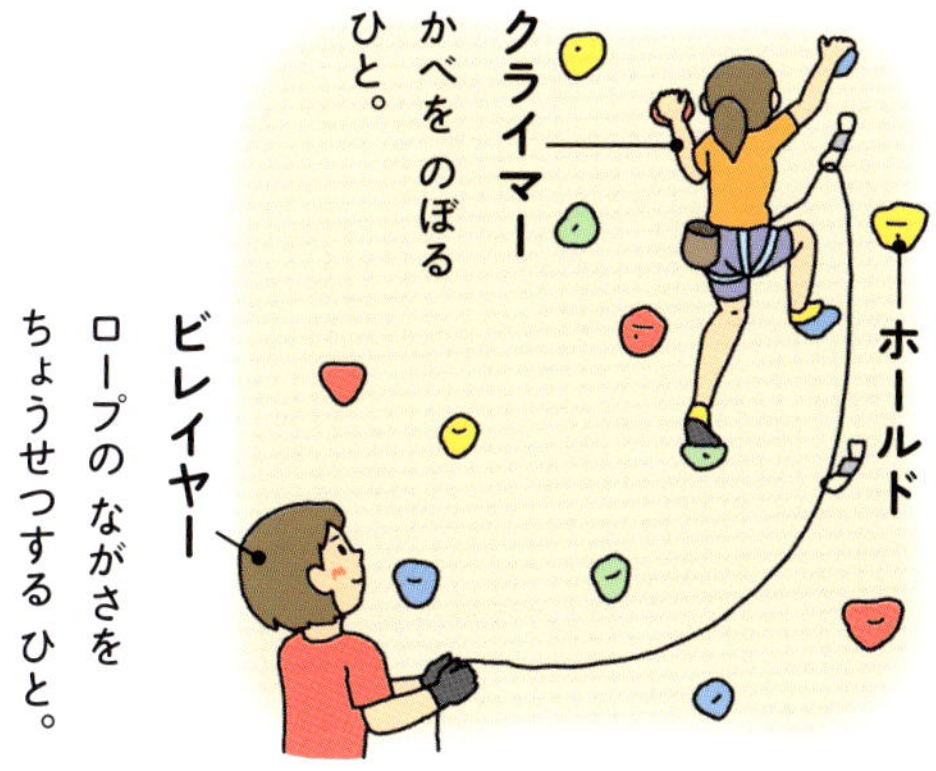

クライマー
かべを のぼる ひと。
ホールド
ビレイヤー
ロープの ながさを ちょうせつする ひと。

ボルダリング

きめられた じかんの なかで のぼった かべの かずを きそう。

ロープは つかわない

スピード

てっぺんまで のぼる はやさを きそう。

ゴールの スイッチ
さきに ふれたほうが かち。

おうちの かたへ

ウエートリフティングやパワーリフティングの競技は、体格によるハンディがないよう体重別の階級制でおこなわれます。

スポーツクライミングのリードでは、高さ12ｍ以上の壁をロープを使って登ります。登った高さを競う競技なので、落下した場合は、その高さが記録になります。ボルダリングには複数のコースが設定されていて、制限時間内に登りきったコースの数やトライした数を競います。スピードでは2人の選手が同時に同じ条件のコースを登り、タイムを競います。

たいそうきょうぎ

ゆかの うえや てつぼうなどの
きぐを つかって えんぎを して、
わざの むずかしさや うつくしさを きそいます。
だんしと じょし あわせて
8つの しゅもくが あります。

たいそうきょうぎの きょうぎじょう

たいいくかんの なかに、
ゆか、へいきんだい、あんば、ちょうば、つりわ、てつぼう、
へいこうぼう、だんちがいへいこうぼうを ならべる。
ゆかと ちょうばは、だんしも じょしも おこなう
しゅもくなので ふたつずつ ある。

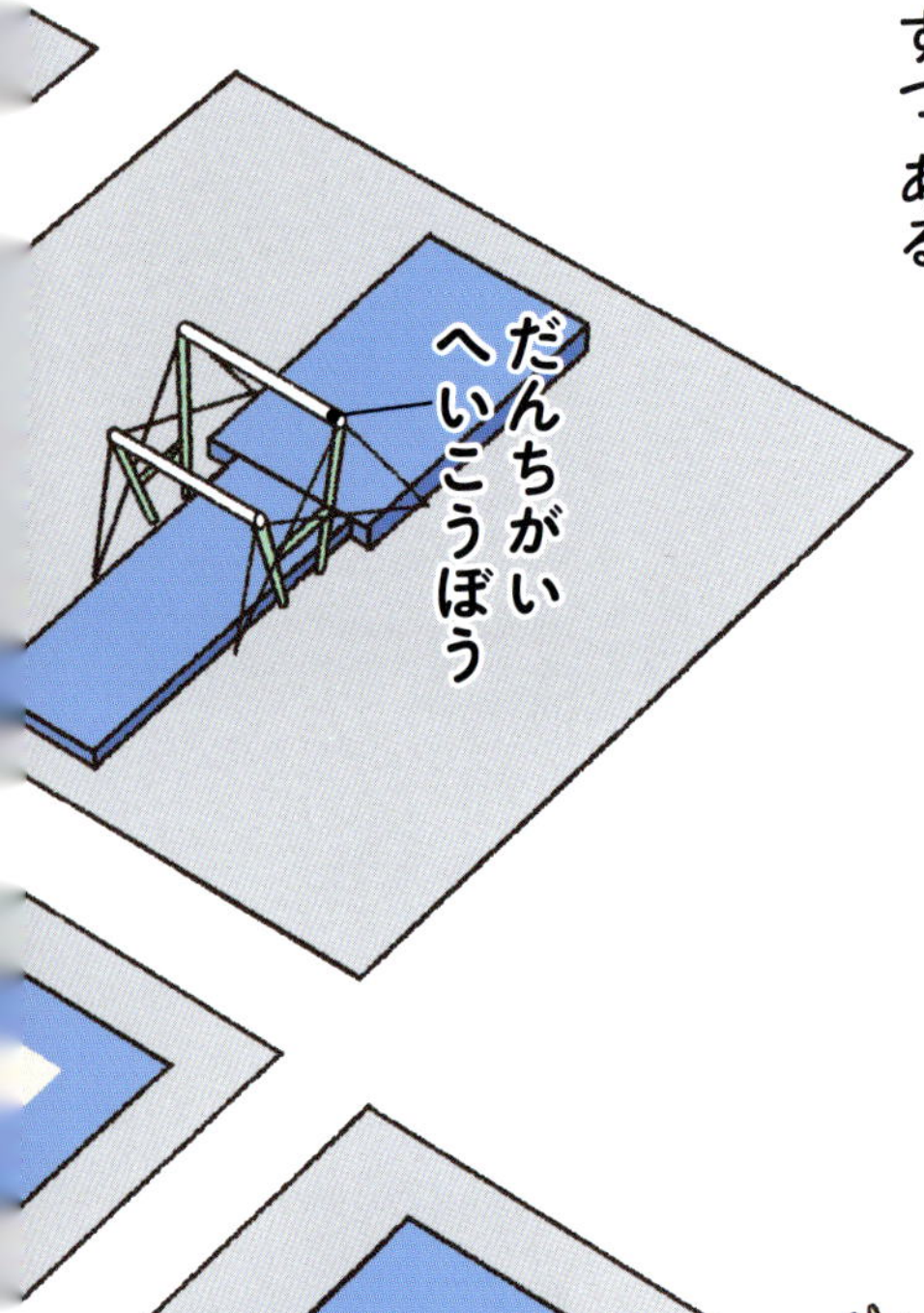

だんちがい
へいこうぼう

ふくそうと どうぐ

だんし
ランニング
シャツ
ズボン
ゆかと ちょうばの ときは
はんズボンでも よい。
くつした
じょし
レオタード
すきとおらない ぬので
できたものを きる。

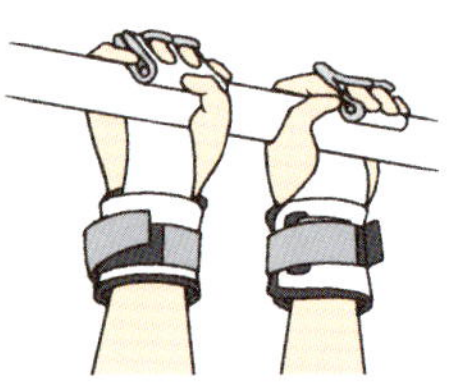

プロテクター
てつぼうや つりわを
しっかり つかむために
てに つける どうぐ。

えんぎの じゅんび

えんぎの まえに
きぐの てんけんを
したり、
すべりどめの こなを
ぬったりします。

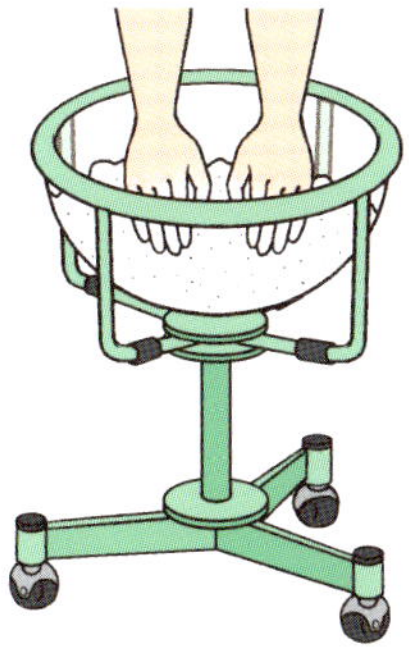
すべりどめの こな

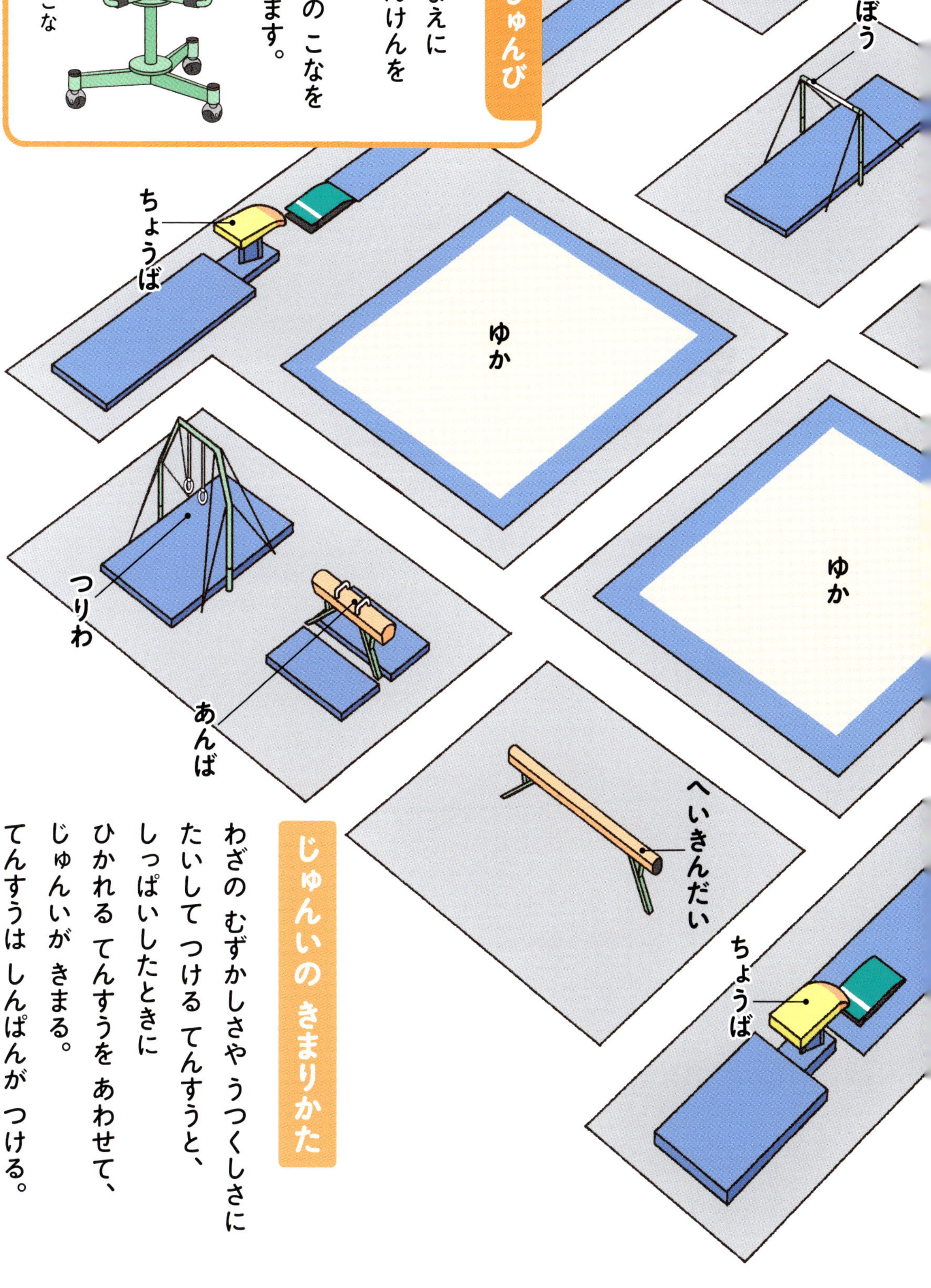

じゅんいの きまりかた

わざの むずかしさや うつくしさに
たいして つける てんすうと、
しっぱいしたときに
ひかれる てんすうを あわせて、
じゅんいが きまる。
てんすうは しんぱんが つける。

おうちのかたへ

体操競技の試合には、「団体総合」「個人総合」「個人種目別」の3つがあります。予選は団体戦でおこない、全種目の合計得点で上位のチームが決勝に進みます。この予選の結果、個人で全種目の合計得点が高かった選手が個人総合に、各種目別に得点が高かった選手が個人種目別に出場します。得点は、技の難しさなどに対する「演技価値点」とできばえを評価する「実施点」で決まります。難しい技には高い得点があたえられますが、ミスがあれば、実施点で減点されます。

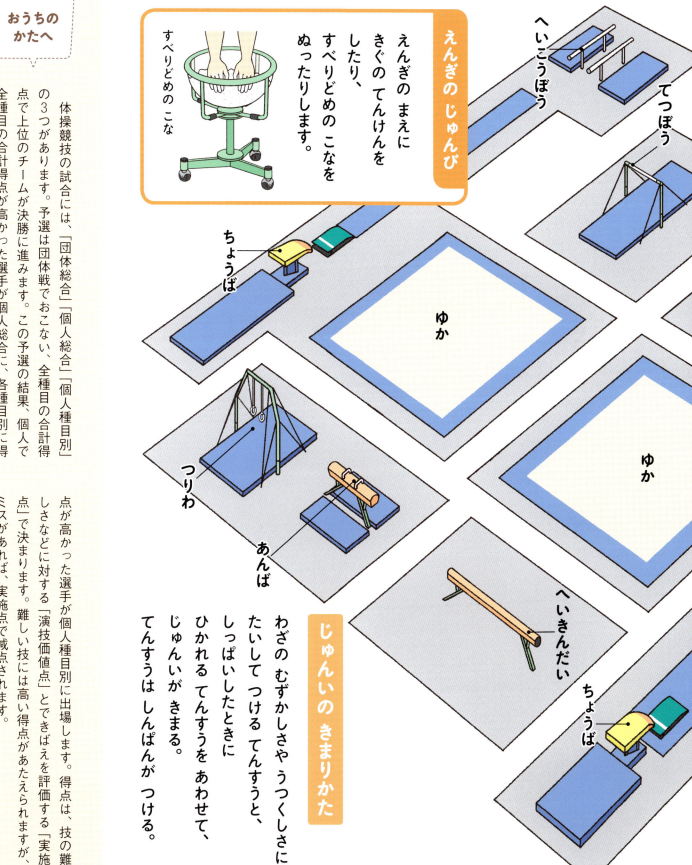

たいそうきょうぎ

たいそうきょうぎは、だんしと じょしで おこなう しゅもくが ちがいます。

ゆか（だんし・じょし）

ましかくの ゆかの うえで、とんだり ちゅうがえりしたりしながら えんぎを おこないます。じょしは おんがくに あわせて えんぎを します。

えんぎめん
からだの いちぶが えんぎめんから でると てんすうを ひかれる。
えんぎの れい

へいきんだい（じょし）

ほそながい だいの うえで バランスを とりながら えんぎを おこないます。ダンスのような ふりつけを とりいれて えんぎを します。

へいきんだい
りょうあしを そろえて たつと はみだしてしまうくらい はばが せまい。
えんぎの れい

あんば（だんし）

ふたつの とってが ついた だいを つかって、えんぎを おこないます。
ての ちからだけで からだを ささえ、ゆかに あしが つかないように よこに うごいたり えんを えがくように あしを まわしたり します。

うでや ひざが まがらないように えんぎする。
あんば

えんぎの れい

ちょうば（だんし・じょし）

ちょうばという だいに てを ついて とびこえ、
くうちゅうで えんぎを しながら ちゃくちします。

ちょうば
ふみきりばん

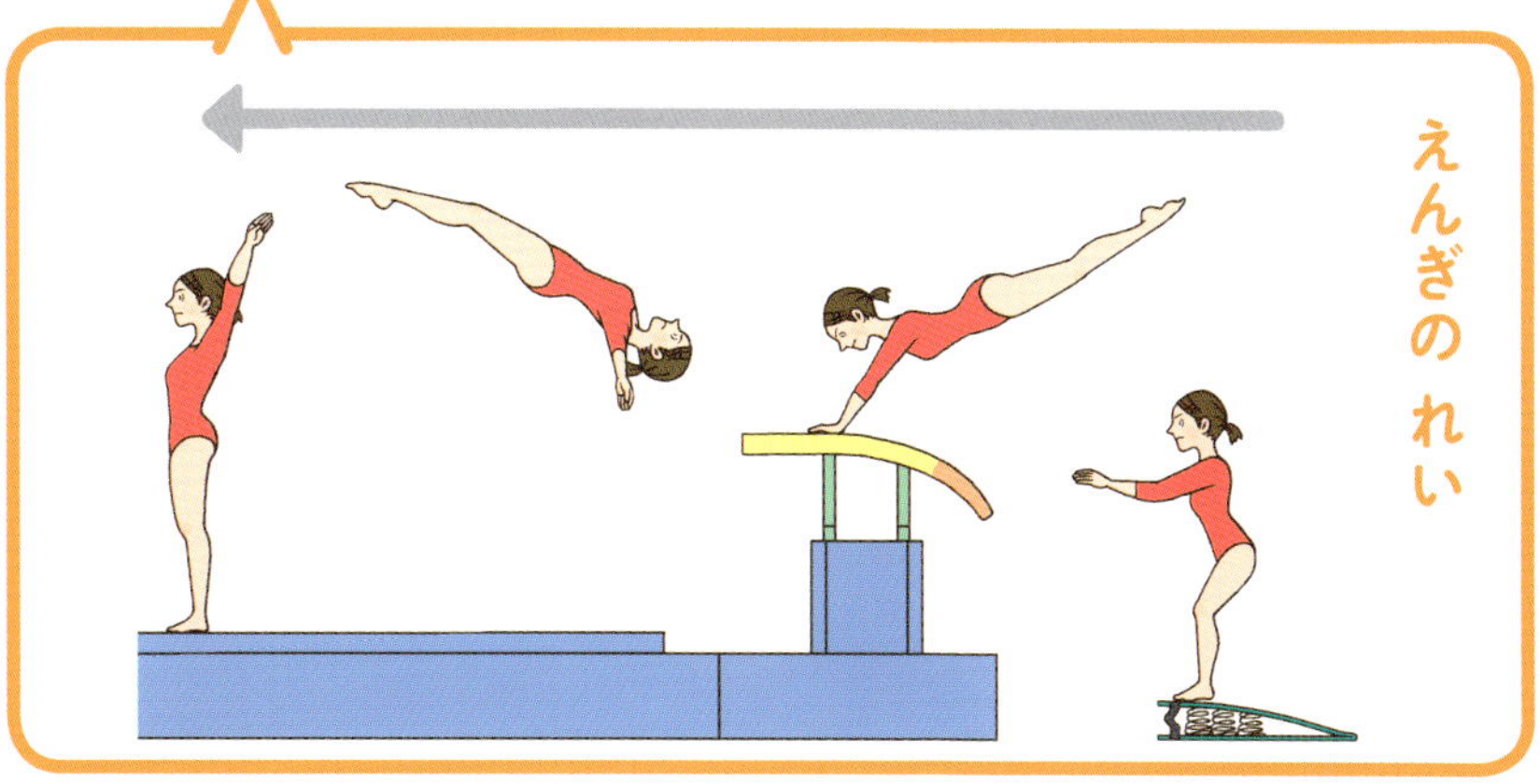
えんぎの れい

おうちの かたへ

床は男女共通の種目ですが、女子の床では、音楽が使われる点が大きく異なります。見せ場となる宙返りなどの連続技のほか、女子の場合は、音楽に合わせたダンス的な振り付けや、体の柔らかさを生かしたジャンプ、バレエのようなターンなども重要な要素になります。演技時間も、女子が90秒以内、男子が70秒以内と、女子の方が長くなっています。男子の床には、跳躍技や回転技のほか、片足でバランスをとるなどの平均技や、腕で体を支える力技などがあります。

たいそうきょうぎ

つりわ（だんし）

つりさげられた 2ほんの ロープの さきに ついている わを にぎって、えんぎを おこないます。からだを まえや うしろに ふったり まわしたりする わざや、ぴたりと うごきを とめる わざなどが あります。

うごきを とめるときは
2びょうかんは
うごいては いけない。

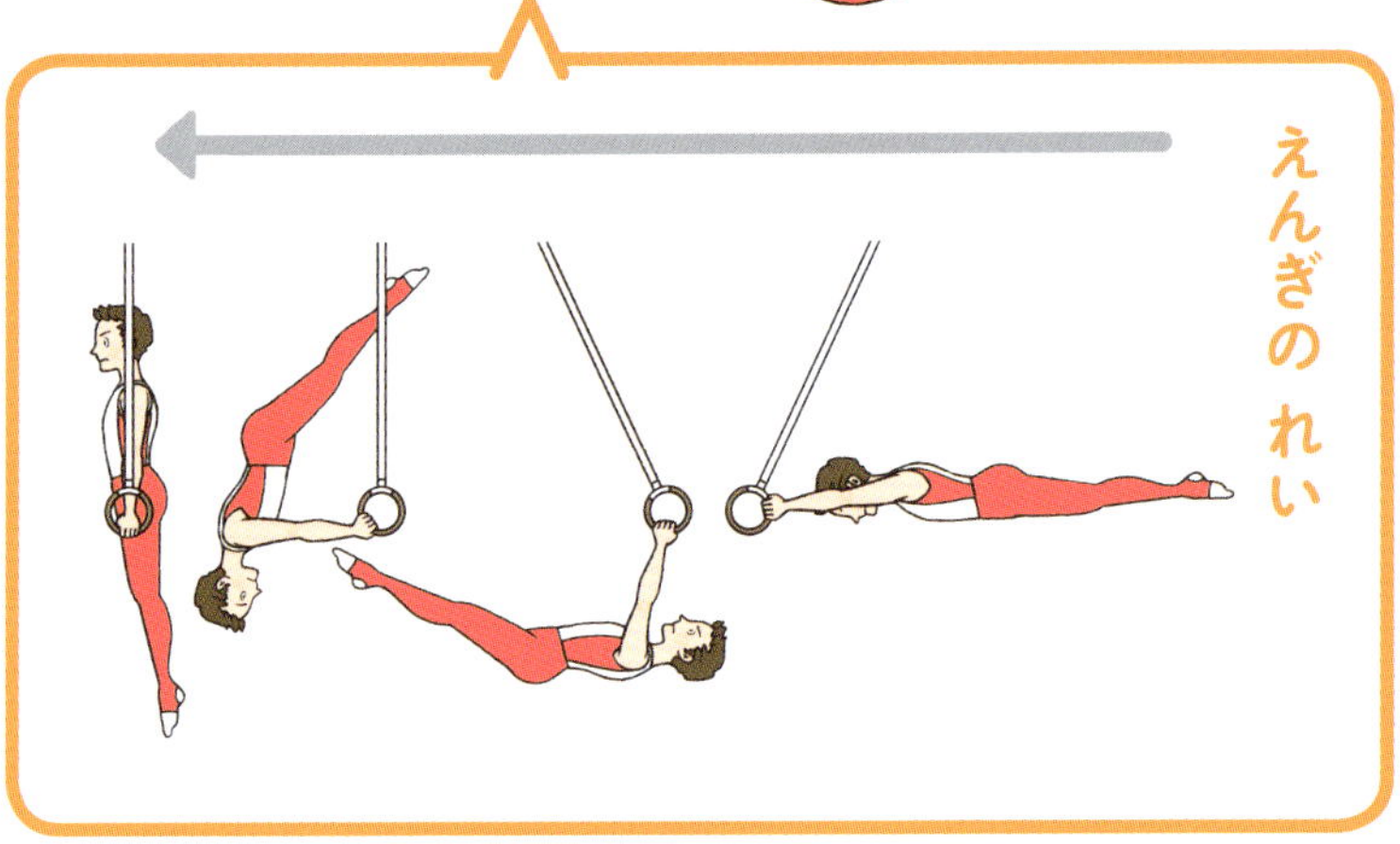
えんぎの れい

てつぼう（だんし）

たかさが 280センチメートルある てつぼうを つかって、えんぎを おこないます。てつぼうを にぎって ぐるぐる まわる わざや、いちど てを はなして てつぼうの うえで ちゅうがえりを する わざなどが あります。

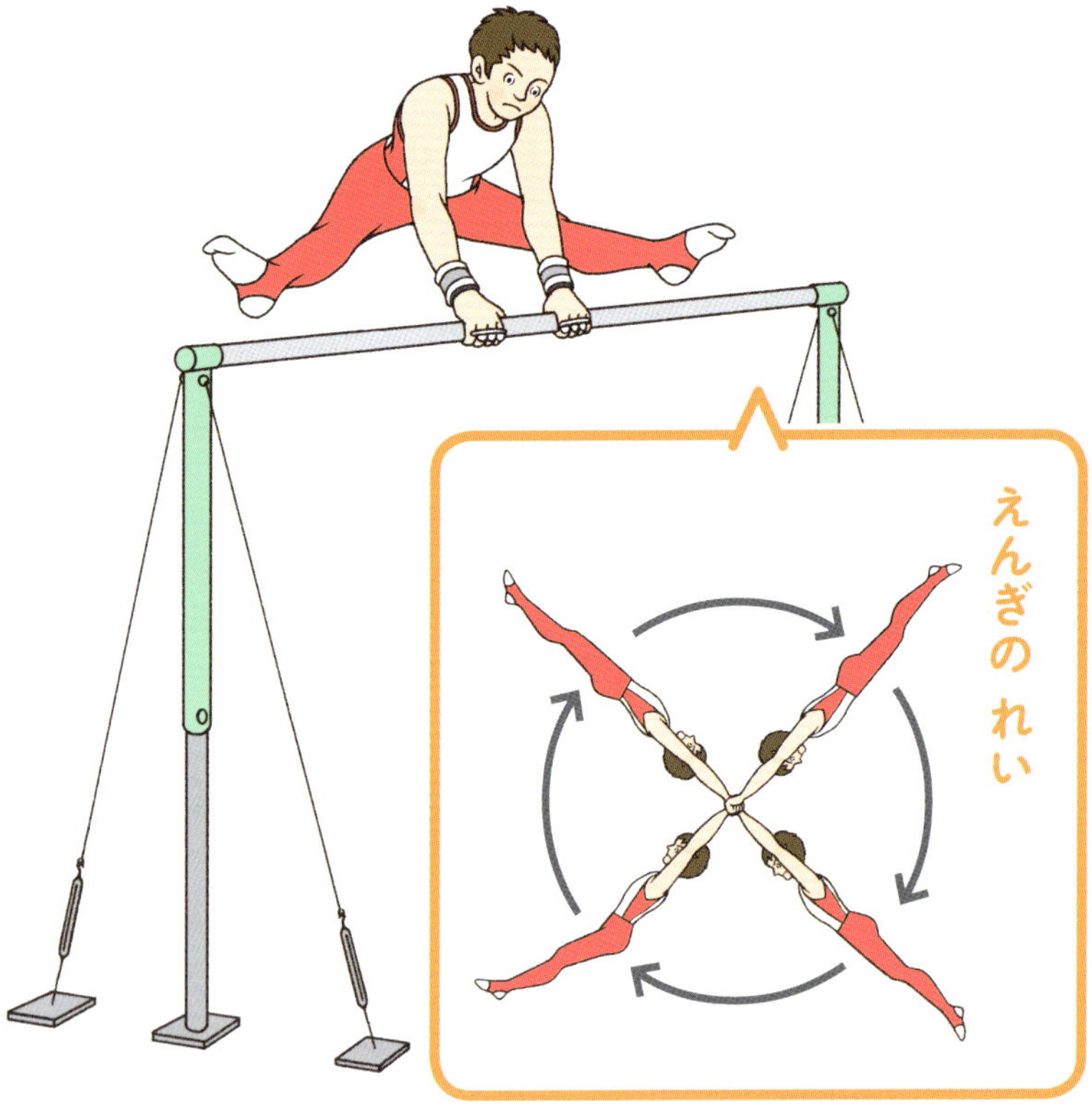
えんぎの れい

へいこうぼう（だんし）

たかさが おなじ 2つの ぼうを つかって えんぎを おこないます。からだを おおきく ふりあげたり、ちゅうがえりを したりします。

だんちがいへいこうぼう（じょし）

たかさが ちがう 2つの ぼうを つかって えんぎを おこないます。かたほうの ぼうから もうかたほうの ぼうへ ちゅうがえりを しながら うつる わざなどが あります。

ひとの なまえが ついた わざ

たいそうきょうぎでは はじめて その わざを おこなった せんしゅの なまえが わざの なまえに なることが あります。にほんじんの なまえの ついた わざも たくさん あります。

わざ（シライ）の れい

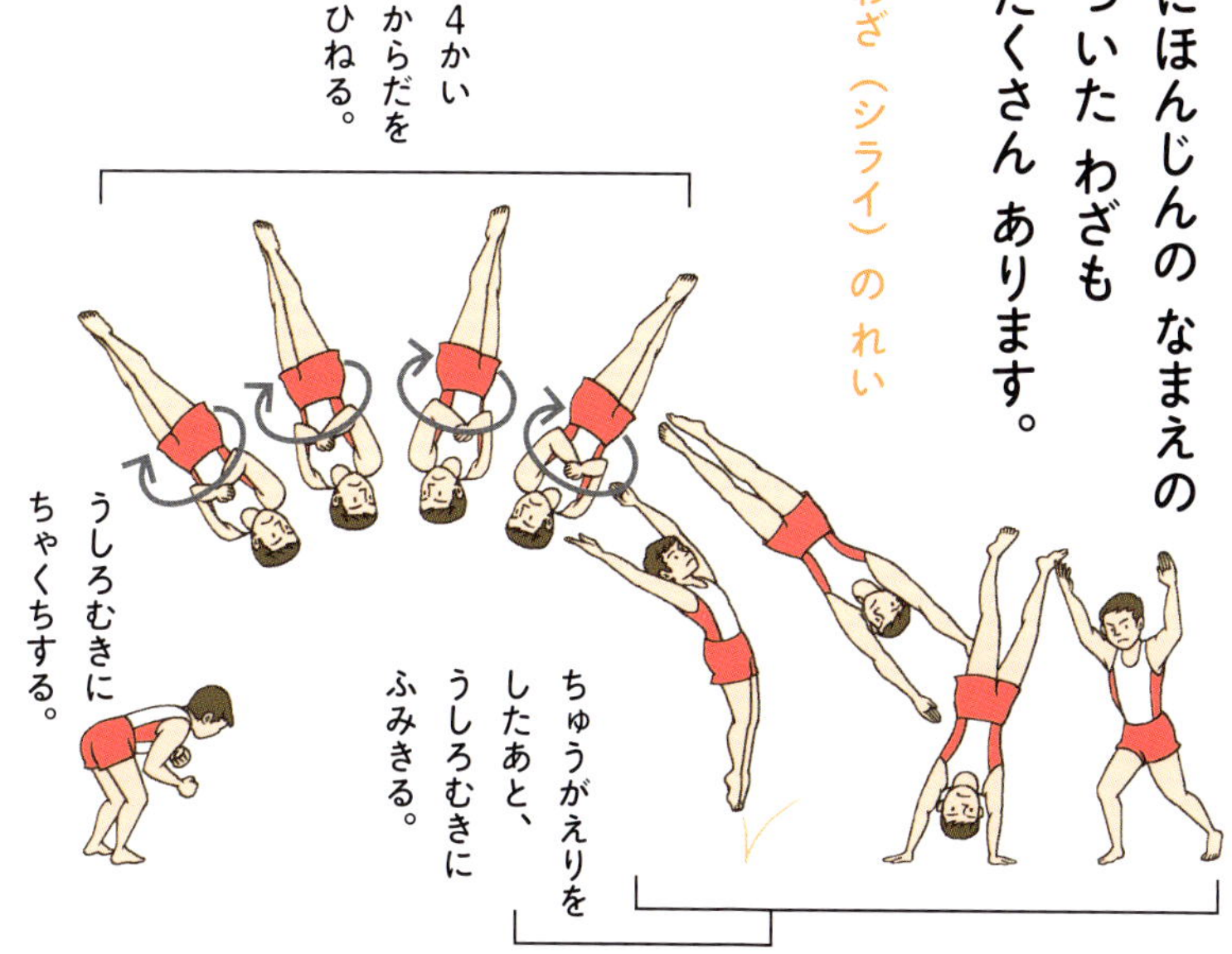
4かい からだを ひねる。
うしろむきに ちゃくちする。
ちゅうがえりを したあと、うしろむきに ふみきる。

おうちのかたへ

男子の平行棒は高さが約2mで、棒の上で倒立などの姿勢で止まる静止技があり、2秒は止まっていないと技とは認められません。高さの違う2本の棒上を行き来する女子の段違い平行棒は、止まることなく技を連続しておこないます。1回でも止まると減点の対象になります。

日本選手の名前がついた技には、鉄棒のツカハラ、平行棒のモリスエなどがあります。近年では跳馬と床で、シライ、シライ2、シライ3などの新しい技が編み出されています。

しんたいそう

リボンや ボールなどの どうぐを つかいながら、おんがくに あわせて えんぎを おこないます。わざの むずかしさだけでは なく うつくしく みせることも たいせつな スポーツです。

だんしの しんたいそう

オリンピックで おこなうのは じょしの しんたいそうだけですが、だんしの しんたいそうも あります。チームぜんいんで ぴたりと そろって ちゅうがえりを するなど ちからづよい えんぎが みせどころです。

しゅもくと どうぐ

リボン

リボンの さきが ゆかに つかないように うごかす。

フープ

たかく なげたり からだを わの なかに とおしたりする。

クラブ

みぎてと ひだりてで ちがう うごきを しながら 2ほんの ぼうを あやつる。

ボール

うでや せなかの うえで ボールを ころがしたり、たかく なげたりする。

ロープ

たかく なげて キャッチしたり からだに まきつけたりする。

トランポリン

トランポリンの うえで 10かい つづけて ちゅうがえりを して、えんぎを おこないます。とんだ たかさや わざの うつくしさなどを きそいます。

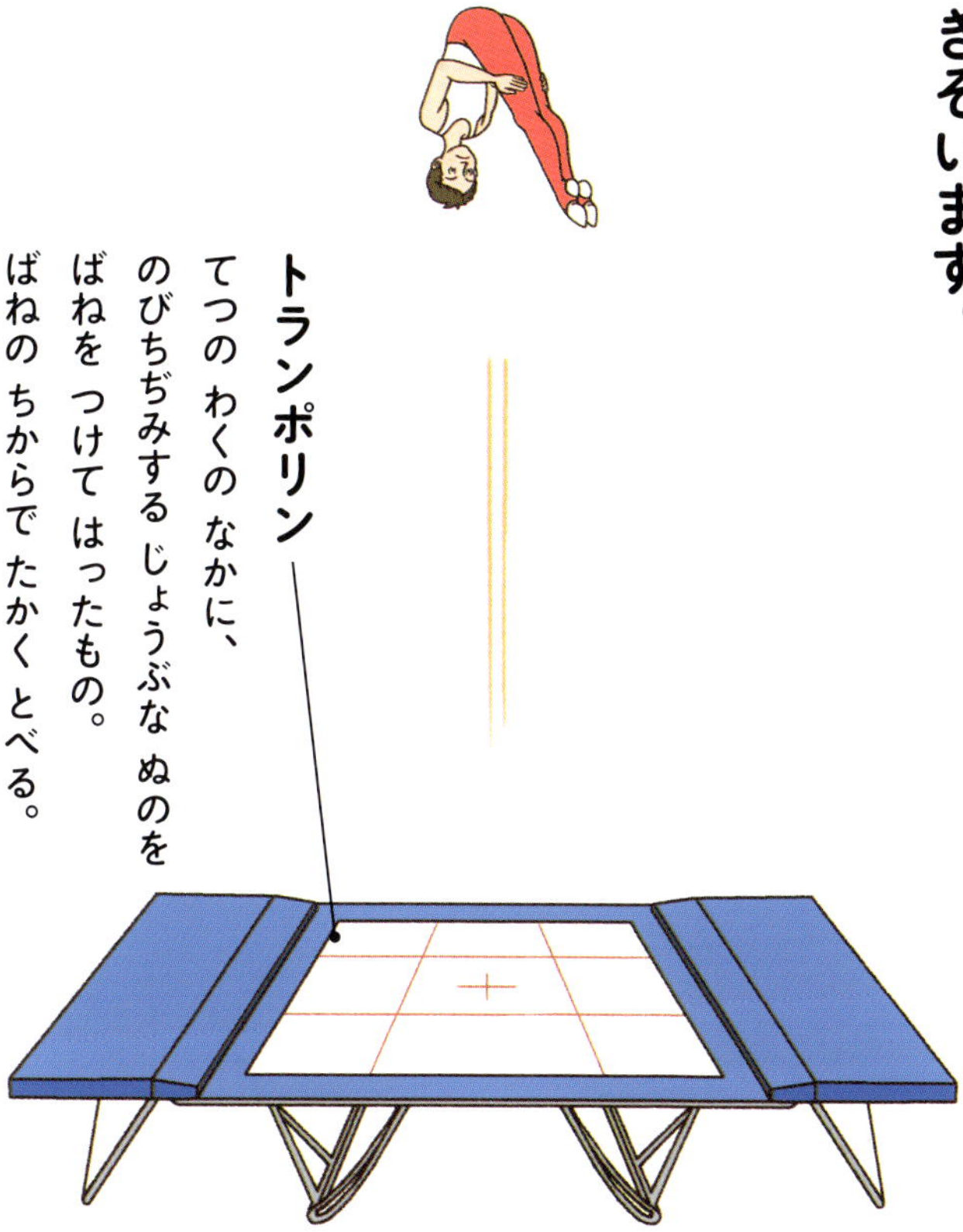

トランポリン
てつの わくの なかに、のびちぢみする じょうぶな ぬのを ばねを つけて はったもの。ばねの ちからで たかく とべる。

くうちゅうでの しせい

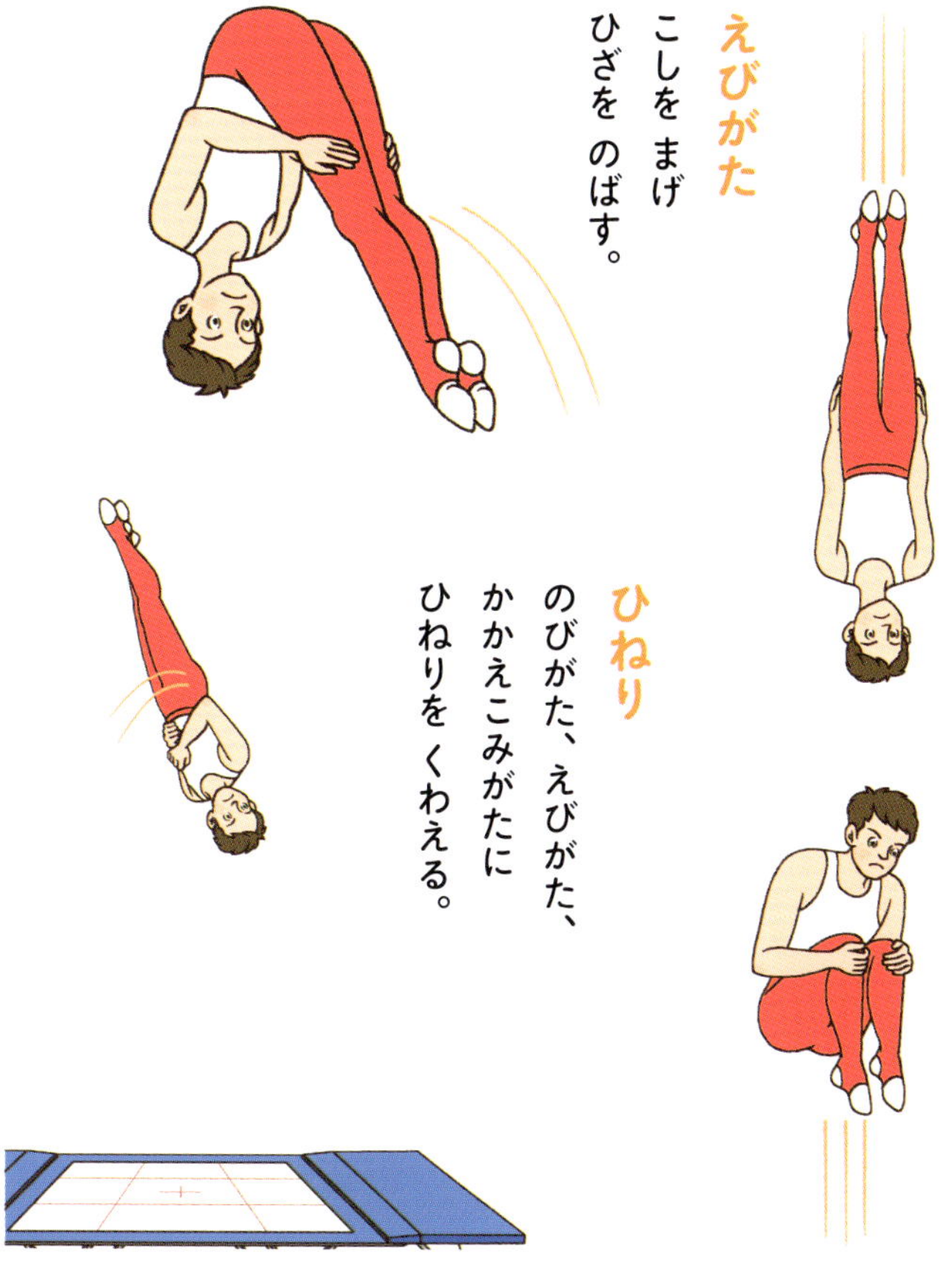

のびがた
からだを まっすぐ のばす。

えびがた
こしを まげ ひざを のばす。

かかえこみがた
ひざを かかえこむ。

ひねり
のびがた、えびがた、かかえこみがたに ひねりを くわえる。

おうちの かたへ

男子の新体操は日本発祥のスポーツです。1940年代にはじまった「団体徒手体操」が原型となっています。日本の大会では、手具は使わず、跳躍や回転、宙返りなどを中心にした団体戦と、スティック（長さ90cmの棒）、リング（直径41cmの輪を2つ）、ロープ、クラブの個人戦がおこなわれています。

トランポリンの試合では、10種類のちがう技を連続して演技します。個人種目のほか、2人で同じ技を同時におこなうシンクロナイズドやチームで競う団体戦があります。

りくじょう 7しゅきょうぎ

ひとりの せんしゅが「はしる」「とぶ」「なげる」の しゅもくを ぜんぶで 7しゅもく おこなう、じょしの きょうぎです。

はしる

❶ 200メートルそう
❷ 800メートルそう
❸ 100メートルハードル

とぶ

❹ はしりはばとび
❺ はしりたかとび

なげる

❻ ほうがんなげ
❼ やりなげ

りくじょう 10しゅきょうぎ

ひとりの せんしゅが「はしる」「とぶ」「なげる」の しゅもくを ぜんぶで 10しゅもく おこなう、だんしの きょうぎです。

はしる

❶ 100メートルそう
❷ 400メートルそう
❸ 110メートルハードル
❹ 1500メートルそう

とぶ

❺ はしりはばとび
❻ はしりたかとび
❼ ぼうたかとび

なげる

❽ ほうがんなげ
❾ えんばんなげ
❿ やりなげ

おうちのかたへ

陸上競技で、複数の異なる種目をおこなう競技を混成競技とよび、各種目の成績を点数化し、合計点を競います。1種目でも欠場すると次へは進めません。オリンピックなどの国際大会では、男子10種は、1日目に100m走、走り幅跳び、砲丸投げ、走り高跳び、400m走、2日目に110mハードル、円盤投げ、棒高跳び、やり投げ、1500m走の順におこないます。女子7種は、1日目が100mハードル、走り高跳び、砲丸投げ、200m走、2日目が走り幅跳び、やり投げ、800m走です。

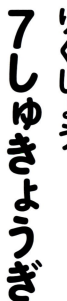

3 すいえい・みずのスポーツ

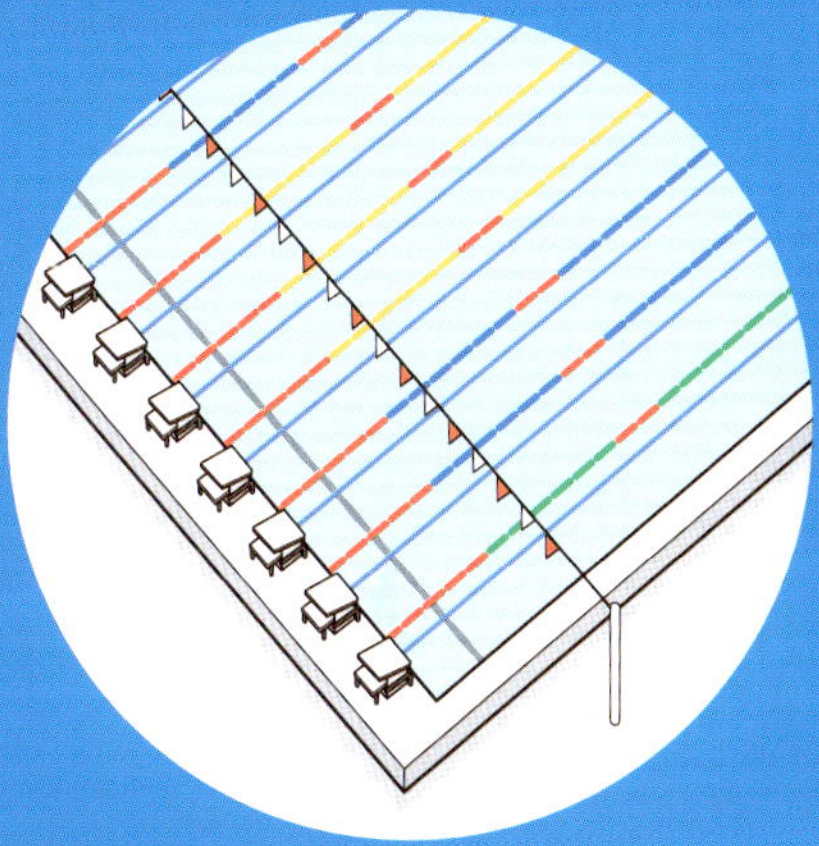

すいえい

およぐ はやさを きそう きょうえいの ほかに、たかい とびこみだいから プールに とびこんだり、みずの なかで おどったり、ボールを とりあったりする きょうぎが あります。

きょうえいようの プール

きょうえいでは たくさんの せんしゅが どうじに スタートするので コースロープで およぐ ばしょを くぎっている。

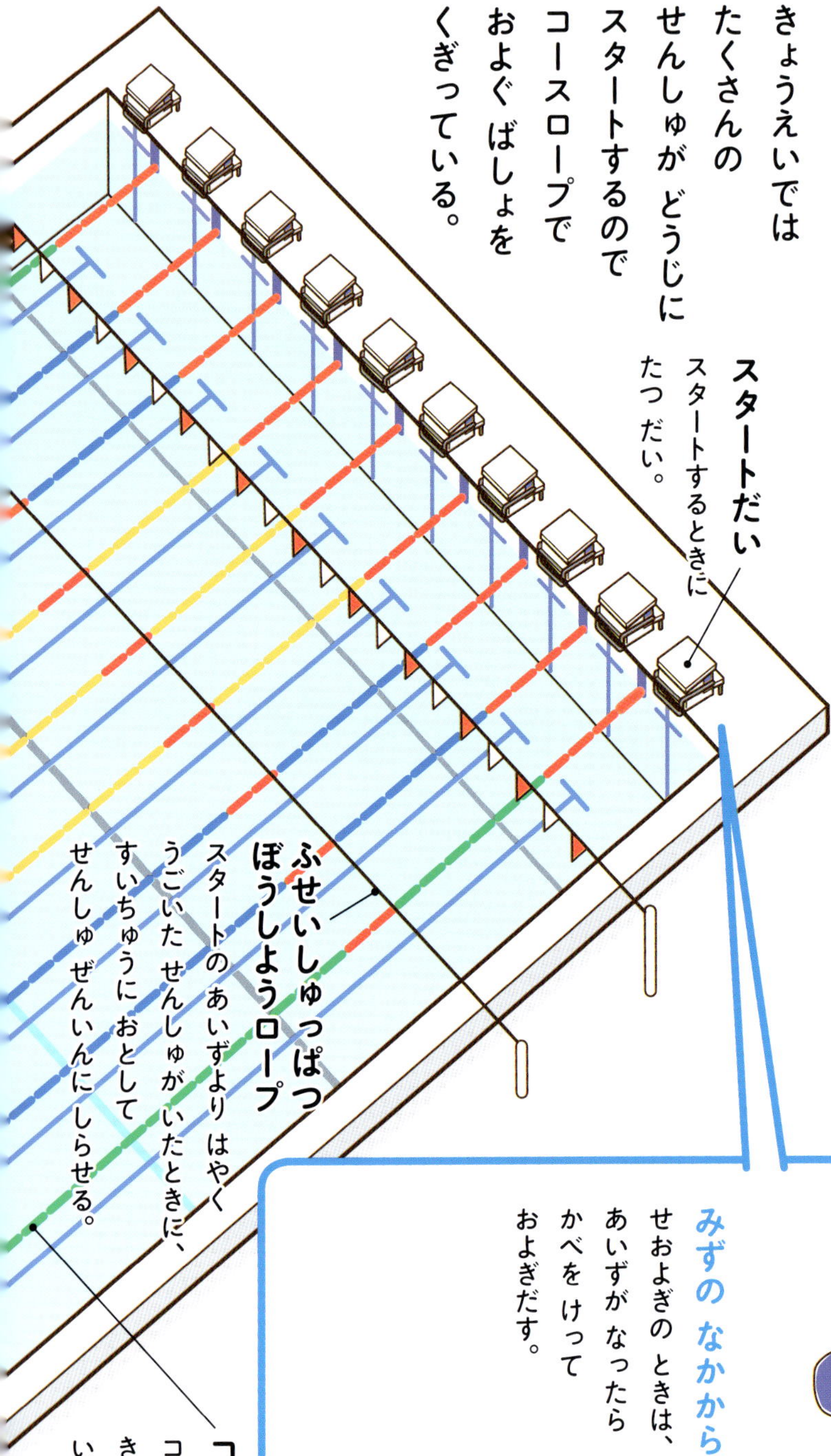

スタートだい
スタートするときに たつ だい。
ふせいしゅっぱつ ぼうしようロープ
スタートの あいずより はやく うごいた せんしゅが いたときに、すいちゅうに おとして せんしゅ ぜんいんに しらせる。
コースロープ
コースを くぎる ロープ。きょりが わかるように いろわけされている。

スタートの しかた

およぎかたによって スタートの しかたが ちがう。

スタートだいから スタート

クロール、ひらおよぎ、バタフライの ときは、スタートだいの うえに かまえ、あいずが なったら みずの なかに とびこむ。

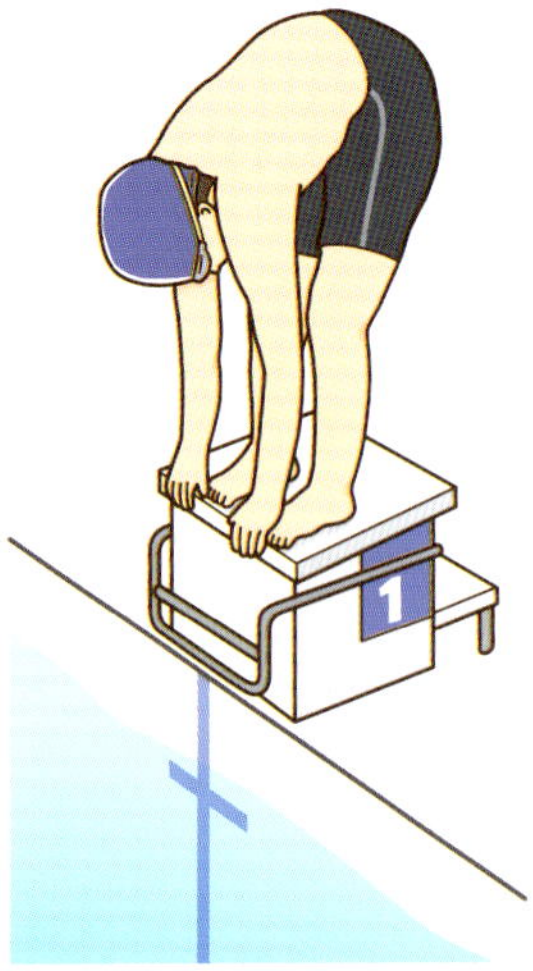

1

みずの なかから スタート

せおよぎの ときは、みずの なかで かまえ、あいずが なったら かべを けって およぎだす。

プールの ながさ

50メートルの プールと 25メートルの プールが ある。

ターンの しかた

プールの はしで おりかえすことを「ターン」と よぶ。

クイックターン

クロールや せおよぎの ときは、はしに ちかづいたら くるっと まわり ターンして、かべを けって すすむ。

タッチターン

ひらおよぎや バタフライの ときは、りょうてを かべに つけてから ターンして かべを けって すすむ。

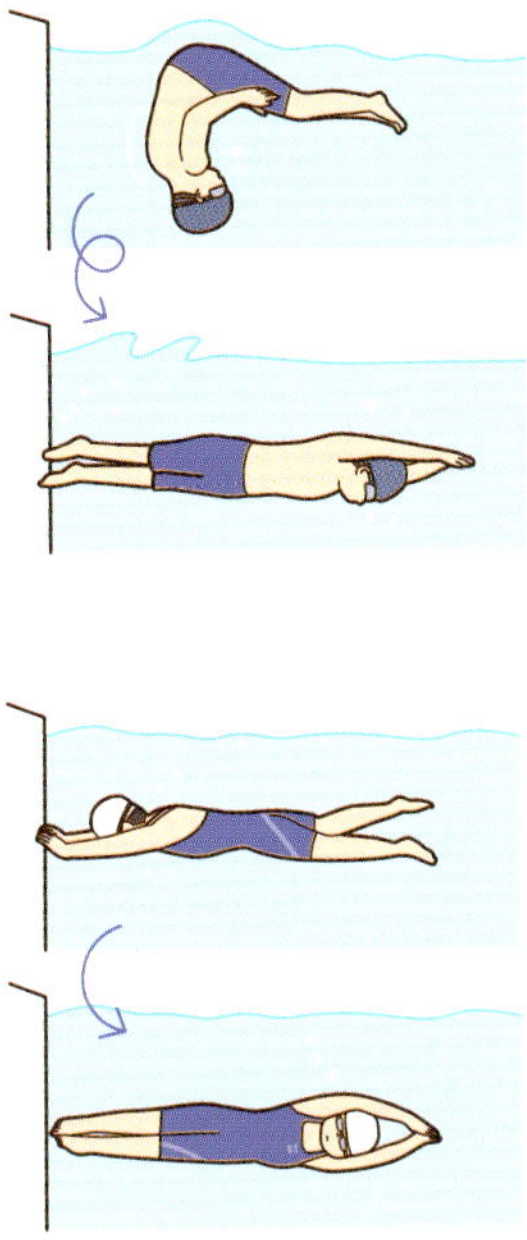

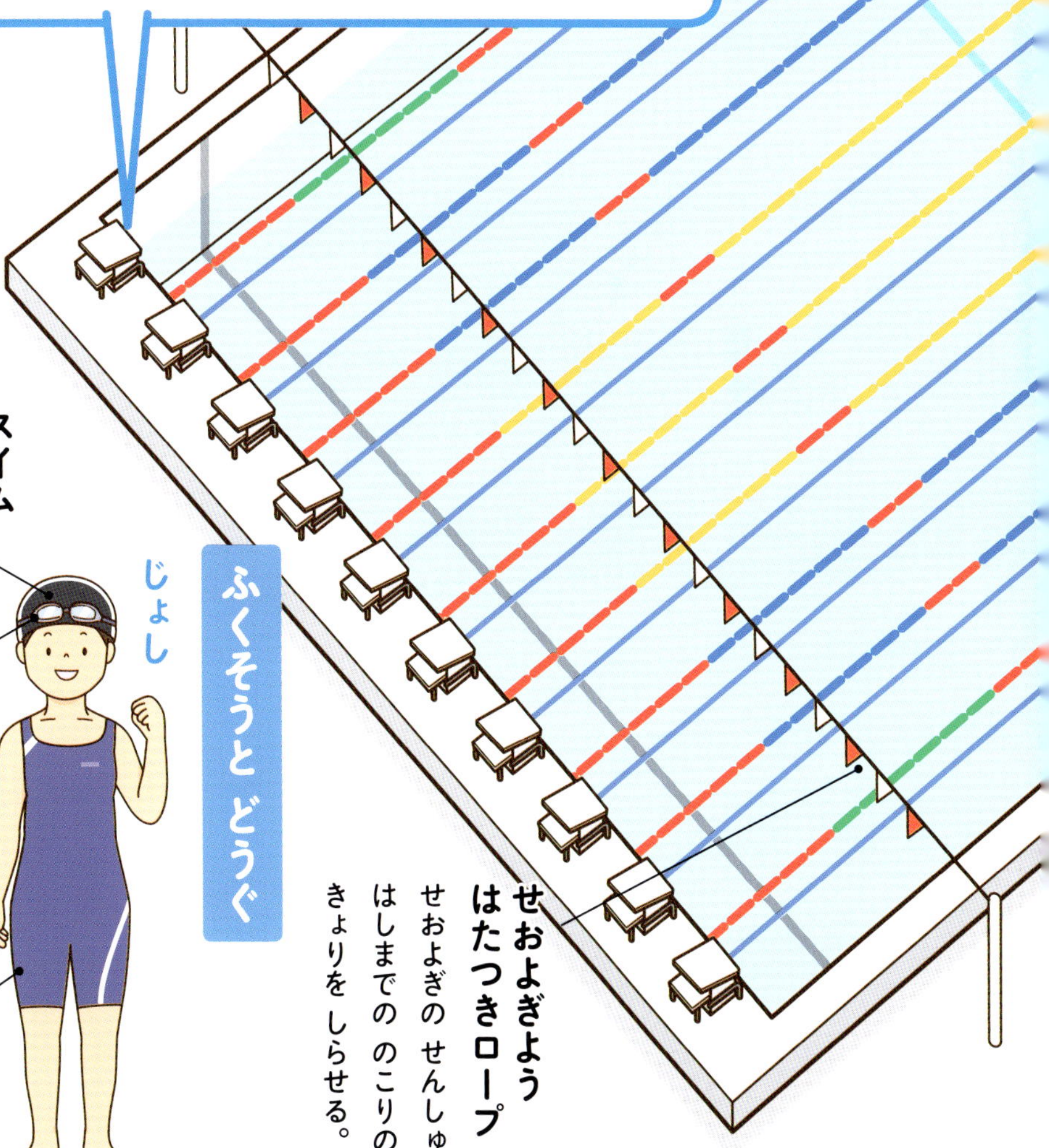

せおよぎよう はたつきロープ
せおよぎの せんしゅに はしまでの のこりの きょりを しらせる。

ふくそうと どうぐ

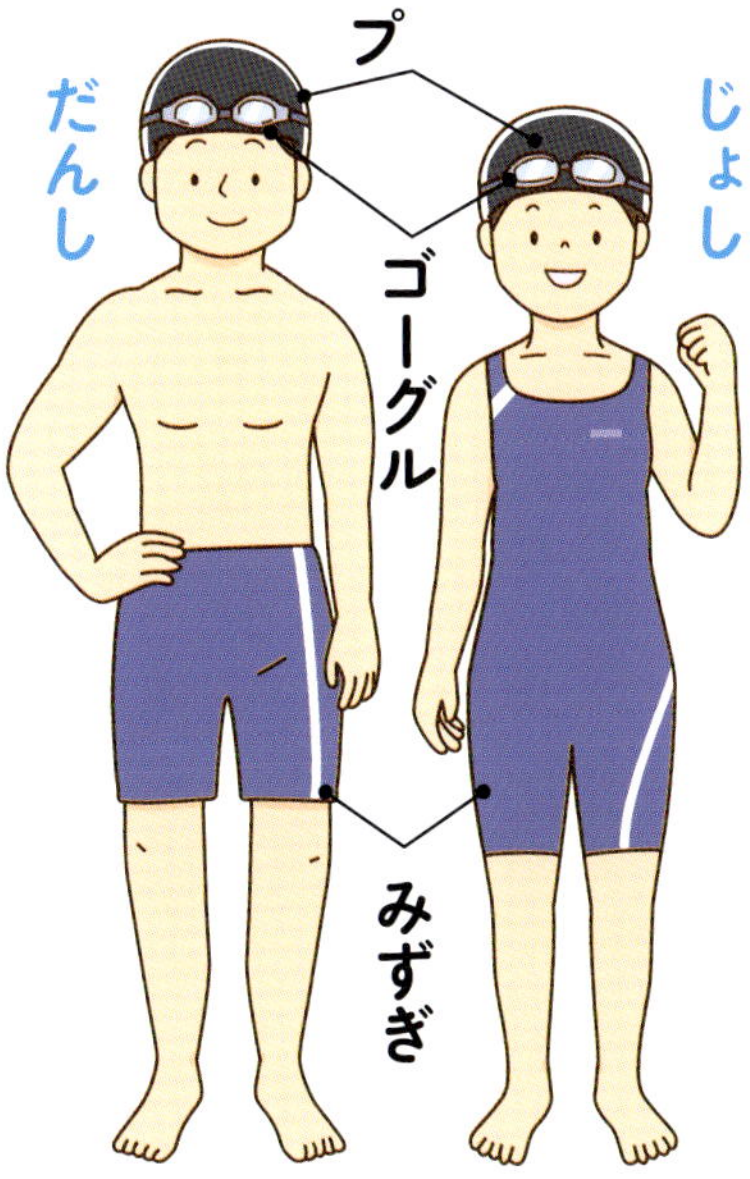

スイムキャップ
ゴーグル
みずぎ
だんし
じょし

おうちのかたへ

競泳用のプールの場合、50ｍの長水路と25ｍの短水路があり、オリンピックは、長水路でおこなわれます。水深は、国際大会がおこなわれる競泳用プールでは2～3ｍが推奨されています。また、飛び込み競技の水深は5ｍ以上、水球の水深は2ｍ以上と決められています。国内でおこなわれる水泳競技の大会で使うプールの多くは、床面の下に空洞のスペースがあり、可動式の柱が上下に床を動かすしくみになっていて、競技に合わせてプールの深さを調節します。

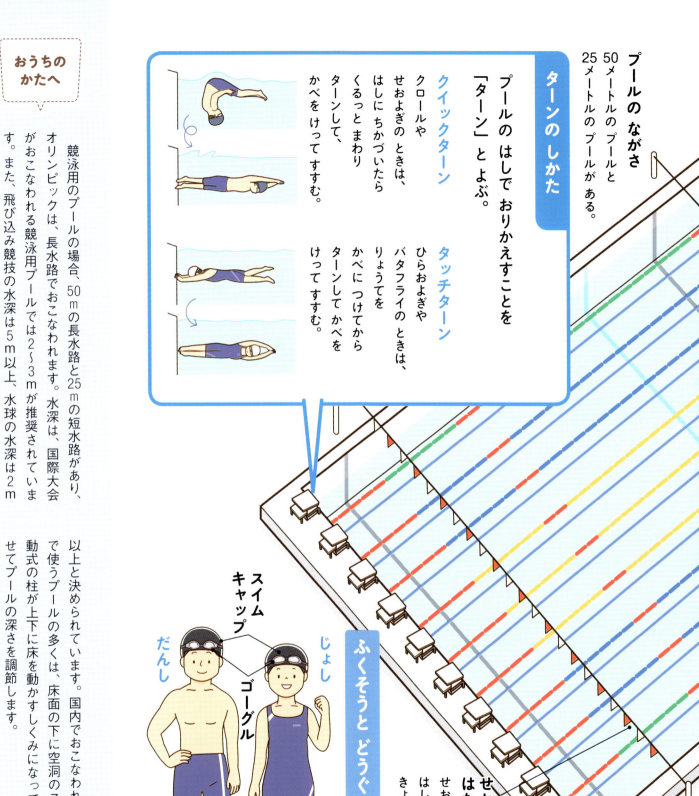

すいえい ―きょうえい①―

じゆうがた（クロール）

きめられた きょりを じゆうな およぎかたで およぎます。
いちばん はやく およげる クロールで
およぐのが ふつうです。

てのうごかしかた

りょうてを かわりばんこに
まわして、みずを うしろに
かいて すすむ。

あしのうごかしかた

ひざを のばして、
りょうあしで
かわりばんこに キックする。

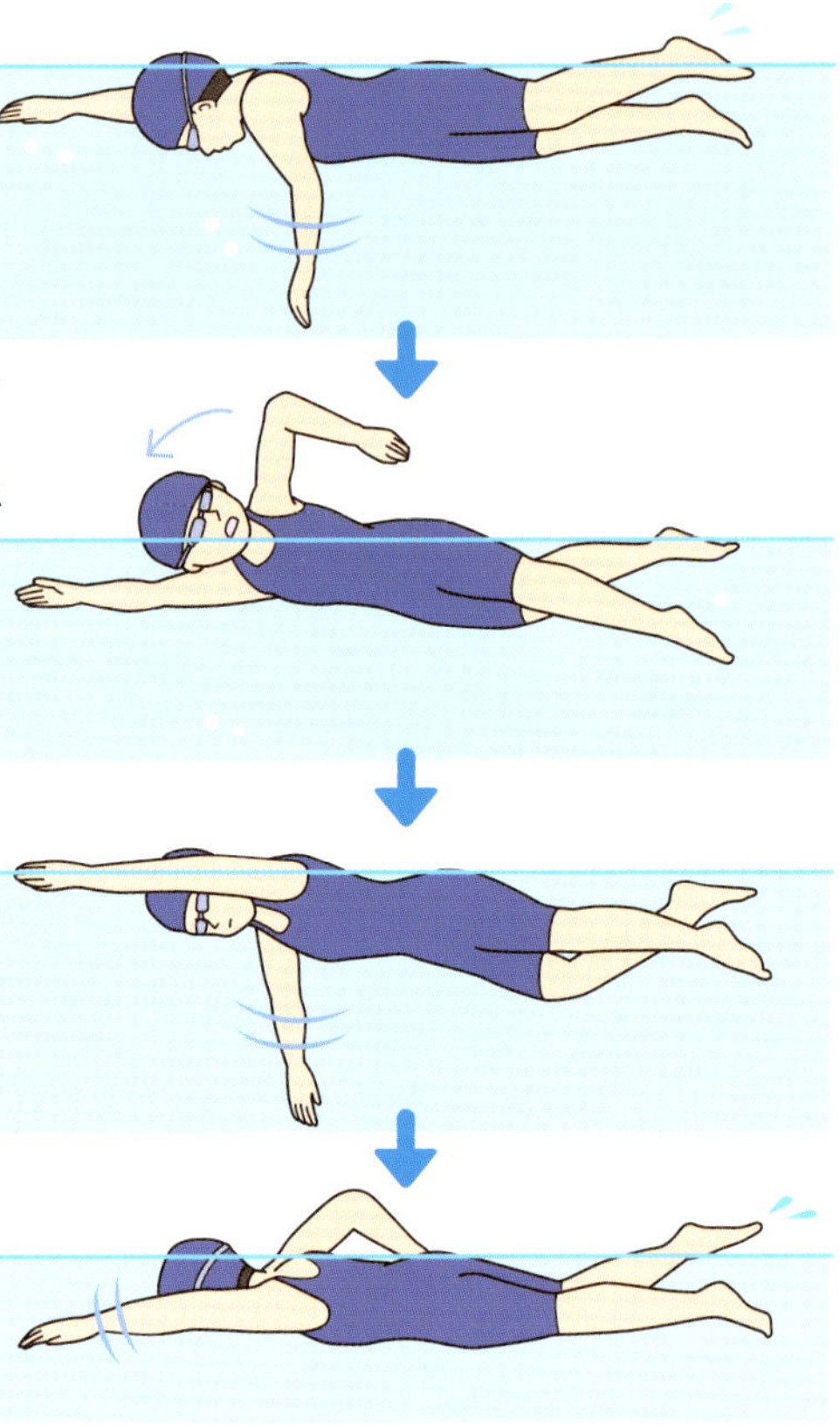

てを あげたときに
かおを よこに むけて
いきつぎを する。

ひらおよぎ

あしの うらで みずを けり、
てのひらで みずを かきながら およぎます。

てのうごかしかた

まえに のばした うでを
そとがわに ひろげて
みずを かいて すすむ。

あしのうごかしかた

かかとを しりの ほうへ
ひきつけてから、
おもいきり けるように のばす。

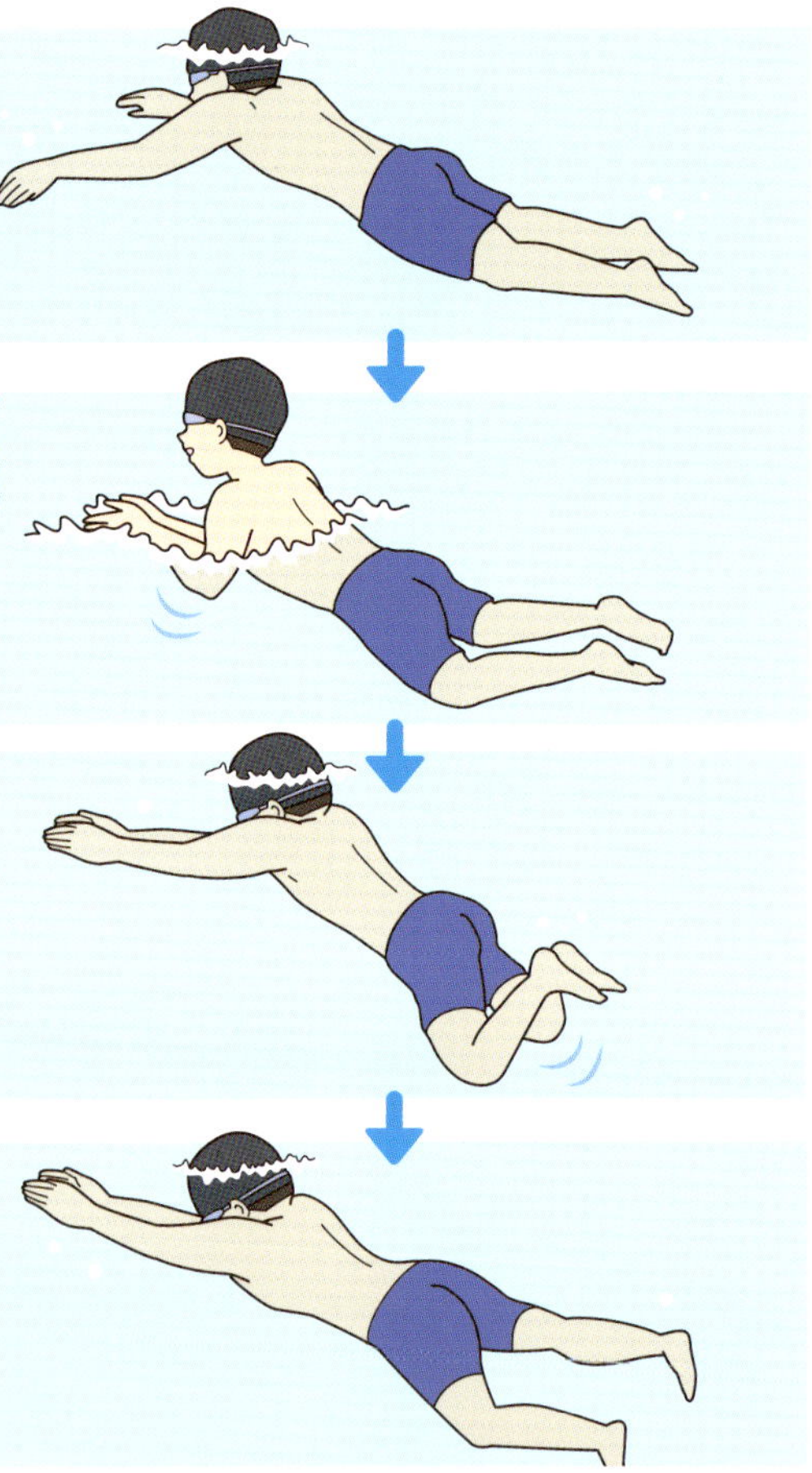

からだが
うきあがったところで、
いきつぎを する

せおよぎ

うえを むいた しせいで およぎます。
かおを みずに つけないので、いきつぎを しないで およぐことが できます。

てのうごかしかた

りょうてを かわりばんこに まわし、てのひらで みずを おすように して すすむ。

あしのうごかしかた

クロールと おなじように、りょうあしで かわりばんこに キックする。
あしの こうで みずを けりあげる。

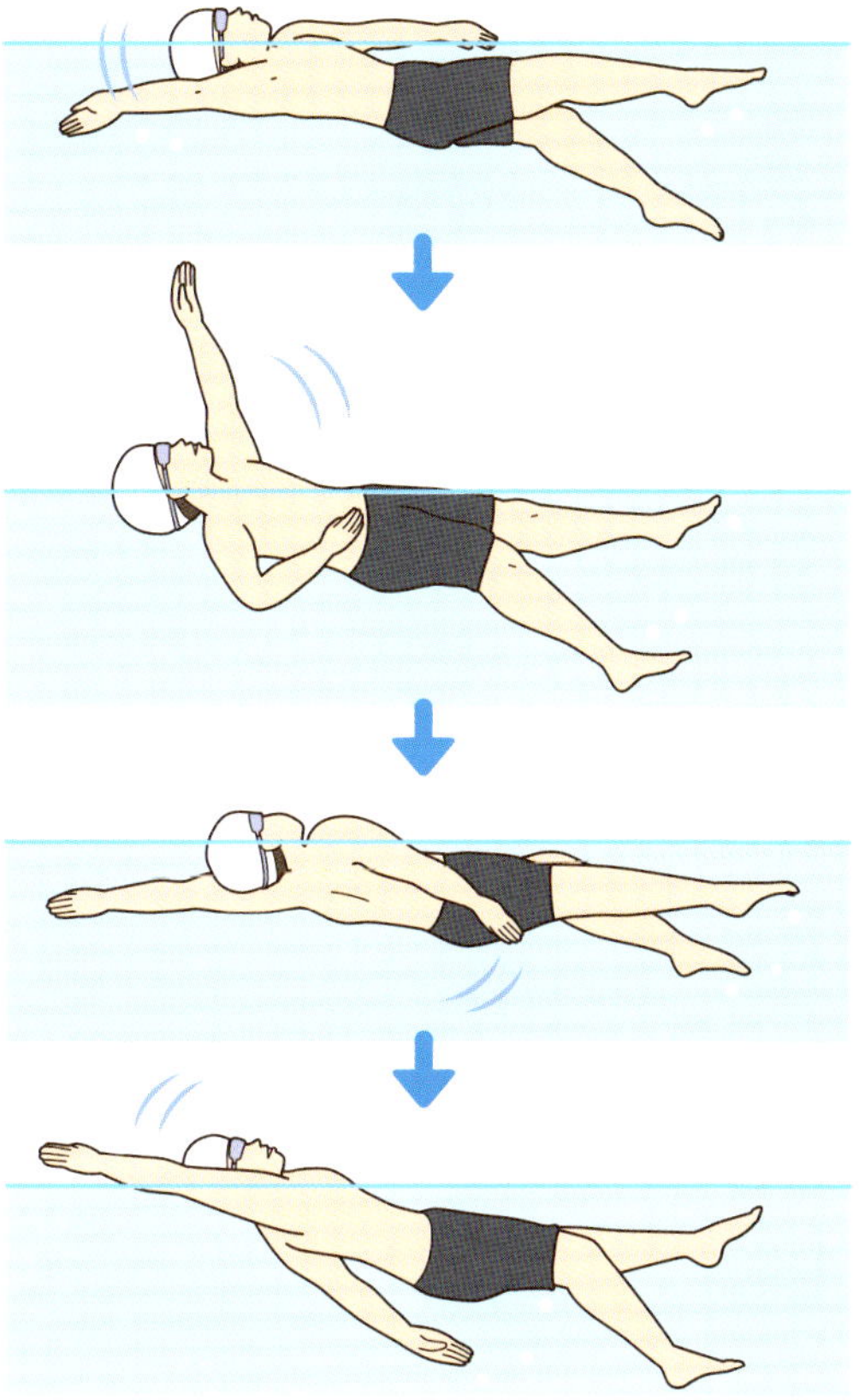

バタフライ

うでの うごきが ちょう（バタフライ）のように みえることから なまえが つけられた およぎかたです。

てのうごかしかた

りょうてを どうじに うごかして、みずを うしろに かいて すすむ。

あしのうごかしかた

りょうあしを そろえて おりまげて キックしたあと、つまさきまで あしを のばす。
いるか（ドルフィン）の おひれの うごきに にていることから、「ドルフィンキック」と よばれる。

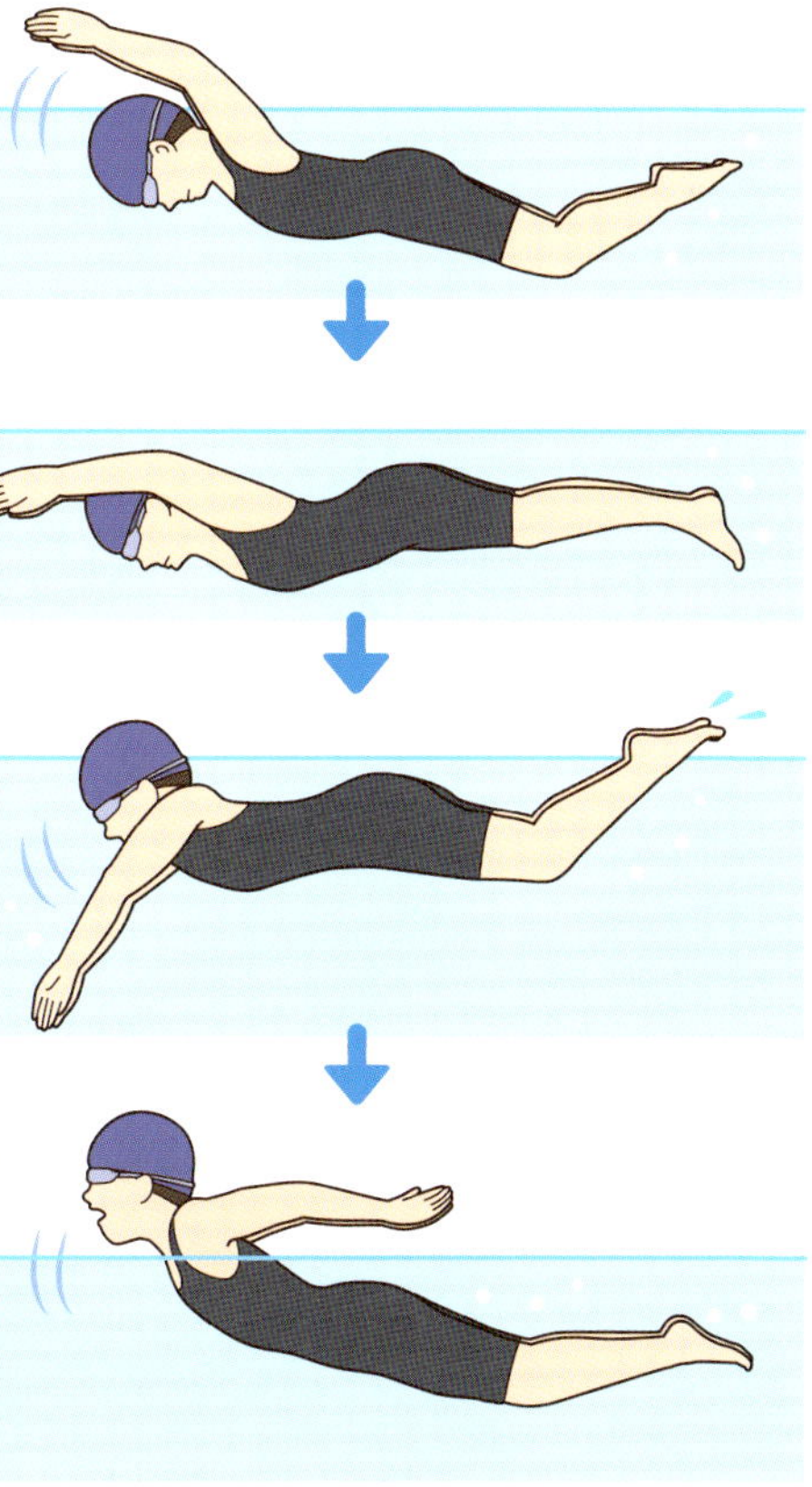

からだが うきあがった ところで、いきつぎを する。

おうちのかたへ

競泳の泳法には、自由形、平泳ぎ、背泳ぎ、バタフライの4種類があります。自由形は泳ぎ方を選ばない種目ですが、ほぼ全員が1番速い泳法である、クロールで泳ぎます。また、1番遅い泳法である、平泳ぎでも、１００m平泳ぎの男子の世界記録では1分をきっています。

スタートの合図から選手の足がスタート台を離れるまでの時間のことを「リアクションタイム」と呼び、リアクションタイムを縮めることが記録を縮めることにもつながります。

すいえい
―きょうえい②―

こじんメドレー

ひとりの せんしゅが、きめられた きょりを
4つの およぎかたで じゅんばんに およぎます。

こじんメドレーの およぎかたの じゅんばん

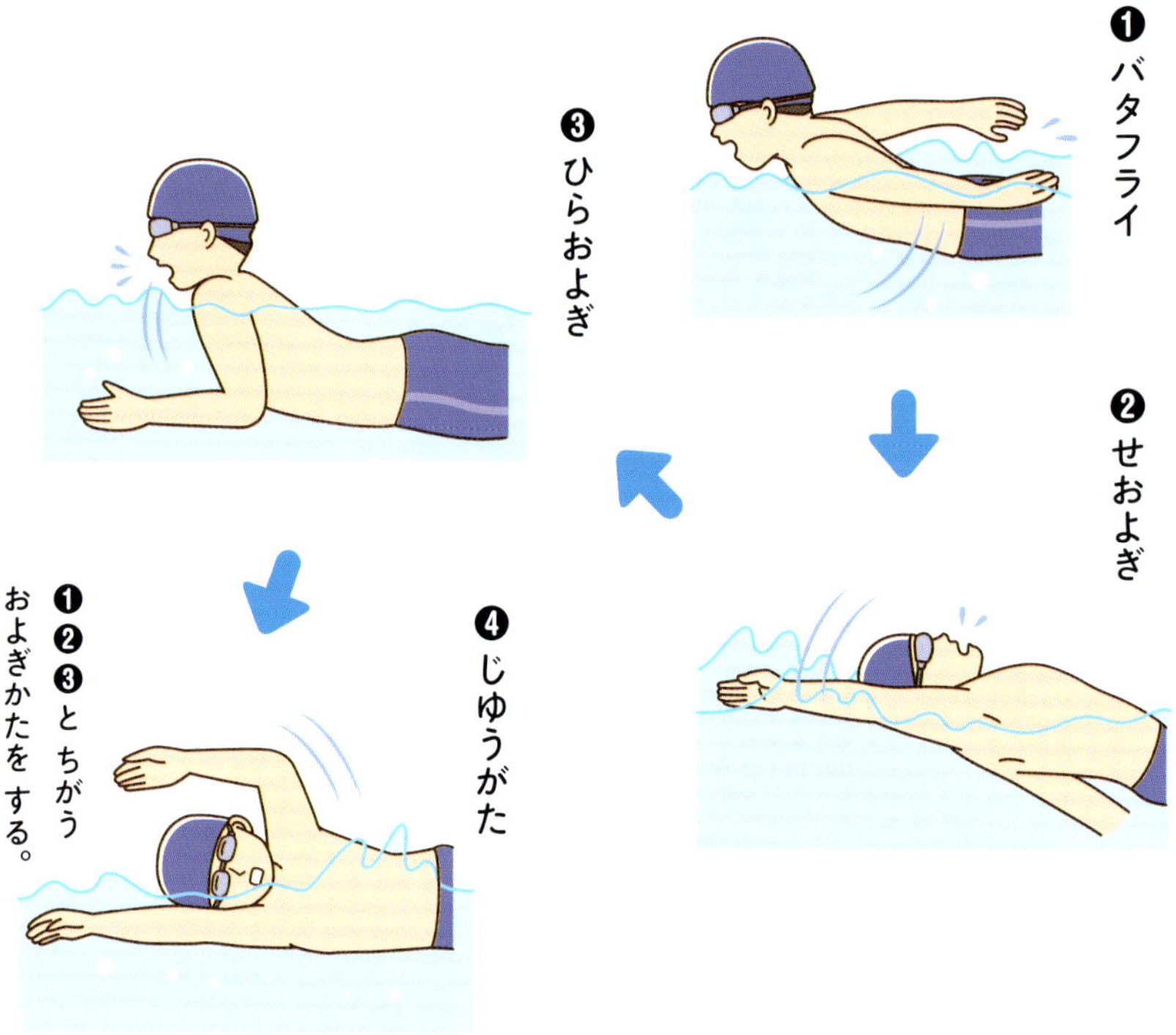

❶バタフライ
❷せおよぎ
❸ひらおよぎ
❹じゆうがた
❶❷❸と ちがう
およぎかたを する。

リレー（フリーリレー）と メドレーリレー

1チーム 4にんの せんしゅが、それぞれ
きめられた きょりを じゅんばんに およぎます。
じゆうがたで およぐ「フリーリレー」と、
4つの およぎかたで およぐ「メドレーリレー」が あります。

メドレーリレーの およぎかたの じゅんばん

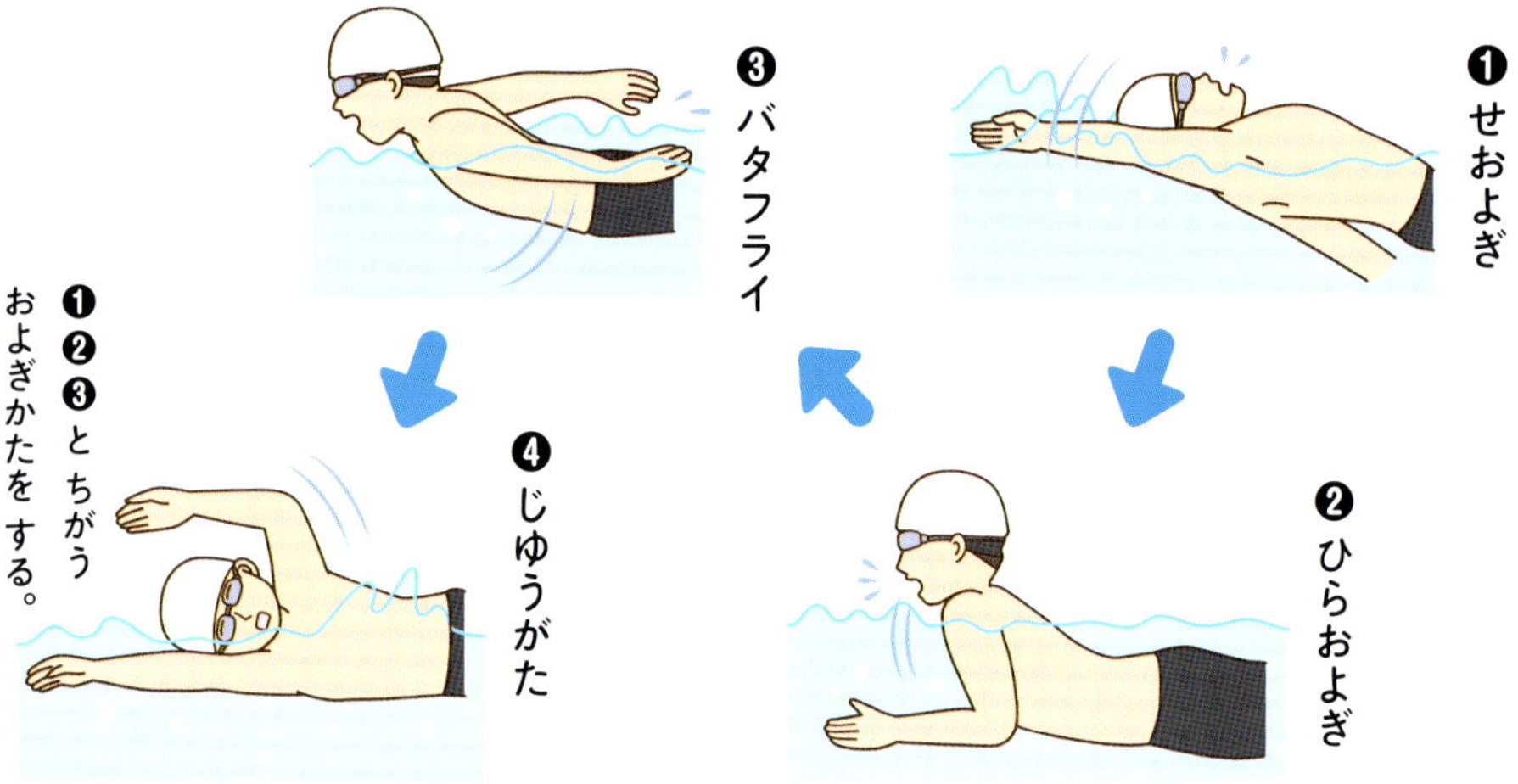

❶せおよぎ
❷ひらおよぎ
❸バタフライ
❹じゆうがた
❶❷❸と ちがう
およぎかたを する。

リレーの ひきつぎ

およいでいる せんしゅの
てが かべに ふれてから
つぎの せんしゅが
スタートする。

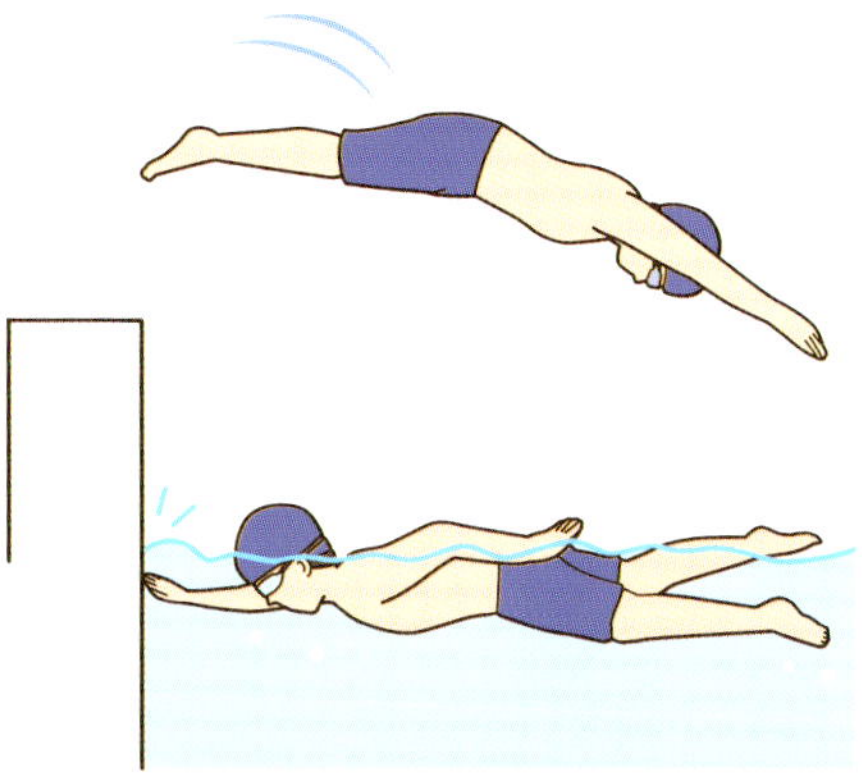

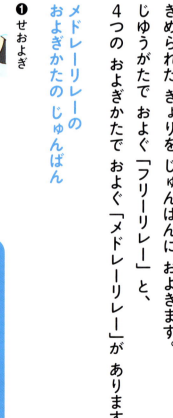

すいえい
―マラソンスイミング―

うみや かわ、みずうみなどで ながい きょりを およぐ すいえいきょうぎを 「オープンウオータースイミング」といい、なかでも 10キロメートルいじょうの きょりを およぐものを 「マラソンスイミング」と いいます。

ふくそう

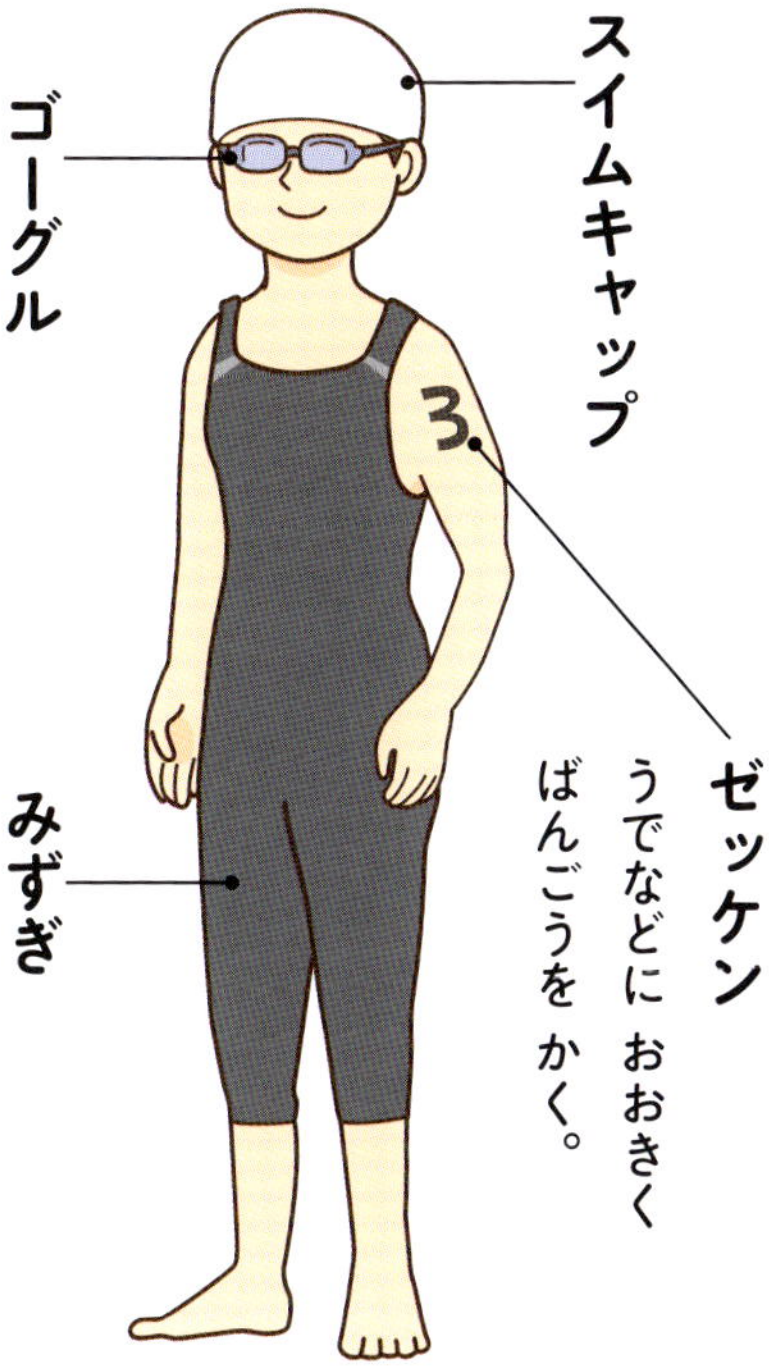
スイムキャップ
ゴーグル
ゼッケン
うでなどに おおきく ばんごうを かく。
みずぎ

はやさだけで なく しぜんの なかで ながい じかん およぎつづける ちからが ひつようと される。

マラソンスイミングの コース

みずの なかに ブイを うかべて コースを つくる。

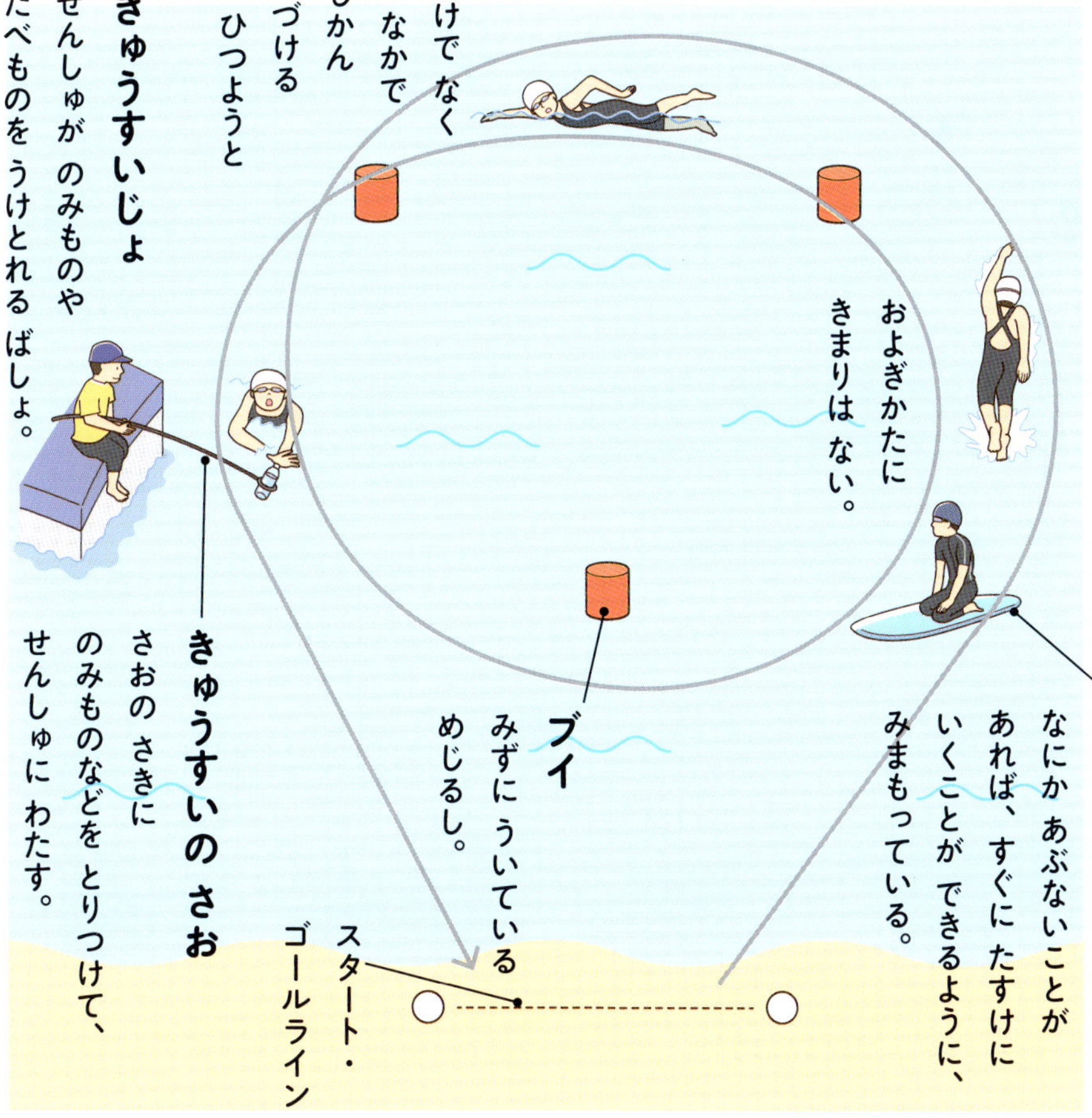
あんぜんたんとういん
なにか あぶないことが あれば、すぐに たすけに いくことが できるように、みまもっている。
およぎかたに きまりは ない。
ブイ
みずに ういている めじるし。
スタート・ゴールライン
きゅうすいの さお
さおの さきに のみものなどを とりつけて、せんしゅに わたす。
きゅうすいじょ
せんしゅが のみものや たべものを うけとれる ばしょ。

おうちのかたへ

個人メドレーとメドレーリレーでは、泳ぐ順序が異なります。背泳ぎは水の中からのスタートとなるので、飛び込み台から飛び込んでスタートする引き継ぎができません。そのため、メドレーリレーでは第1泳者が背泳ぎと決められています。

オープンウオータースイミングは、1980年代に国際水泳連盟（FINA）が、ルールを整理し誕生した競技で、2008年の北京オリンピックで10㎞のマラソンスイミングが正式種目となりました。自然の中で長時間泳ぎ続け、速さを競います。

すいえい ―とびこみ―

とびこみだいから プールに とびこみ、くうちゅうでの えんぎや みずに はいるときの うつくしさを きそいます。「たかとびこみ」と「とびいたとびこみ」が あります。

とびこみだい

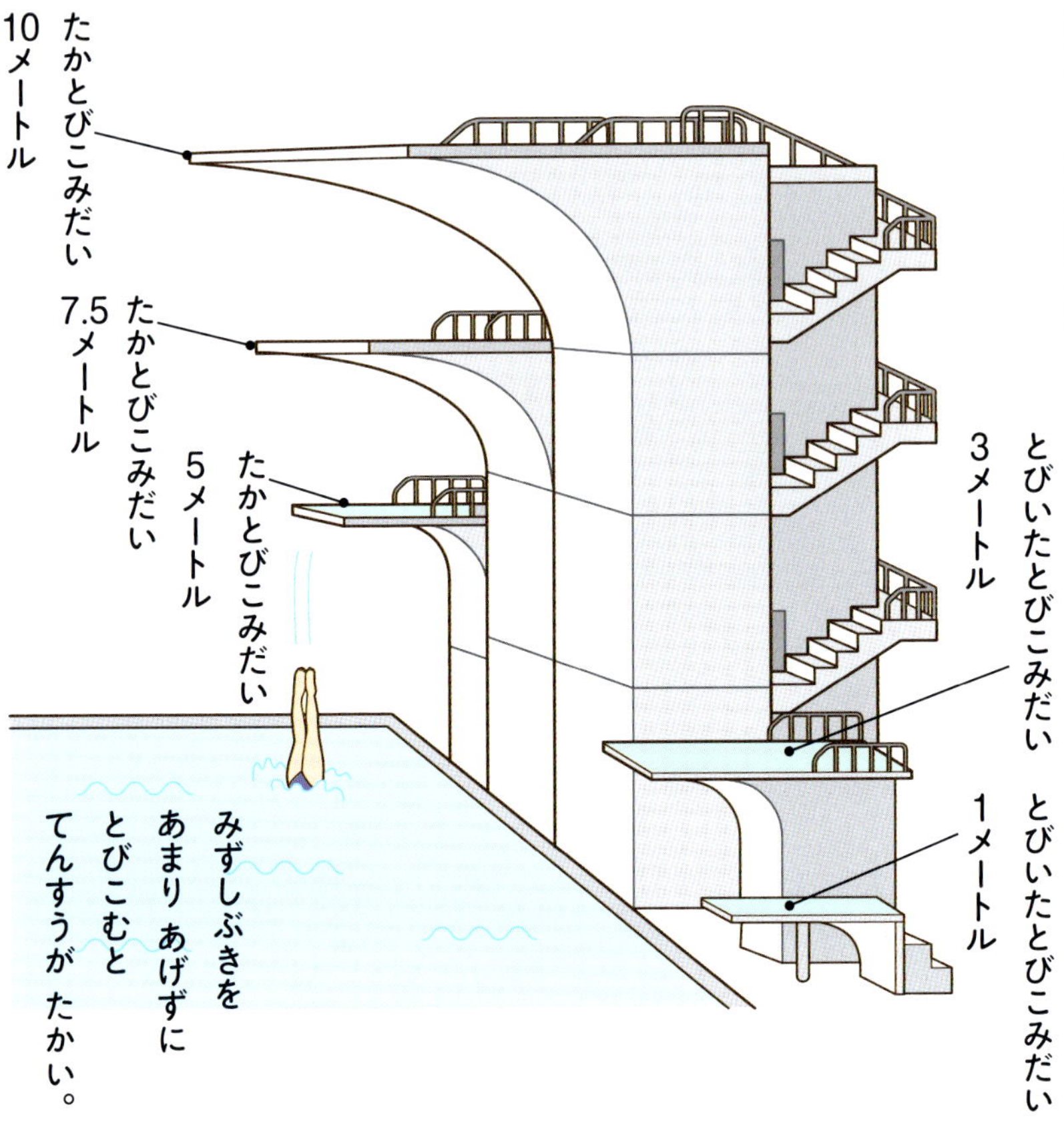

10メートル たかとびこみだい
7.5メートル たかとびこみだい
5メートル たかとびこみだい
3メートル とびいたとびこみだい
1メートル とびいたとびこみだい
みずしぶきを あまり あげずに とびこむと てんすうが たかい。

しゅもく

たかとびこみ

たかい とびこみだいから とびこみ、くうちゅうで えんぎを する。

とびいたとびこみ

よく しなる とびいたから はねあがって とびこみ、くうちゅうで えんぎを する。

シンクロナイズド ダイビング

ふたりの せんしゅが いきを ぴったりと あわせて どうじに とびこみ、えんぎを します。

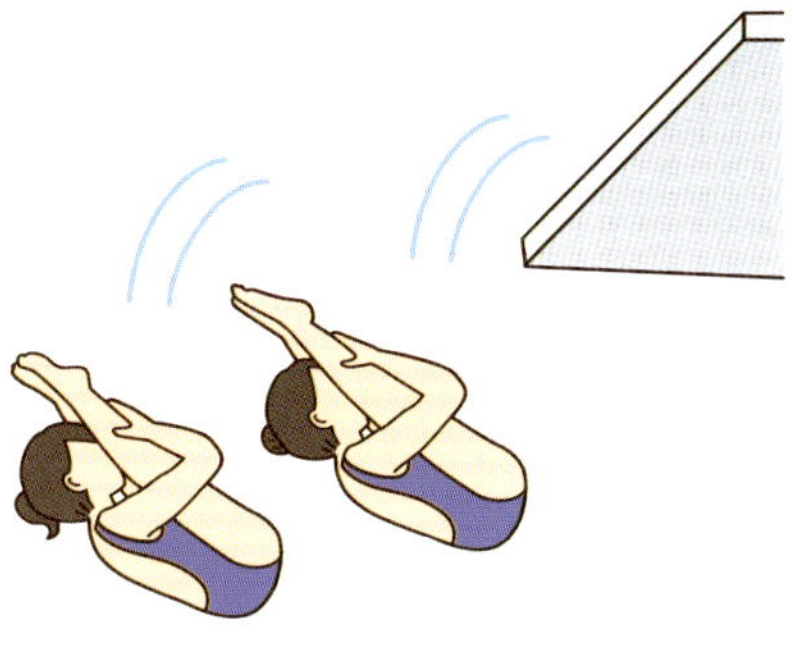

とびこみかたの しゅるい

たかとびこみも とびいたとびこみも
とぶ むきによって、
さまざまな とびこみかたが あります。

まえとびこみ

まえむきに とびこむ。

うしろとびこみ

うしろむきに とびこむ。

ひねりとびこみ

からだを ひねりながら
とびこむ。

さかだちとびこみ

たかとびこみだけの とびこみかたで、
とびこみだいの さきに
さかだちして とびこむ。

くうちゅうでの えんぎ

とびこみだいから とんだ あとの
くうちゅうでの えんぎには いろいろな かたが ある。

のびがた

こしや ひざが
まがらないように して
りょうあしを そろえて のばす。

かかえがた

こしや ひざを まげて、
りょうてで あしを かかえる。

えびがた

ひざを まげないで
こしを おり、
りょうあしを
そろえる。

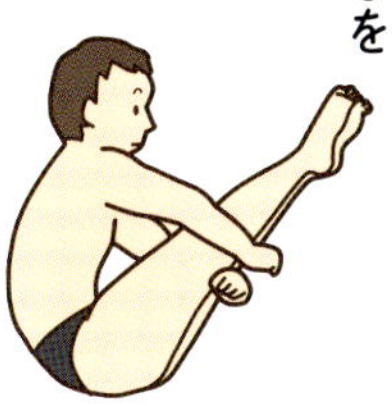

じゅうがた

のびがたや えびがた、
かかえがたに
ひねりを くわえる。

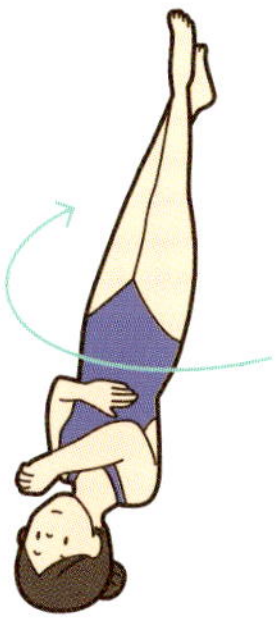

おうちの かたへ

飛び込みは、一定の高さの飛び込み台から空中に飛び出し、入水するまで、わずか2秒ほどの短い時間の中で、演技の技術力や美しさを競う競技です。ここで紹介している4つの飛び込み方のほかに、前を向いて後方に回転する「前逆飛び込み」、後ろを向いて前方に回転する「後ろ踏み切り前飛び込み」があり、のび型、えび型、かかえ型、自由型の空中姿勢のいずれかを組み合わせて演技をします。水しぶきを上げずに入水することを「ノースプラッシュ」といい、高く評価されます。

すいえい
―アーティスティックスイミング（シンクロナイズドスイミング）―

みずの なかで おんがくに あわせて えんぎを して、わざの むずかしさや うつくしさを きそいます。

ふくそうと どうぐ

ノーズクリップ
はなに みずが はいるのを ふせぐために つける。

かみがた
みずの なかでも ほどけないように かためている。

けしょう
みずに ぬれても おちない けしょうひんを つかう。

しゅもく

にんずうに よって さまざまな しゅもくが ある。

ソロ
ひとりで えんぎする。

デュエット
ふたりで えんぎする。

チーム
4にんから 8にんの チームで えんぎする。

ミックスデュエット
だんしと じょしが ひとくみに なって えんぎする。

アーティスティックスイミングの わざ

みずの なかで、およぎながら いろいろな わざを おこなう。

じょうはんしんだけを みずの うえから だす。

からだが しずまないように あしで みずを けっている。

あおむけに ういたまま かたほうの あしを うえに のばす。

てで みずを かいている。

さかだちの しせいで あしを うえに のばす。

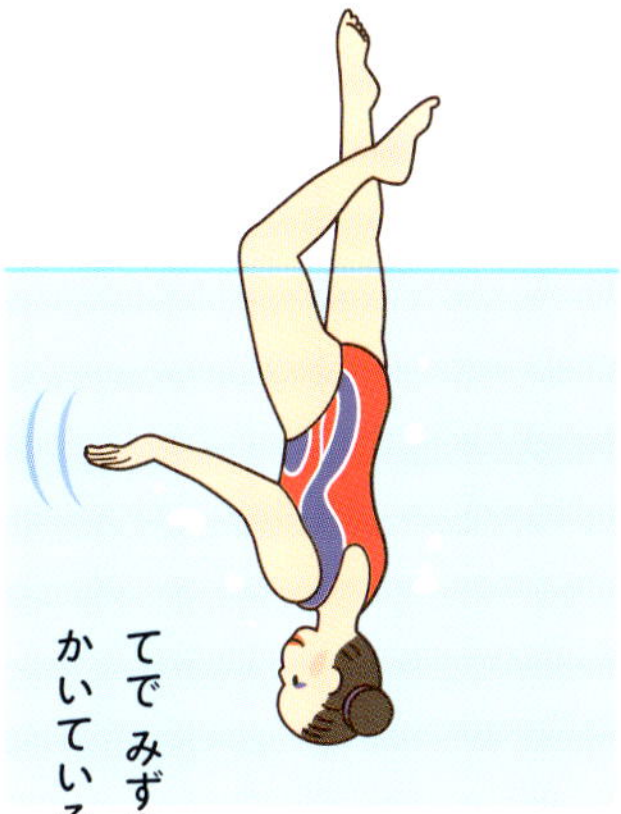

てで みずを かいている。

さかだちの しせいで あしを うえに のばし、ぐるぐる まわりながら しずむ。

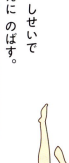

ひとりの せんしゅが もうひとりの せんしゅを もちあげる。

ひとりの せんしゅを ほかの せんしゅが もちあげて たかく ジャンプさせる。

チーム ぜんいんで ぴったりと いきを あわせて えんぎを する。

おうちの かたへ

２０１７年までは「シンクロナイズドスイミング」と言われていましたが、２０１８年より名称が「アーティスティックスイミング」に変わりました。音楽を使わない「フィギュア」という競技と、音楽に合わせて、技の完成度、同調性、表現力を競う「ルーティン」という競技があります。水面上の演技はとても華やかですが、水面下では姿勢を保つため、つねに手足を動かし、水をかいています。また、水中で激しく動いても髪形がくずれないよう、髪の毛はゼラチンでかためています。

すいえい
―すいきゅう―

2つの チームが、プールに つくられた
コートの なかで、あいてチームの
ゴールに むかって
ボールを なげあいます。
1チームの にんずうは 7にんです。
1かい 8ふんの しあいを
4かい おこなって、てんすうが
おおいほうが かちと なります。

ふくそうと どうぐ

あいてチームとは ちがう いろの
スイムキャップを つける。

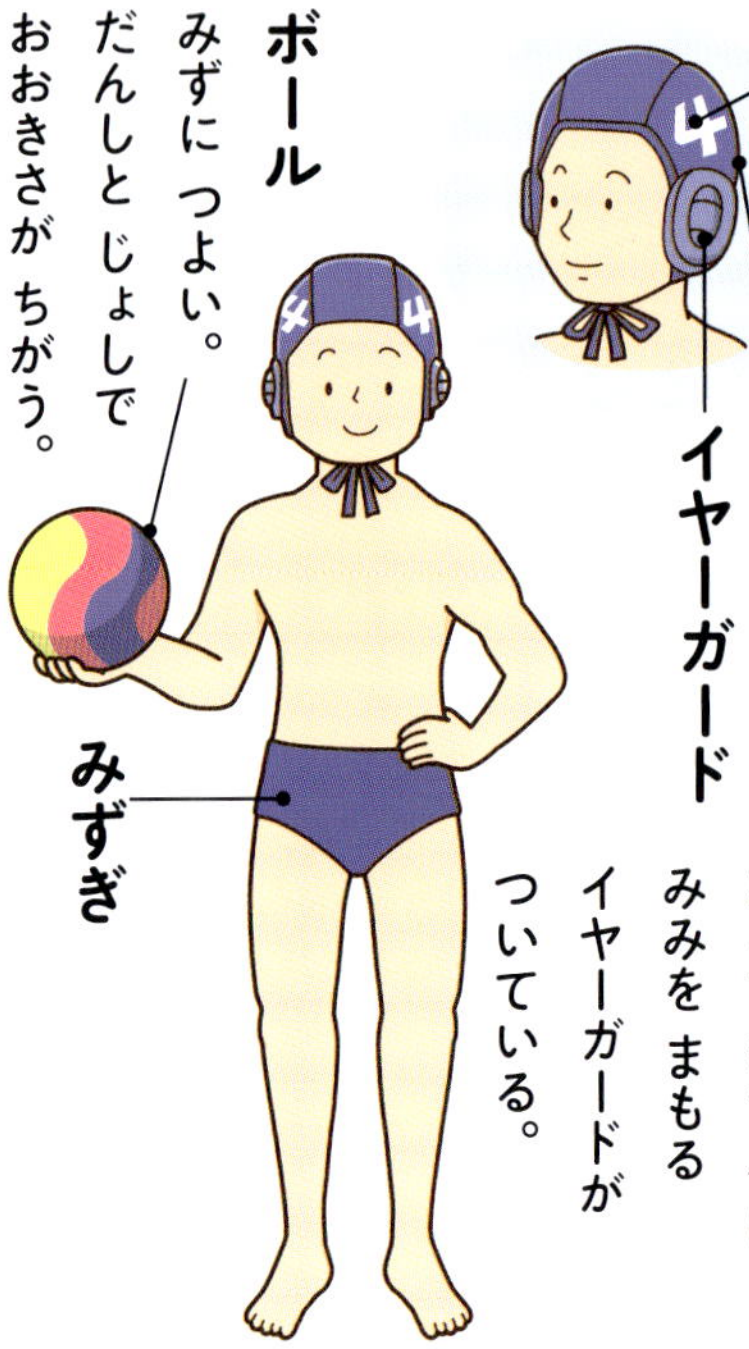
スイムキャップ
あごで むすぶ ひもと、
みみを まもる
イヤーガードが
ついている。
ゼッケン
イヤーガード
ボール
みずに つよい。
だんしと じょしで
おおきさが ちがう。
みずぎ
4

すいきゅうの コート

ふかさが 2メートル いじょう ある。

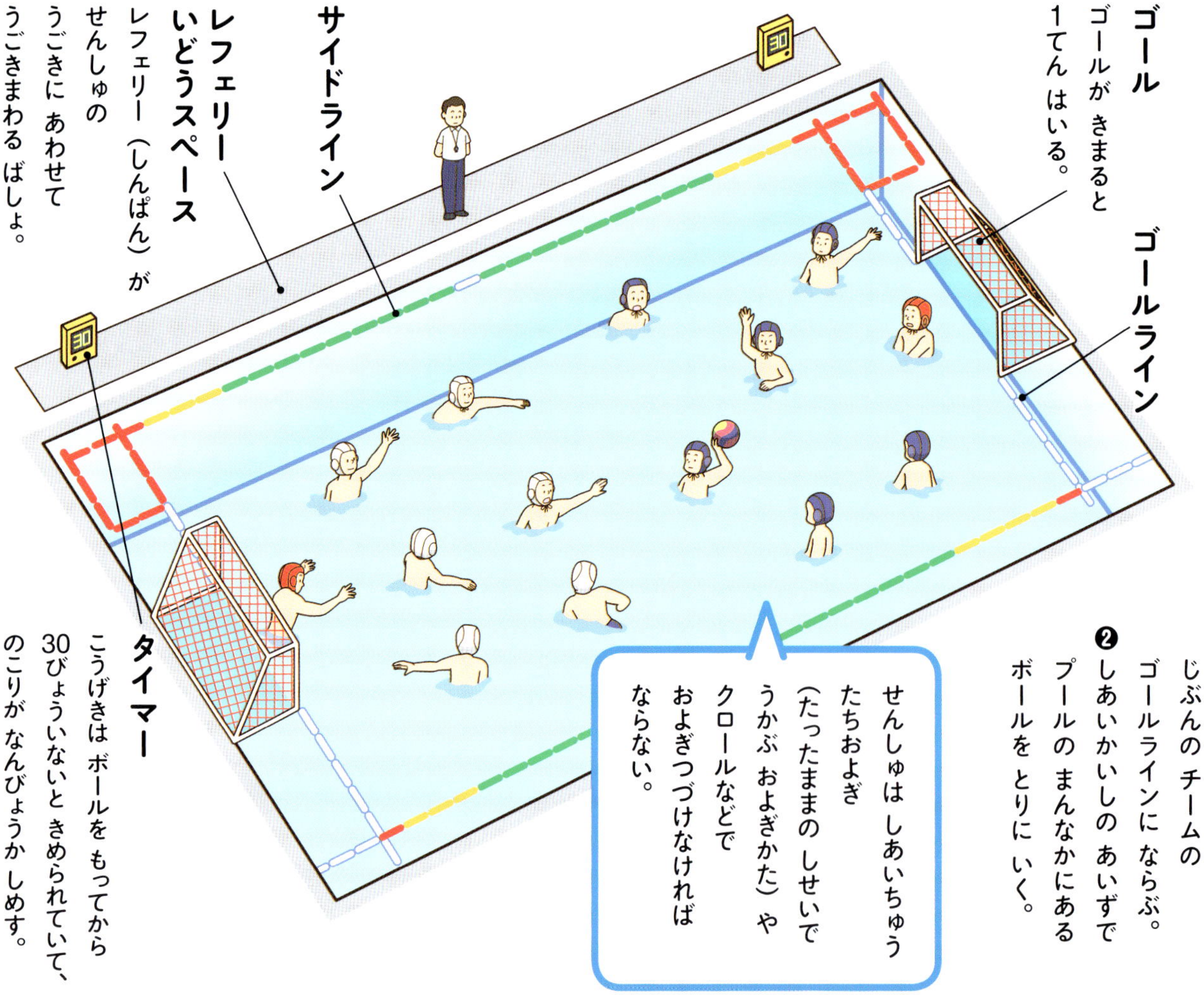
ゴール
ゴールが きまると
1てん はいる。
ゴールライン
サイドライン
レフェリー
いどうスペース
レフェリー（しんぱん）が
せんしゅの
うごきに あわせて
うごきまわる ばしょ。
タイマー
こうげきは ボールを もってから
30びょういないと きめられていて、
のこりが なんびょうか しめす。
30

しあいの はじめかた

❶ せんしゅ ぜんいんが、
じぶんの チームの
ゴールラインに ならぶ。
❷ しあいかいしの あいずで
プールの まんなかに ある
ボールを とりに いく。

せんしゅは しあいちゅう
たちおよぎ
（たったままの しせいで
うかぶ およぎかた）や
クロールなどで
およぎつづけなければ
ならない。

ボート

みずの うえを ボートを こいで すすみ、はやさを きそいます。ボートが すすむ ほうこうとは はんたいの むきに すわって ボートを こぎます。

しゅもく

スウィープ

1ぽんの オールを りょうてで もって こぐ。

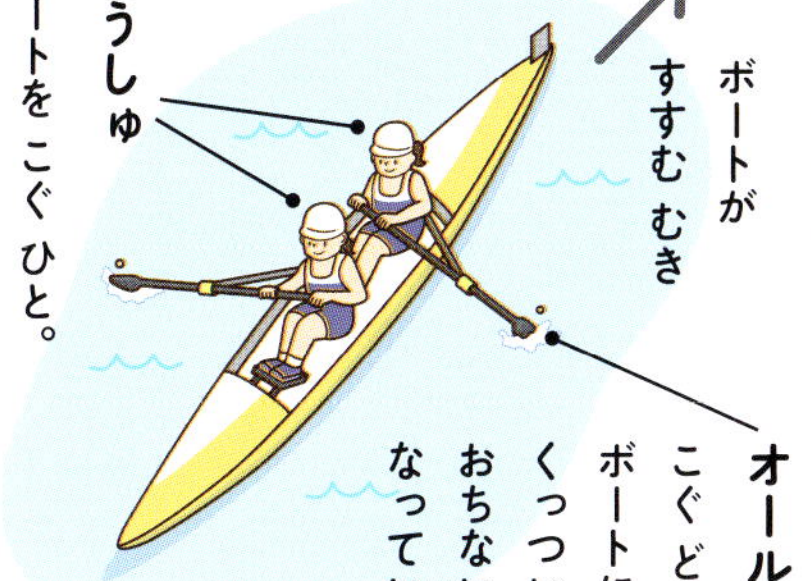

ボートが すすむ むき
オール
こぐ どうぐ。
ボートに くっついて おちないように なっている。
そうしゅ
ボートを こぐ ひと。

スカル

りょうてに 1ぽんずつ オールを もって こぐ。

だしゅ（コックス）
ボートが すすむ ほうこうを むいて すわり、ほかの せんしゅ（そうしゅ）に こぎかたなどを つたえる。オールは もたない。

カヌー

カヌーには、カヤックと カナディアンカヌーの 2しゅるいが あります。どちらも カヌーが すすむ ほうこうを むいて こぎます。

カヤック

あしを のばして すわる。

カヤックが すすむ むき
パドル
こぐ どうぐ。
りょうがわに みずかきが ついている。

カナディアンカヌー

かたあしを たてるか、せいざの しせいで のる。

カヌーが すすむ むき
パドル
かたがわにだけ みずかきが ついている。

おうちのかたへ

水球は、激しいボールの奪い合いから「水中の格闘技」とも呼ばれ、試合中は、水深2ｍ以上あるプールの床に一度も立つことなく泳ぎ続けなければなりません。泳ぎながらボールを正確にコントロールする技術が求められるスポーツです。

カヌーは、流れのない川や湖につくられた直線コースをこいで速さを競う「スプリント」と、流れの激しいコースを決められた地点を通過しながらゴールし、速さを競う「スラローム」の2種類の方法で、競技がおこなわれます。

セーリング

うみなどに つくられた コースを、セールボート（ヨット）など ほの ある ふねで かぜの ちからを つかって すすみ、はやさを きそいます。

ふくそうと どうぐ

ほ（セール）
グローブ
ライフジャケット
ぼうし
ウエットスーツ

すすみかた

むかいかぜの ときは、まっすぐ すすめないので ジグザグに すすむ。

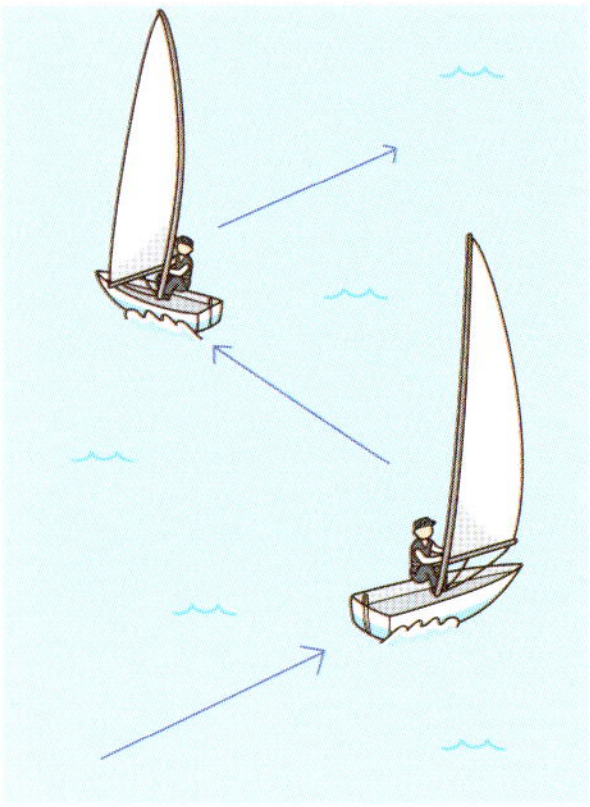

ウインドサーフィン

おおきな ほを はった いた（ボード）に たって のり、かぜの ちからを つかって みずの うえを すすみます。

ふくそうと どうぐ

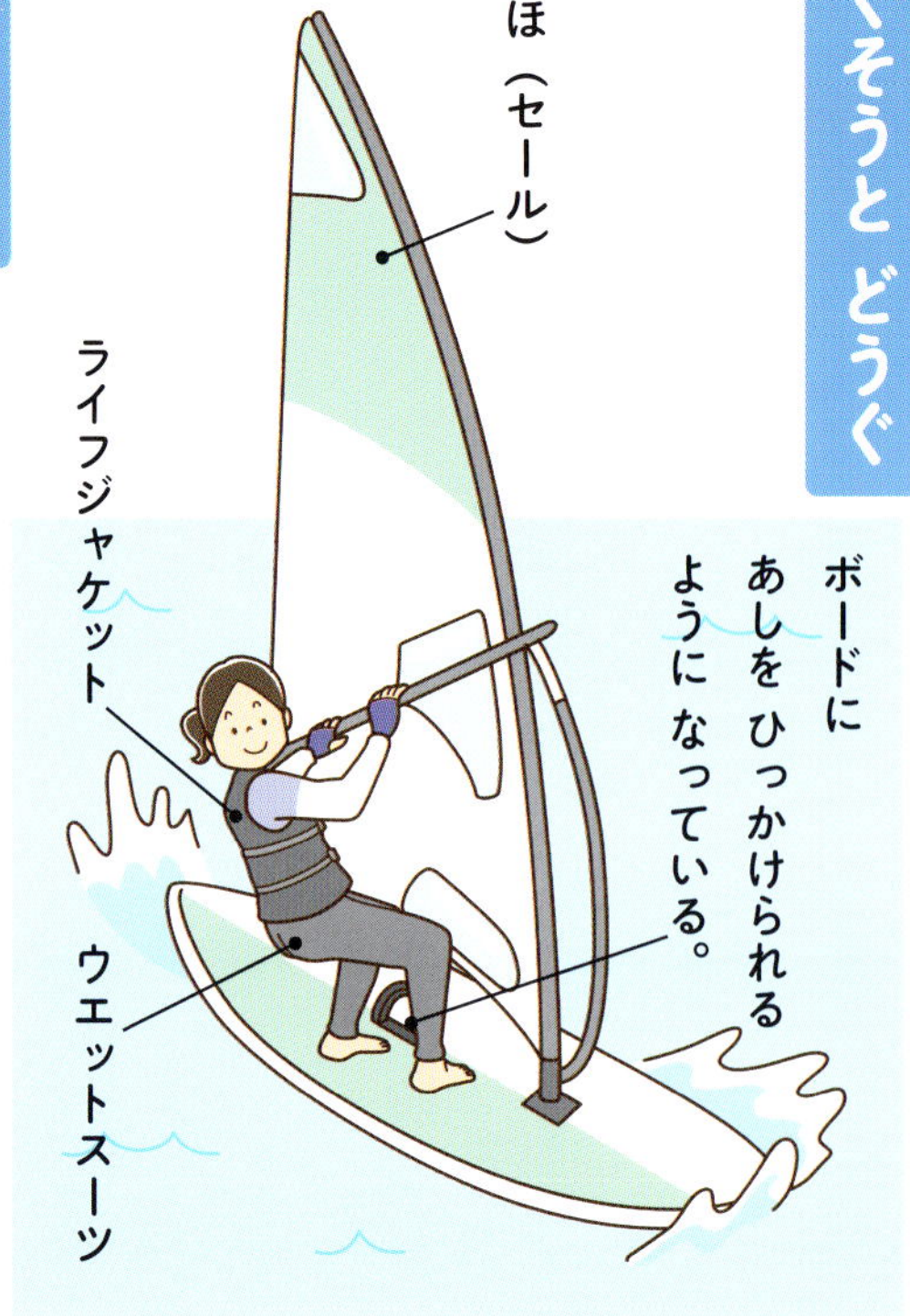

ほ（セール）
ボードに あしを ひっかけられる ように なっている。
ライフジャケット
ウエットスーツ

きそいかた

はやさを きそう

きめられた コースを はしり、はやさを きそう。

わざを きそう

ジャンプしたり、くるっと まわったりして、わざの むずかしさや うつくしさを きそう。

サーフィン

「サーフボード」という いたに のり、うみで なみに のる スポーツです。おおきい なみや ちいさい なみに のって、ジグザグに すすんだり、ジャンプを したりして わざを きそいます。

ふくそうと どうぐ

ウエットスーツや みずぎ
サーフボード
リッシュコード
サーフボードと からだが はなれないように、つなげて おく ひも。

サーフィンの わざ

なみに のる

ジャンプする

なみの たかい ところで くるりと まわる

なみの トンネルを くぐりぬける

おうちの かたへ

セーリングは、天候や風、波、潮の流れなどを読んでコントロールする技術力が問われるスポーツです。オリンピックでは、ボートの大きさなどで種目が分かれていて、ウインドサーフィンもセーリングの種目のひとつとされています。

サーフィンは、刻々と変化する波を乗りこなすライディングの得点で勝敗が決まります。大きな波をとらえ、空中に舞い上がって着水するなど、水しぶきを上げダイナミックに繰り出す技の難易度が見どころです。

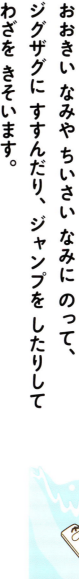

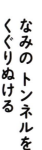

トライアスロン

ひとりの せんしゅが「スイム（すいえい）」「バイク（じてんしゃ）」「ラン（ちょうきょりそう）」の 3つの きょうぎを つづけて おこない、ゴールした じゅんばんを きそいます。

スイム

うみや みずうみなどで およぐことが おおい。

およぎおえると すぐに バイクの じゅんびを する。

バイク

じてんしゃに のる じゅんびが できた ひとから すぐに スタートする。ふつうの どうろを コースに して はしる。

はしりおえると すぐに ランの じゅんびを する。

ラン

ふつうの どうろを コースに して はしる。

おうちのかたへ

トライアスロンでおこなう競技の各距離は大会によってさまざまです。オリンピックでは、スイム1.5km、バイク40km、ラン10kmの距離でおこなわれていて、トップの選手は2時間かからずにゴールします。3つの競技は時間をあけることなく、続けておこなわれ、スイムからバイク、バイクからランへと競技を移り変わることを「トランジション」と呼びます。トランジションでシューズを履き替えたりする時間も、記録に大きく影響するポイントになっています。

4 きゅうぎ

サッカー

2つの チームが 1つの ボールを うばいあい、あいてチームの ゴールに ボールを いれて、てんすうを きそいます。ボールを はこぶときに、てを つかっては いけません。しあいは、ぜんはんと こうはん 45ふんずつに わかれていて、ぜんはんと こうはんの あいだには やすみじかん（ハーフタイム） が あります。

サッカーの ピッチと ポジション

1チームの にんずうは、11にんです。ひとりの「ゴールキーパー」と、10にんの「フィールドプレーヤー」が います。フィールドプレーヤーには、3つの ポジションが あります。

ディフェンダー（DF）
おもに、じぶんの チームの ゴールの ちかくに いて、あいての こうげきから ゴールを まもる。

ミッドフィルダー（MF）
ディフェンダーと フォワードの あいだに いて しゅびや こうげきを しながら ボールを つなぐ。

フォワード（FW）
おもに あいてチームの ゴールの ちかくに いて てんを いれる。

ゴールキーパー（GK）
あいてに てんを いれられないように ゴールを まもる。

ピッチ
ディフェンダー
ミッドフィルダー

ふくそうと どうぐ

あいてチームと ちがう いろの ユニフォームを きる。ゴールキーパーは てを つかっても よいため グローブを はめる。

フィールドプレーヤー
ゴールキーパー
グローブ
ストッキング
サッカーボール
すねあて
スパイク

こうげきと しゅび

あいての ゴールに むかって せめるがわを「こうげき」、あいてに てんを いれられないように まもるがわを「しゅび」と いいます。

しあいの はじめかた

しんぱんの あいずで センターマークの うえに おいた ボールを ける。これを「キックオフ」と いう。

しあいの とちゅうで せんしゅを こうたいしたり せんしゅが けがを したりして、しあいが とまった じかんを「アディショナルタイム（ロスタイム）」と いいます。アディショナルタイムが あるときは、そのぶんだけ、しあいを のばします。

おうちのかたへ

サッカーの試合時間は、大学生以上の年代と、20歳以下・17歳以下のワールドカップなどの国際大会では、前半・後半各45分と定められています。国内の大会では、体力的な問題などから、選手の年齢に合わせて試合時間を短く調整しています。

フォワード、ミッドフィルダー、ディフェンダーのポジションのなかにも、それぞれの役割があります。たとえばミッドフィルダーには、相手ゴール近くで攻撃的な役割を果たす選手と、その後ろで守備的な役割を果たす選手（ボランチ）がいます。

サッカー

しあいが はじまったら、ボールが タッチライン、ゴールラインから でないように きをつけて、あいての ゴールまで はこびます。

サッカーの わざ

キック

ボールを ける。
いろいろな しゅるいが ある。

あしの うちがわで ける。

あしくびを のばして あしの こうで ける。

ヘディング

とんできた ボールを あたまに あてて とばす。

トラッピング（トラップ）

とんできたり ころがってきたりした ボールを うけとめる。

ふとももで うけとめる。

むねで うけとめる。

あしの うちがわで うけとめる。

ドリブル

ボールを けりながら はしる。

パス

キックや ヘディングで、みかたに ボールを おくる。

みかたが うけとりやすい ばしょや つよさを かんがえて パスする。

シュート

キックや ヘディングで、あいての ゴールに ボールを いれる。

ゴールキーパーに とられないよう くふうして ゴールを ねらう。

しあいを　さいかいする　ほうほう①

ボールが タッチラインや ゴールラインの そとに でると、しあいが とめられます。
つぎの ほうほうで しあいを さいかいします。

スローイン

ボールが タッチラインを こえたとき、りょうてで ボールを なげる。ボールを だした せんしゅの あいてチームが おこなう。

コーナーキック

しゅびがわの せんしゅが けった ボールが ゴールラインを こえたとき、こうげきがわの せんしゅに あたえられる キック。

コーナーアークに ボールを おき、キックする。

ゴールキック

こうげきがわの せんしゅが けった ボールが ゴールラインを こえたとき、しゅびがわの プレーヤーに あたえられる キック。

ゴールエリアに ボールを おき、キックする。

ドロップボール

けがなど とくべつな りゆうで しあいが とまったとき、しんぱんが そのばしょで ボールを おとし、じめんに ついたところで しあいを さいかいする。

イエローカードと レッドカード

みんなに めいわくを かけるような ことを すると、しんぱんから カードが だされることが あります。イエローカードは 2かい、レッドカードは 1かい、だされると、たいじょうしなければ いけません。

イエローカードが だされるとき

くりかえし ルール いはんを する。

しんぱんに いわれたことに もんくを いう。

レッドカードが だされるとき

らんぼうなことを する。

おなじ しあいで 2まいめの イエローカードを うける。

おうちのかたへ

キックの種類は、ボールを扱う目的によって分かれます。足の内側全体で蹴るインサイドキックは、ボールを正確にコントロールできます。足の甲で蹴るインステップキックは、強く、遠くまでボールを飛ばせます。ボールを浮かせたり、回転をかけるには、足の内側のつま先に近いところで蹴るインフロントキックや、外側の同じところで蹴るアウトフロントキックを使います。足の外側で蹴るアウトサイドキックや、かかとで蹴るヒールキックは、体の向きと違う方向に蹴ることができます。

サッカー

こうげきがわの せんしゅが しゅびがわの ピッチで まちぶせすることを きんしする ルールを「オフサイド」と いいます。

オフサイドライン
しゅびがわの うしろから ふたりめの せんしゅが いる いち（さいしゅう ライン）。

オフサイドポジション

つぎの 3つに あてはまる ばしょを「オフサイドポジション」という。

❶ しゅびがわの ピッチの なかに いる。
❷ しゅびがわの ピッチの なかに ある ボールよりも ゴールラインの ちかくに いる。
❸ しゅびがわの うしろから ふたりめの せんしゅよりも ゴールラインの ちかくに いる。

オフサイドに なるとき

オフサイドポジションに いるだけでは オフサイドに ならないが、つぎのような ことを すると オフサイドに なる。

オフサイドポジションに いて みかたの パスを うけたとき。

オフサイドポジションに いて キーパーの じゃまに なったとき。

オフサイドポジションに いて しゅびがわの せんしゅの じゃまを したとき。

ファウルに なるとき

あいてチームの せんしゅの からだを こうげきしたり、わざと てを つかったりすると 「ファウル（はんそく）」に なる。

あいてを ける。けろうと する。

あいての ふくや からだを つかんで うごきを おさえる。

ゴールキーパー いがいの せんしゅが てを つかう （ハンドリング）。

ゴールキーパーが 6びょういじょう ボールに てで ふれる。

ゴールキーパーが みかたから パスされた ボールに てで ふれる。

しあいを さいかいする ほうほう②

ファウルや オフサイドの はんそくを したときは、あいてチームの キックで しあいを さいかいします。キックには いろいろな しゅるいが あります。

かんせつフリーキック

ファウルが あった ばしょに ボールを おいて ける。ちょくせつ ゴールは ねらえない。

ちょくせつフリーキック

ファウルが あった ばしょに ボールを おいて ける。ちょくせつ ゴールを ねらうことが できる。

ペナルティーキック

ペナルティーエリアの なかで ファウルが あったときは、ペナルティーマークの うえに ボールを おいて ける。ける せんしゅいがいは ペナルティーエリアの そとに でる。

おうちのかたへ

直接フリーキックは、おもに身体的接触のあるファウルに対して与えられます。体をぶつける、飛びかかる、蹴る、押す、足をかけるといった行為や、これらの行為をしようとした場合です。相手を押さえつけてプレーを妨害する、相手につばを吐くといった行為や、故意に手や腕でボールに触れたと判断された場合も直接フリーキックになります。ペナルティーエリア内で、守備側の選手が直接フリーキックになる反則を犯した場合、攻撃側のチームにペナルティーキックが与えられます。

サッカー

フットサル

1チーム 5にんで おこなう サッカーです。しあいじかんは、ぜんはんと こうはん 20ぷんずつです。せんしゅの こうたいは いつでも じゆうに できます。

フットサルの ピッチ

ピッチは サッカーより ちいさく、しつないでも おこなわれる。

フットサルには、オフサイドの ルール（⬇64ページ）は ない。

ゴール
ゴールライン
ハーフウエーライン
タッチライン
センターサークル
センターマーク
だい2ペナルティーマーク
ペナルティーマーク
コーナーアーク

フットサルの ボールは しょうがくせいようの サッカーボールと おなじ おおきさで、はずみにくい。

フットサルの しあいで つかう ことば

11にんで おこなう サッカーとは ちがう ルールが あります。

キックイン

ボールが タッチラインを こえたとき、ボールを けって しあいを さいかいすること。ボールを だした せんしゅの あいてチームが おこなう。

ゴールクリアランス

こうげきがわの せんしゅが けった ボールが ゴールラインを こえたとき、ゴールキーパーが ボールを なげて しあいを さいかいすること。

だい2PK《ピーケー》

チームの ファウルが ごうけい 5かいを こえると、あいてチームに だい2ペナルティーマークからの ちょくせつフリーキックが あたえられること。

5にんせいサッカー

パラリンピックで おこなわれる
サッカーです。
フィールドプレーヤーは、みんな
「アイマスク」という めかくしを つけ、
かけごえと ボールの ころがる
おとを たよりに ゴールを めざします。
ピッチの おおきさと、しあいじかんは
フットサルと おなじです。

ふくそうと どうぐ

アイマスク

ボール
なかに すずが はいっている。
ころがると シャカシャカ おとが でる。

5にんせいサッカーの ピッチと ポジション

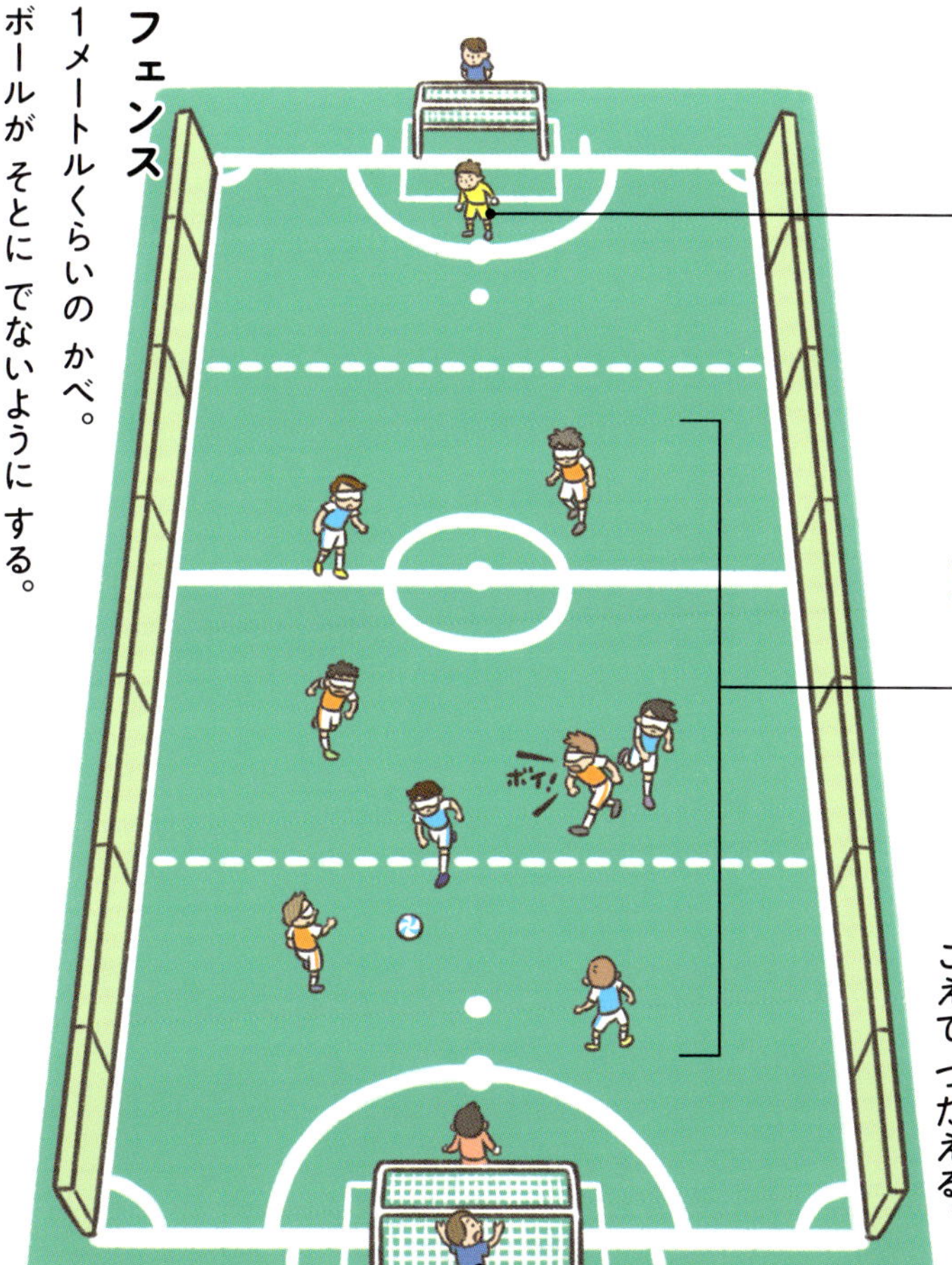

ゴールキーパー
ゴールを まもるだけでなく、
フィールドプレーヤーが
しゅびを おこなうときに
ボールの ばしょなどを
こえで つたえる。

フィールドプレーヤー
ボールを もった
あいてに
ちかづくときは
「ボイ」と こえを
だす。

ガイド（コーラー）
あいてチームの ゴールの
うしろに たっている。
フィールドプレーヤーに
ゴールまでの きょりや
ほうこうなどを
こえで つたえる。

フェンス
1メートルくらいの かべ。
ボールが そとに でないように する。

おうちのかたへ

フットサルは、南米やヨーロッパでおこなわれていた少人数の屋内サッカーから生まれました。1989年に国際サッカー連盟（FIFA）がルールを統一し、フットサルと名付けました。

5人制サッカーでは、視覚障がい者と晴眼者（視覚障がいのない人）が、協力してプレーします。フィールドプレーヤーは、障がいの程度で差が出ないよう、全員アイマスクをします。ゴールキーパーは弱視障がい者か晴眼者が務め、ガイドやコーチとともに、フィールドプレーヤーに指示を出します。

ホッケー

2つの チームが 「スティック」 という ぼうを つかって ボールを はこび、あいてチームの ゴールに ボールを いれて てんすうを きそいます。1チームの にんずうは、11にんです。10にんの 「フィールドプレーヤー」と、ひとりの 「ゴールキーパー」が います。

ふくそうと どうぐ

ぜんいん、スティックを もつ。ゴールキーパーは、けがから からだを まもるための どうぐを つける。

フィールドプレーヤー

ボール
スティック
たいらな めんと まるい めんが ある。
たいらな めんだけで ボールを はこぶ。

ゴールキーパー

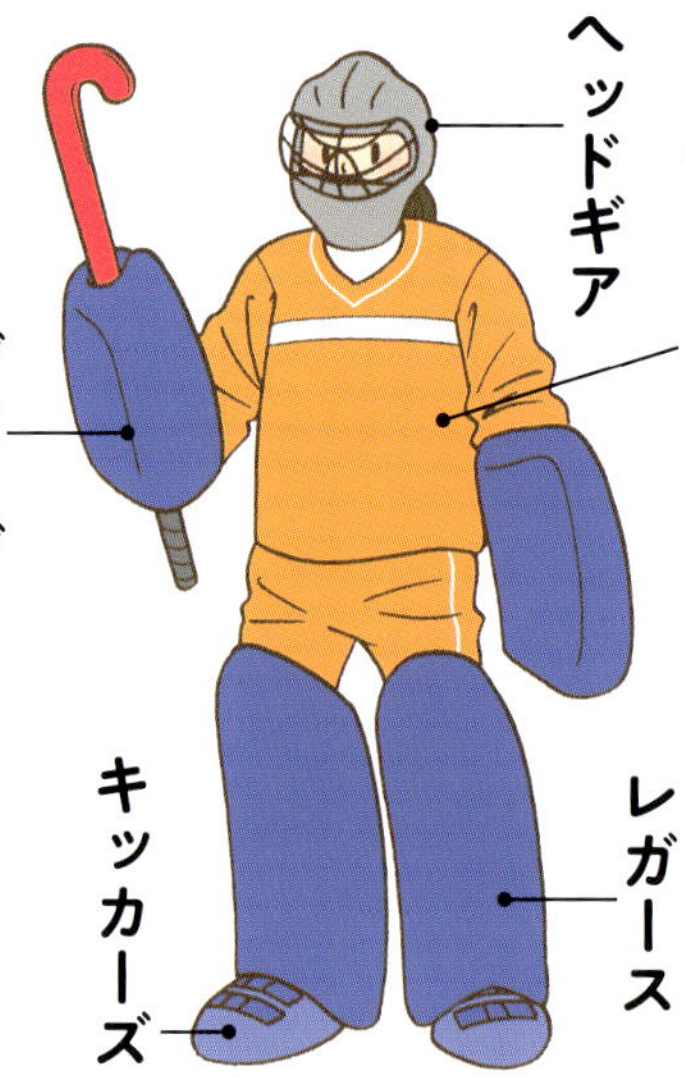
プロテクター
ヘッドギア
グローブ
レガース
キッカーズ

ホッケーの フィールド

ゴールまえには シューティングサークルが ある。シュートを するときは かならず ここから うつ。

ゴールキーパーは シューティングサークルの なかでは、ゴールを まもるために、てや あしなど からだの すべてを つかうことが できる。

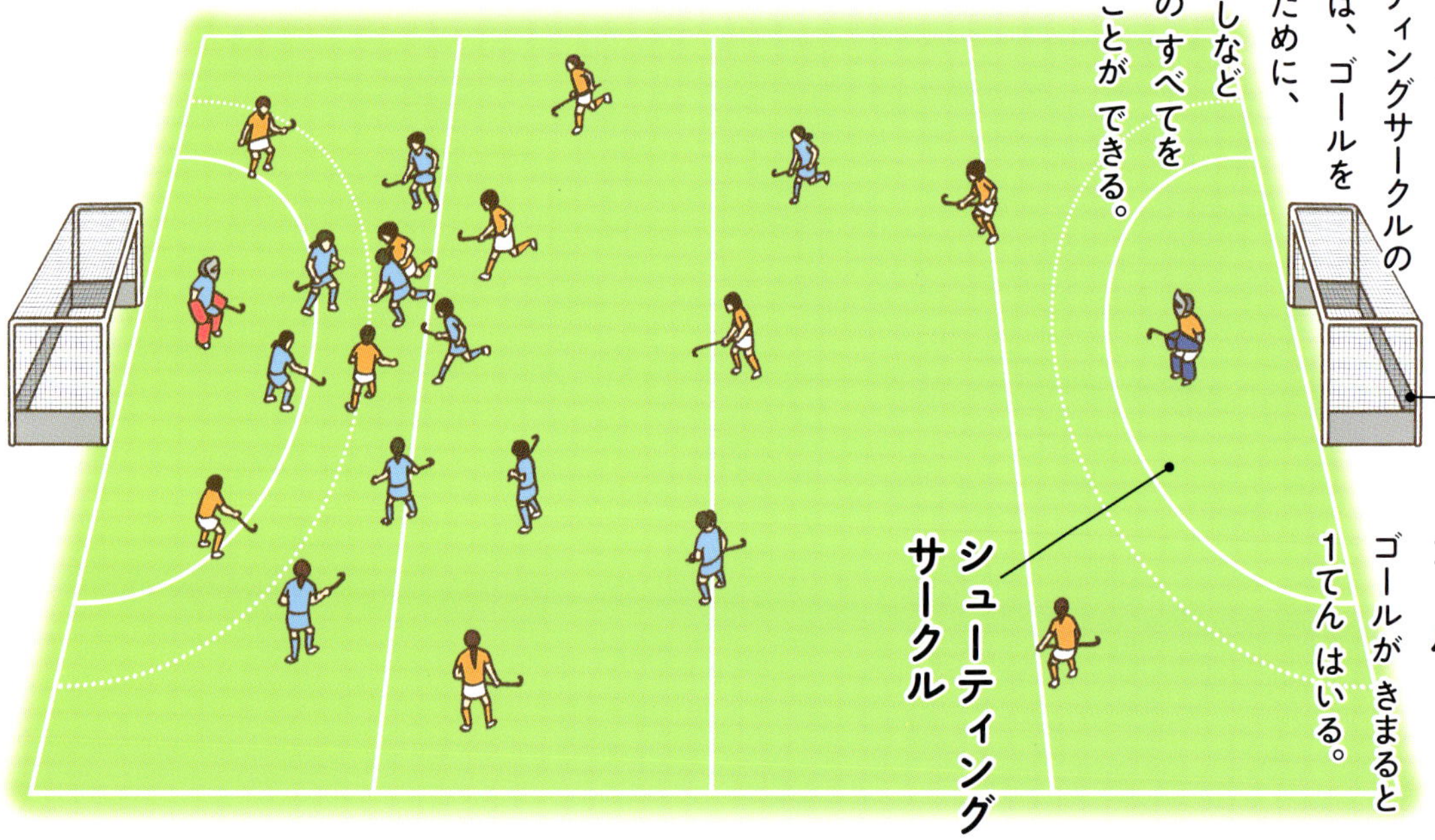
ゴール
ゴールが きまると
1てん はいる。
シューティングサークル

てや あしに ボールが ふれないように きをつけながら、スティックで ボールを はこびます。

ホッケーの わざ

ドリブル

スティックを つかって ボールを はこぶ。

パス

ボールを うったり、おしだすように ころがして みかたに おくる。

タックル

あいての こうげきを とめるために ボールを うばう。ボールを ねらって スティックを ふる。

てや あしで ボールに ふれたり あいてチームの せんしゅの うごきの じゃまを すると はんそくに なる。

シュート

シューティングサークルの なかから ゴールを ねらって ボールを うつ。

ペナルティーコーナーのルール

こうげきがわの チームに あたえられる チャンスです。こうげきがわは なんにんで せめても よく、しゅびがわは キーパーを いれて、5にんの せんしゅで ゴールを まもります。

おうちの かたへ

ホッケーの国際大会では、1時間の試合を、4つのクォーター（4分の1）に分けます。1クォーターは15分間で、各クォーターの終了後に休憩時間があります。国内のリーグ戦などでは、前半・後半35分の試合もおこなわれています。

ペナルティーコーナーは、ホッケーならではの見所となるプレーです。守備側がシューティングサークル内で反則を犯したときなどにおこなわれます。攻撃側の人数が多いので得点が入る確率が高く、試合の勝敗を左右する重要なプレーになります。

やきゅう

やきゅうは、２つのチームが こうげきと しゅびを こうたいしながら、てんすうを きそう スポーツです。りょうほうの チームが こうげきと しゅびを １かいずつ おこなうことを「イニング」といい、しあいは ９イニング（９かい）まで おこなわれます。イニングは、「おもて」と「うら」に わかれていて、おもてに こうげきを した チームは、うらに しゅびを します。

やきゅうの グラウンドと ポジション

グラウンドは、４つの「るい」が おかれている「ないや」と、ないやの うしろに ある「がいや」に わかれている。１チームは ９にんで、しゅびの ときは それぞれの ポジションに つく。

センター
（ちゅうけんしゅ）

ライト
（うよくしゅ）
るいしん
２るい
セカンド
（にるいしゅ）
ファースト
（いちるいしゅ）
１るい
るいしん
ファウルライン
ファウルゾーン
スリーフットライン
スリーフットレーン
コーチスボックス
ネクストバッターズサークル

おうちのかたへ

ピッチャーとキャッチャー以外の守備の選手は、一塁手、二塁手、三塁手、遊撃手、左翼手、中堅手、右翼手のポジションにつきます。本塁と一塁を結ぶファウルラインの3フィート（約91㎝）外側に引かれているのが、スリーフットラインです。このラインとファウルラインの間を、スリーフットレーンといいます。ボールを打ったバッターは、スリーフットレーンを走って一塁に向かいます。レーンから外れて走ると、守備妨害と判断され、アウトになることがあります。一塁側と三塁側のファウルゾーンには、打球を見ながらランナーに走塁の指示を出すための、コーチスボックスがあります。

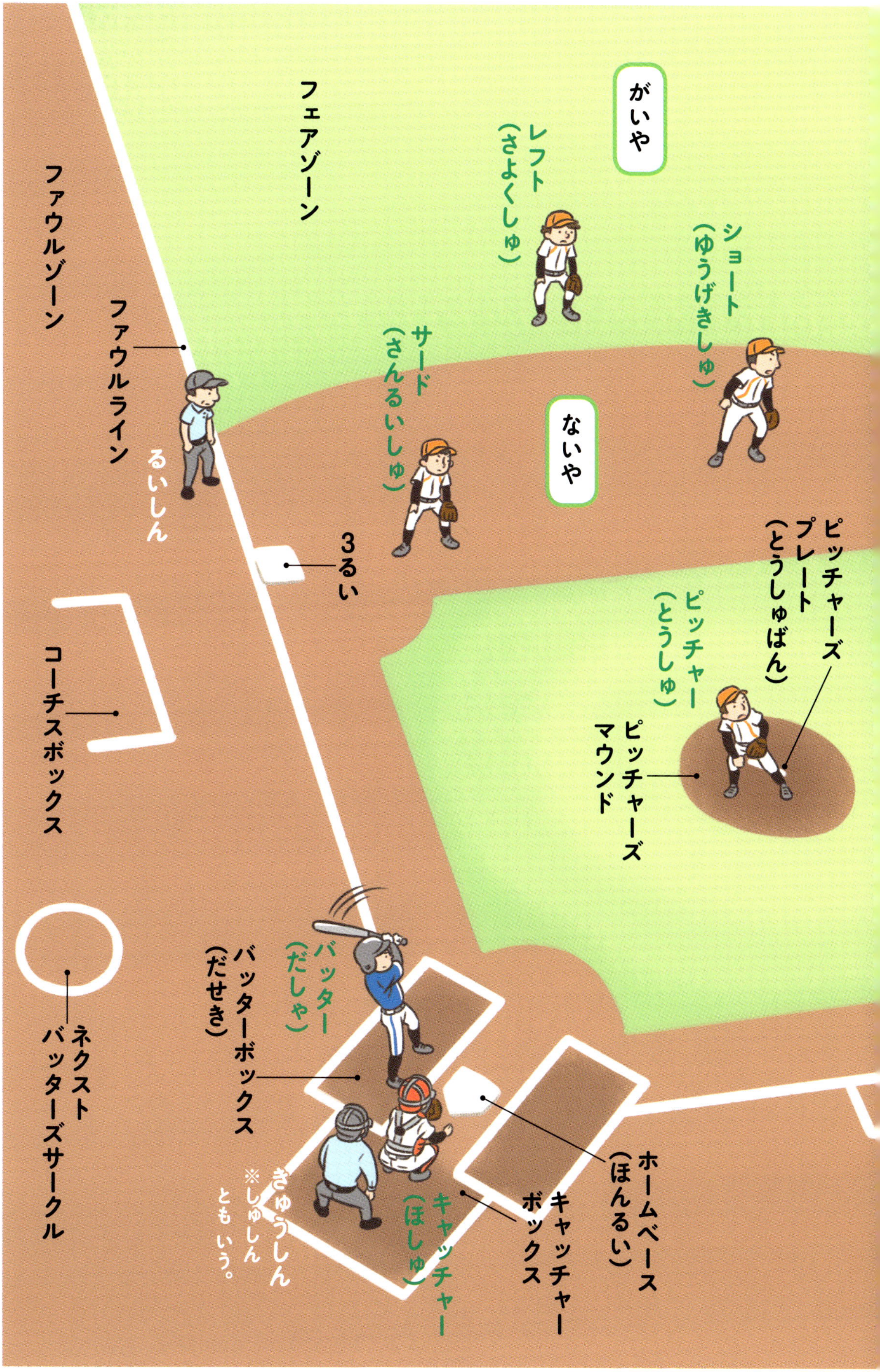

やきゅう

こうげきする チームは、ひとりずつ じゅんばんに、バットで たまを うつ 「バッター」に なって こうげきを します。ボールを うったあとは、るいに むかって はしる 「ランナー（そうしゃ）」と なり、ランナーが ホームベースまで もどってくると 1てんが はいります。

こうげきの ながれ

① たまを うつ

バッターボックスに たって、ピッチャーが なげた たまを うつ。

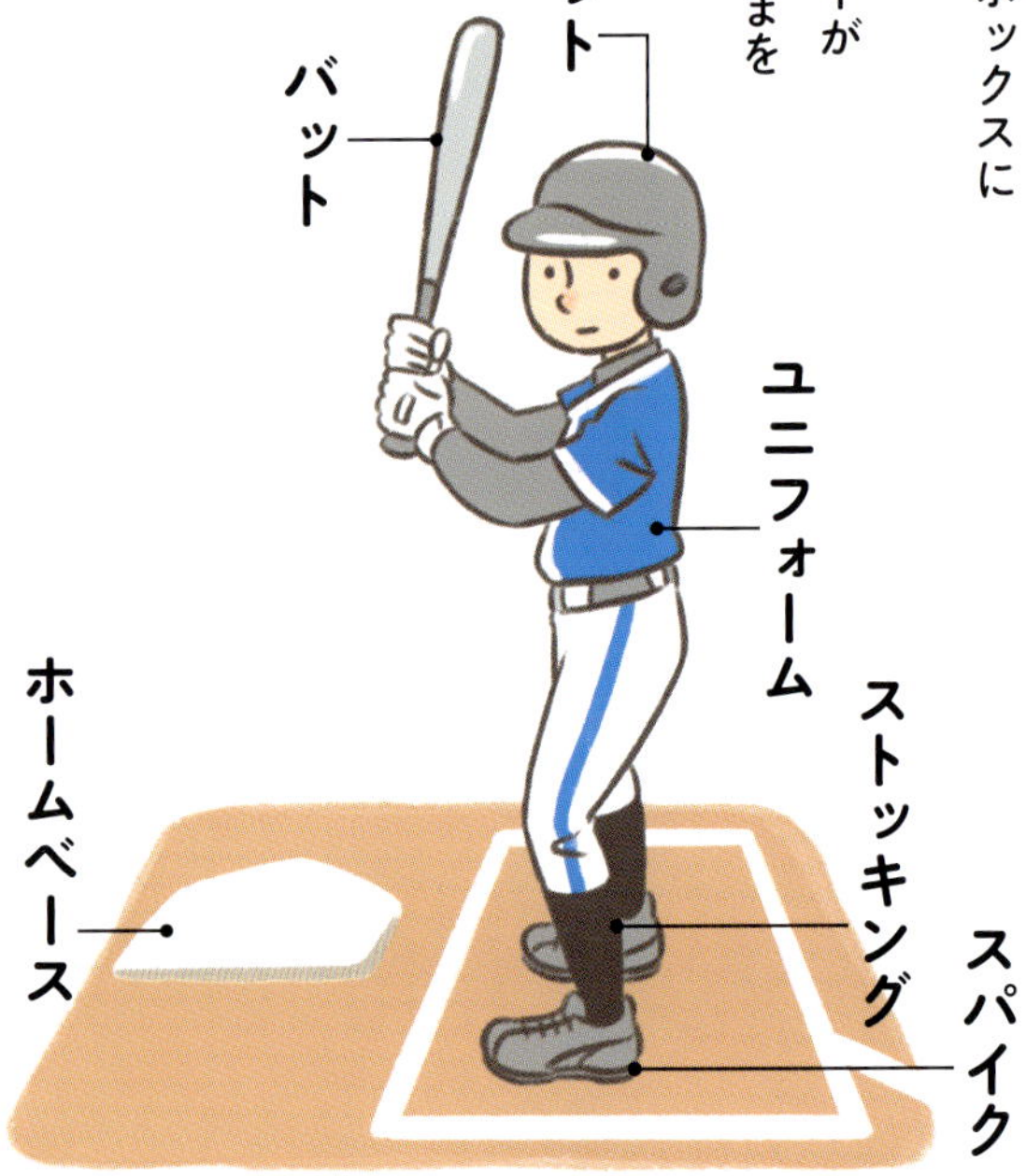

ヘルメット
バット
ユニフォーム
ストッキング
スパイク
ホームベース

② るいに むかって はしる

たまを うったら、1るいに むかって はしる。ほかの るいに いる せんしゅも つぎの るいに むかって はしる。

2るい
1るい
3るい
ホームベース

③ たまより さきに るいに つく

うたれた たまを とった しゅびがわの チームが、たまを るいに なげるまでに、1るい または、つぎの るいまで たどりつく。このとき「セーフ（⇩76ページ）」と なり、こうげきを つづけられる。たまの ほうが さきに るいに なげられると、「アウト（⇩76ページ）」に なる。

④ 「スリーアウト」で しゅびと こうたいする。

3にんの バッターが アウトに なると、「スリーアウト」で しゅびと こうたいする。

アウト!
B
S
O

だきゅうに かんけいする ことば

バッターが うった たまを「だきゅう」といいます。

ヒット（あんだ）

だきゅうが フェアゾーンに とんで、うった バッターが るいに でること。「あんだ」とも よぶ。

ホームラン（ほんるいだ）

だきゅうが、じめんに おちずに、フェアゾーンの がいやの フェンス（かべ）を こえること。だしゃは すべての るいを まわって ホームベースに もどれる。

さんしん

からぶりを したり、バットを ふらなかったりして ストライク（⬇75ページ）を 3つ とられて アウト（⬇76ページ）に なること。

ゴロ

じめんを はずみながら ころがる だきゅう。

フライ

たかく うちあげた だきゅう。

バント

バットを からだの まえに かまえて たまに あて、よわく、みじかい ゴロを うつ。

ファウルボール

ファウルラインの そとがわに おちたり とまったりした だきゅう。

フェアボール

フェアゾーンの なかに とんだ だきゅう。

おうちのかたへ

ホームラン（本塁打）は、打ったバッターが、各塁を回って、ホーム（本塁）まで走れるヒット（安打）のことです。多くはフェアゾーンの外野フェンスを直接こえる打球ですが、打球がフェンスをこえなくても、ランナーがホームまで戻ってくる「ランニングホームラン」もあります。外野手が打球を見失うなどで処理が遅れ、ホームインするケースです。記録上もホームランの扱いになります。ただし野手のエラー（⬇76ページ）があった場合は、記録はエラーとなり、ホームランにはなりません。

やきゅう

しゅび（まもり）を する チームは、9にんが それぞれの ポジションに つき、あいてに てんすうを いれられないように します。

ピッチャーと キャッチャー

ピッチャーは、バッターに むかって ボールを なげ、キャッチャーは、ホームベースの うしろで ピッチャーの たまを うけとめる。

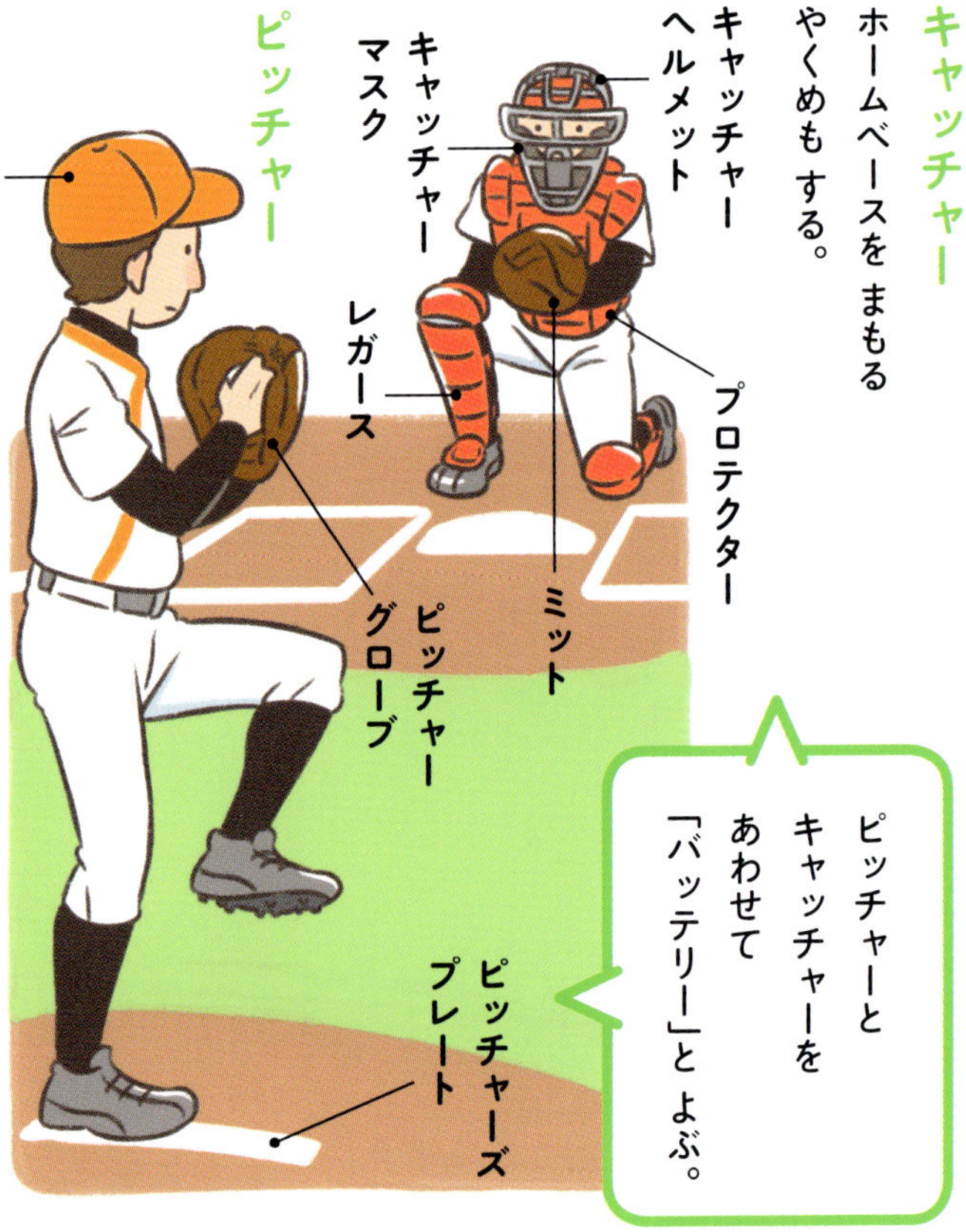
キャッチャー
ホームベースを まもる やくめも する。
キャッチャーヘルメット
キャッチャーマスク
プロテクター
ミット
レガース
ピッチャー
ぼうし
ピッチャーグローブ
ピッチャーズプレート
ピッチャーと キャッチャーを あわせて 「バッテリー」と よぶ。

やしゅ

ピッチャー、キャッチャー いがいの しゅびの せんしゅを 「やしゅ」と いう。やしゅは、バッターを アウト（➡76ページ）に するために、るいを まもったり、バッターが うった たまを とったりする。

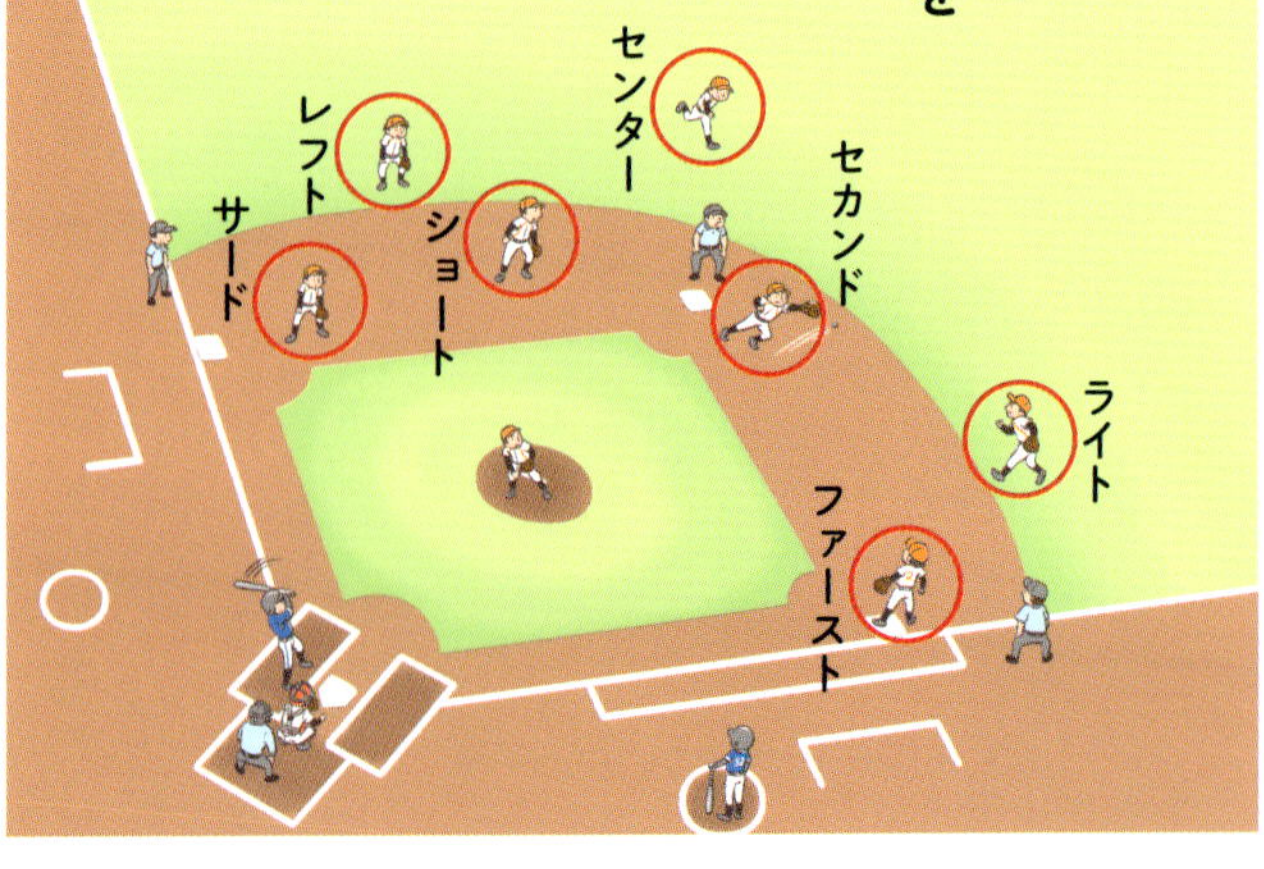
センター
レフト
セカンド
サード
ショート
ライト
ファースト

アウトに する れい

とった だきゅうを ランナーが るいに つく まえに、そのるいを まもる せんしゅに なげる。

だきゅうが、じめんに おちる まえに とる。

ピッチャーの たまの しゅるい

ストレート
（ちょっきゅう）
まっすぐに すすむ たま。「ちょっきゅう」とも いう。

フォーク ボール
バッターの まえで したに おちる たま。

カーブ
おおきく まがって おちる たま。

とうきゅうに かんけいする ことば

ピッチャーが たまを なげること、また ピッチャーが なげた たまの ことを「とうきゅう」と いいます。

ストライク

ピッチャーの なげた たまが ストライクゾーンを とおって バッターが うてなかったとき。または、バッターが からぶりしたとき。ストライクゾーンは ホームベースの うえで、バッターの むねと ひざの あいだの ぶぶん。

ボール

ピッチャーの なげた たまが ストライクゾーンを とおらず、バッターも バットを ふらなかったとき。

フォアボール

ピッチャーが ひとりの バッターに、ボールに なる たまを 4かい なげること。バッターは 1るいに すすむことが できる。

デッドボール

なげた たまが、よけようとした バッターの からだに あたること。バッターは 1るいに すすむことが できる。

おうちの かたへ

日本語では、フォアボールを「四球」、デッドボールを「死球」と言います。四球は作戦として使われることがあります。強打者との勝負を避けるための敬遠や、すべての塁をうめることで、どの塁でもタッチをせずアウトをとれるようにする満塁策のために、わざと四球を出すことがあるのです。

一方死球は、投手が故意に打者を狙って投げた場合、危険球として退場処分になります。故意でないミスなどの場合も、特に頭部などに当たる死球は、危険球と判断されます。

やきゅうに かんけいする ことば ①

アウト・セーフ

バッターや ランナーが こうげきを つづけられなくなることを アウトといい、アウトに ならず、そのまま こうげきを つづけられることを セーフという。バッターと ランナーなど、ふたりが いちどに アウトに なることを 「ダブルプレイ」という。

アウト!

ボールカウント

ピッチャーが ひとりの バッターへ なげた ストライク（↓75ページ）と ボール（↓75ページ）の かず。

2ボール
B
1ストライク
S
1アウト
O
ボールの かず
ストライクの かず
アウトの かず

エラー

しゅびの せんしゅが しっぱいすること。だきゅうを とりそこねたり、るいを まもる せんしゅに なげた たまが とどかなかったりすること。

とうるい（スチール）

ランナーが しゅびがわの すきを ねらって、つぎの るいに すすむこと。

けんせい

とうるいを させないように、ピッチャーが るいを まもる せんしゅに たまを なげること。ランナーが るいを はなれていたら、ボールを もったてで ランナーの からだに さわれば アウトに することが できる。

ボーク

ランナーが いるときに ピッチャーが、とうきゅうの きまりを やぶること。ランナーは つぎの るいに すすめる。

ピッチャーズプレートに あしを ふれずに たまを なげては いけない。

けいえん

しゅびがわが、わざと フォアボール（↓75ページ）を だすこと。ヒットや ホームランなどを うたせないための さくせん。

やきゅうに かんけいする ことば ②

だじゅん

こうげきを するとき、たまを うつ じゅんばん。

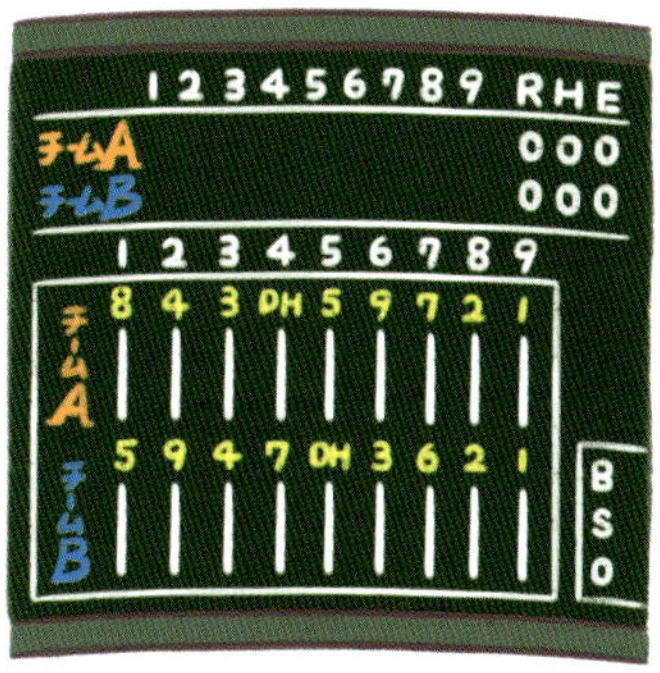

だいだ

だじゅんが まわってきた せんしゅの かわりに、いままで しあいに でていない せんしゅを つぎの だしゃに すること。

まんるい

1るい、2るい、3るい、すべての るいに ランナーが いること。

さよならがち

さいしゅうかいの うらに とくてんして かつこと。

えんちょうせん

しあいが 9かいの うらまで おわったときに どうてんの ばあい、かちまけが きまるまで おこなわれる。

かんぷう・ノーヒットノーラン・かんぜんじあい

「かんぷう」は、あいてを 0てんに おさえて かつこと。とくてんだけでなく ヒットを 1ぽんも うたせないことを 「ノーヒットノーラン」、エラーや、フォアボールも あわせて、ランナーを ひとりも るいに ださないことを 「かんぜんじあい」 という。

せんぱつ・なかつぎ・おさえ

さいしょから しあいに でる ピッチャーを 「せんぱつ」 とよぶ。しあいの とちゅうで こうたいして なげる ピッチャーを 「なかつぎ」、さいしゅうかいなど だいじな ときだけを なげる ピッチャーを 「おさえ」 とよぶ。

おうちのかたへ

9回裏の攻撃が終わって同点の場合、延長戦がおこなわれます。延長戦は、12回まで、15回までなど大会や試合によって違います。プロ野球などリーグ戦の場合は、決まった延長の回数までに勝負がつかなければそのまま引き分けとなります。ほかにも、トーナメント方式の大会などでは、勝負をつけるために、引き分けの場合は再試合となるものや、延長戦に入ると、ランナーが出た状態でイニングを始め、得点しやすくするタイブレーク制（⬇79ページ）を採用しているものもあります。

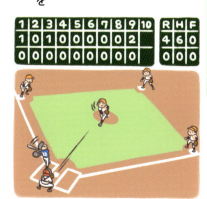

ソフトボール

やきゅうが もとに なって うまれた
スポーツです。
やきゅうと おなじように 2つの チームが
こうげきと しゅびを こうたいしながら、
てんすうを きそいます。
しあいは 7かいまで おこなわれ、
やきゅうと おなじように
おもてと うらに わかれて います。

ふくそうと どうぐ

ボールは やきゅうの ボールよりも
すこし おおきくて やわらかい。
バットは やきゅうの ものより
すこし みじかくて ほそい。

バット
ボール
グローブ

ソフトボールの グラウンド

9にん 1チームで、しゅびの ときは
それぞれの ポジションに つく。

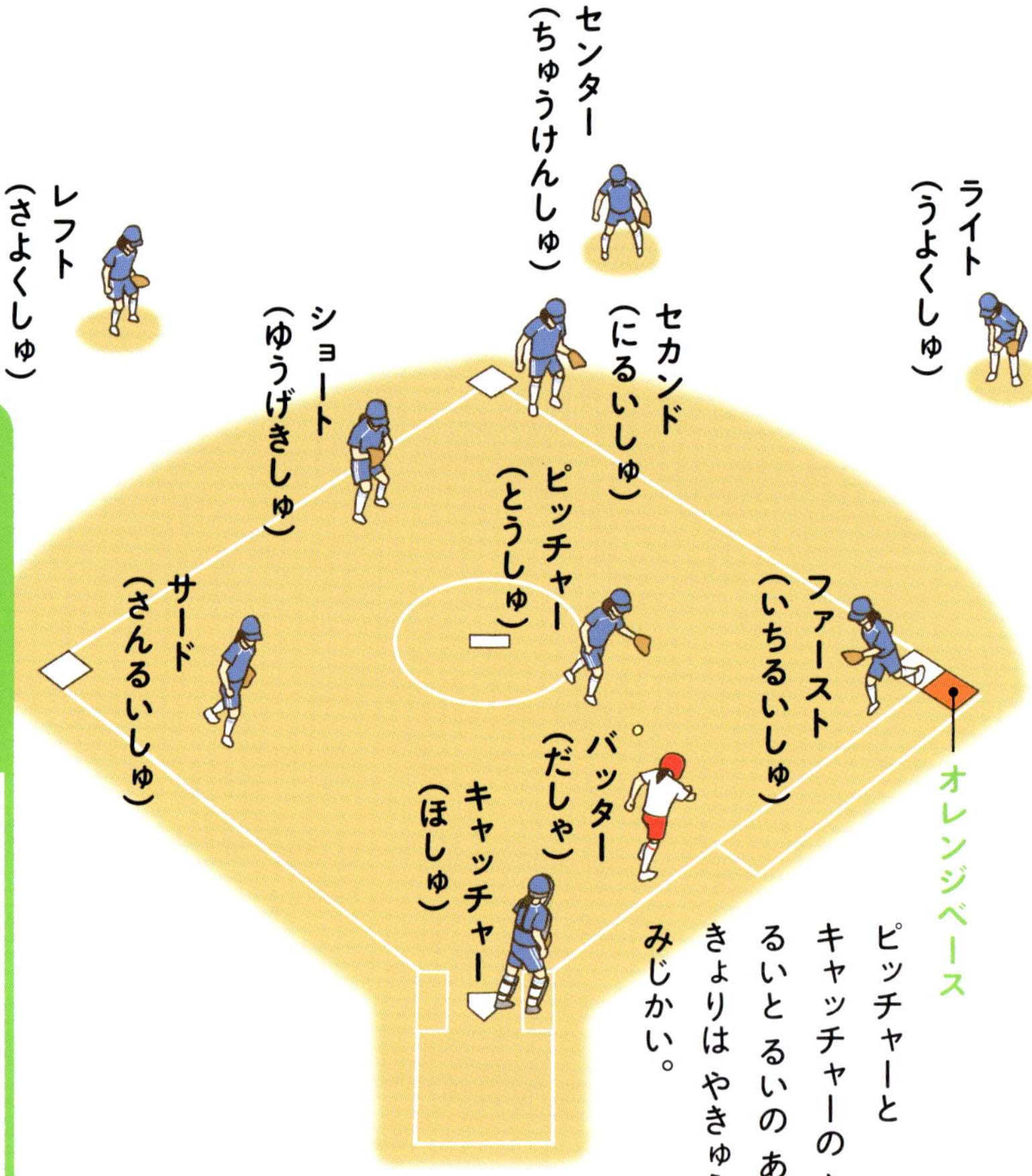

ライト
（うよくしゅ）
センター
（ちゅうけんしゅ）
レフト
（さよくしゅ）
セカンド
（にるいしゅ）
ショート
（ゆうげきしゅ）
ピッチャー
（とうしゅ）
ファースト
（いちるいしゅ）
サード
（さんるいしゅ）
バッター
（だしゃ）
キャッチャー
（ほしゅ）
オレンジベース

ピッチャーと
キャッチャーの きょり、
るいと るいの あいだの
きょりは やきゅうより
みじかい。

ダブルベース

1るいには しろいベース、1るいの そとがわには
オレンジベースが おいてあり、
ふたつ あわせて「ダブルベース」と いう。
バッターは オレンジベースに むかって はしり、
ファーストは、しろい ベースで るいを まもる。

ピッチャーの なげかた

かならず、したから ボールを なげる。

❹ ピッチャーズ プレートの まえに、いっぽだけ あしを ふみだし、ボールを なげる。

❸ こしより したで、てから ボールを はなす。

❷ うでを たかく あげ、うしろに 1かい ぐるっと まわす。

❶ ボールを なげる ほうこうに からだを むけ、りょうあしを ピッチャーズプレートに つけて たつ。

るいに すすむときの きまり

やきゅうと おなじように 1るいから 2るい、3るいへと すすみ、ホームベースに もどると、1てんが はいる。

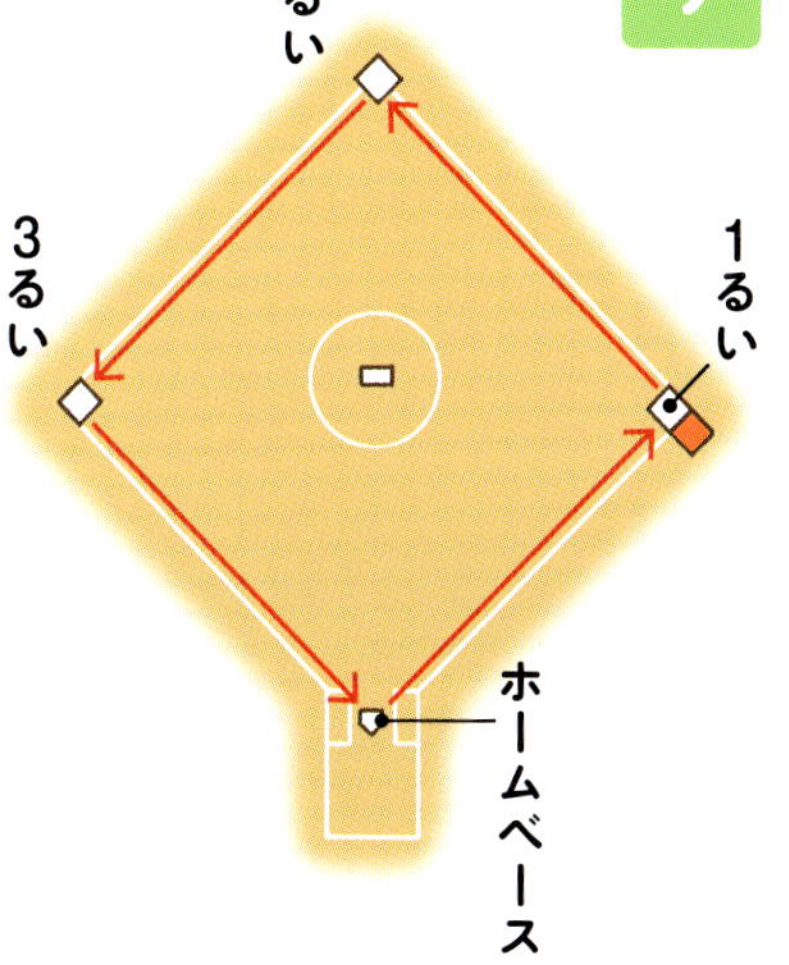

ランナーが アウトに なるとき

ピッチャーの てから ボールが はなれる まえに、あしを ベースから はなしたとき。

かたあしで かならず ベースに さわっていなくては ならない。

るいを すすむときに うしろの ランナーが まえの ランナーを おいこしたとき。

るいから はなれた ランナーが るいに たどりつくまでに ボールを もった しゅびの せんしゅ（やしゅ）に タッチされたとき。

おうちの かたへ

ソフトボールの延長戦にはタイブレーク制というルールがあります。ソフトボールの試合は投手戦になることが多いので、点数を取りやすくし、勝敗を早くつけるためにつくられました。7回が終わって同点の場合、8回からはランナーを2塁におき、ノーアウトランナー2塁の状態でイニングを始めます。

先発で出場した選手が、交代で退いたあと、一度だけ再出場できるリ・エントリー（再出場）のルールも野球とは違います。自分の打順に入った選手に代わって、一度だけ再出場できます。

バスケットボール

2つの チームが あいてチームの バスケットの なかに ボールを なげいれて、てんすうを きそう スポーツです。1チームの にんずうは 5にんです。

バスケットボールの コート

バスケット
バックボード
リング
エンドライン
サイドライン
せいげんくいき
センターライン
センターサークル
スリーポイントライン
フリースローライン

ふくそうと どうぐ

チームぜんいんで おなじ いろの ユニフォームを きる。

ユニフォーム
バスケットボール
シューズ

しあいの はじめかた

センターサークルに たった せんしゅが、しんぱんの なげた ボールを ジャンプして たたき、みかたに おくる。

しあいの じかん

4つの ピリオド（くぎり）に わかれて しあいを おこない、だい1、だい2ピリオドを ぜんはん、だい3、だい4ピリオドを こうはんと よぶ。ピリオドの あいだには「インターバル」や「ハーフタイム」という やすみじかんが ある。

とくてんの はいりかた

あいてチームの バスケットの なかに ボールが はいると とくてんに なる。ボールを なげる ばしょに よって、てんすうが かわる。

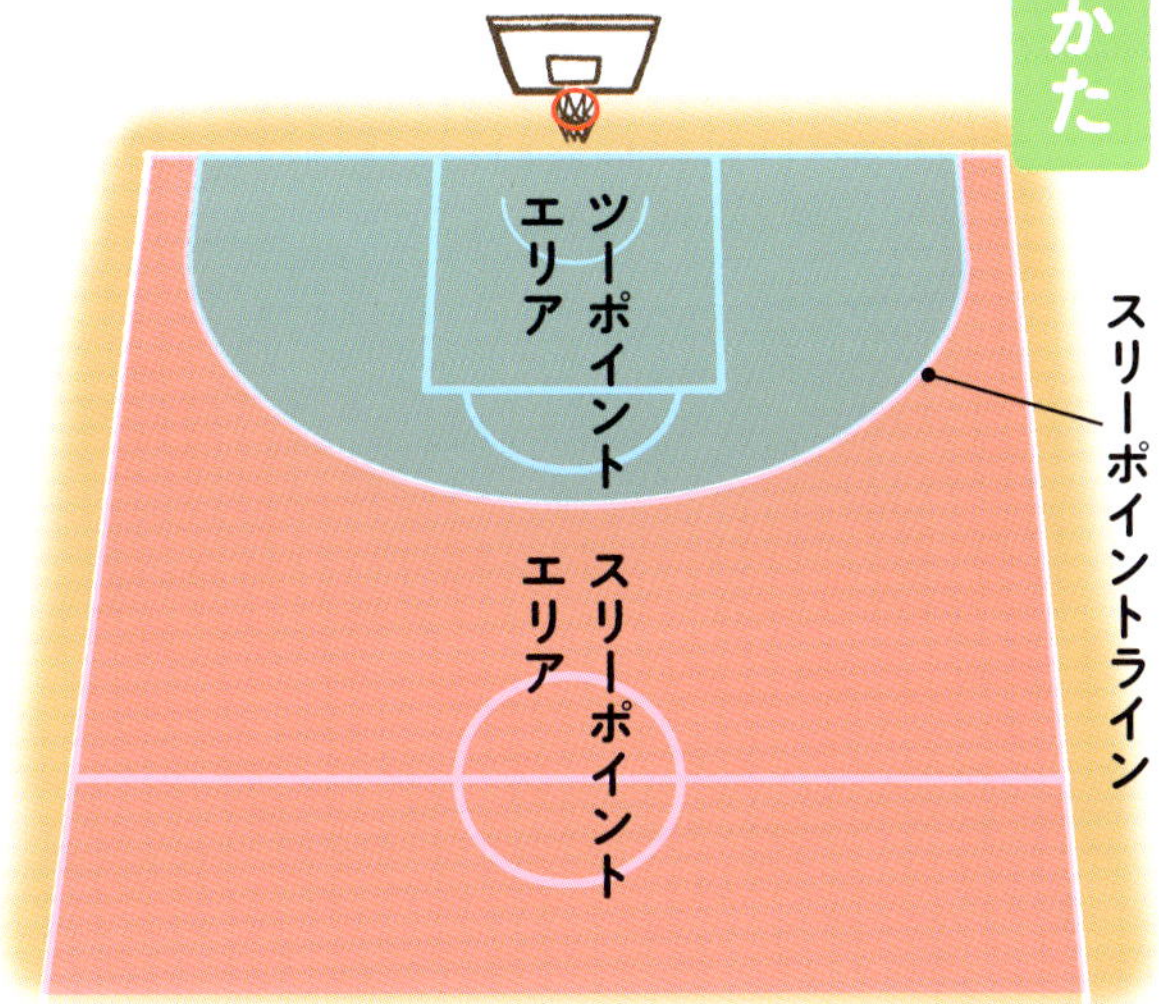

ツーポイントエリア（あおの エリア）から……２てん
スリーポイントエリア（ピンクの エリア）から…３てん
フリースロー （➡83ページ） のとき………………１てん

ぜんはん	だい１ピリオド	10ぷん
	インターバル	２ふん
	だい２ピリオド	10ぷん
	ハームタイム	10ぷん
こうはん	だい３ピリオド	10ぷん
	インターバル	２ふん
	だい４ピリオド	10ぷん

ディフェンスと オフェンス

てんを いれるために あいてチームの バスケットに むかって せめることを オフェンス（こうげき）と いいます。てんを いれられないように じぶんの チームの バスケットを まもることを ディフェンス（しゅび）と いいます。

おうちの かたへ

バスケットボールは、攻撃（オフェンス）も守備（ディフェンス）も5人全員でおこないますが、5人のポジションは大きくガード、フォワード、センターの3つに分かれています。

ガードは、パスやドリブルで試合を組み立てる司令塔です。

フォワードは、点を取る役目です。バスケットから離れ、スリーポイントなどを中心に点を取る選手と、バスケットの近くで攻める選手がいます。センターは、攻撃でも守備でもバスケットにいちばん近いところで、攻め、守る、チームの大黒柱です。

バスケットボール

ボールを もったまま コートの なかを
はしることは できません。
ボールを コートの そとに ださないように
パスや ドリブルなどを しながら
ボールを はこび、シュートを ねらいます。

バスケットボールの わざ

パス

みかたに ボールを おくる。
いろいろな しゅるいが ある。

チェストパス
りょうてで、むねの
したあたりから なげる。

バウンズパス
いちど、ゆかに
ボールを
はずませてから
なげる。

ショルダーパス
かたの うえから なげる。

ドリブル

かたてで、ボールを
ゆかに はずませながら、
ボールを はこぶ。

シュート

あいての バスケットの なかに
ボールを いれ、てんを とる。

レイアップシュート
リングの うえに ボールを
おくようにして なげる。

ピボット

ボールを もっているとき、
かたあしを ゆかに つけたまま、
もうかたほうの あしを うごかして、
からだの むきを かえる。

ジャンプシュート
ジャンプしながら ボールを なげる。

ダンクシュート
リングの まえから ボールを
つよく たたきこむ。

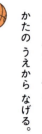

バスケットボールの ルールの ことば

ファウル

わざと あいての からだに ふれたり らんぼうなことを いったりする はんそく。

バイオレーション

じかんや、ボールの あつかいなどに ついての きまりを やぶる はんそく。

トラベリング

ボールを もったまま ドリブルしないで 3ぽ すすむこと。バイオレーションに なる。

ダブルドリブル

いちど ドリブルを やめてから、もういちど ドリブルすること。バイオレーションに なる。

3びょうルール

じぶんの チームが こうげきがわの とき、あいてチームの せいげんくいきに 3びょうより ながく いては いけない。3びょうを こえると バイオレーションに なる。

24びょうルール

ボールを もった チームは、24びょうの うちに シュートを うたなければ ならない。24びょうを こえると バイオレーションに なる。

スローイン

サイドライン、エンドラインの そとから ボールを なげいれること。ファウルや バイオレーションが あったあと、とくてんが はいったあとなどに おこなう。

フリースロー

フリースローラインの うしろから、あいてに じゃまされずに、シュートを うてる チャンス。1チームの ファウルが 1ピリオドで 4かいを こえたときなどに、あいてチームに あたえられる。

おうちの かたへ

バスケットボールの反則のうち、ファウルは、その回数が記録に残ります。ファウルには、相手を押したり、つかんだりするパーソナルファウルと、わざと相手に乱暴や嫌がらせをする、審判の指示に従わないなど、スポーツマンシップに反した行為をするテクニカルファウルがあります。1人の選手が5回ファウルを犯すと退場になります。また1チームが1ピリオドで4回ファウルを犯した場合、5回目からは、1ファウルごとに、相手チームに2投のフリースローが与えられます。

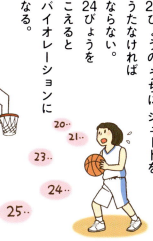

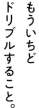

バスケットボール

3×3（スリーバイスリー）

1チーム 3にんで おこなう バスケットボールです。1つの バスケットボールを つかい、オフェンス（こうげき）と、ディフェンス（しゅび）を こうたいしながら しあいを すすめます。

しあいの はじめかた

ディフェンスの せんしゅが オフェンスの せんしゅに ボールを わたす、「チェックボール」で しあいを はじめる。

3×3の コートと てんすうの はいりかた

コートは 5にんせいバスケットボールの はんぶんの ひろさと なっている。5にんせいバスケットボールの スリーポイントラインが 3×3では ツーポイントラインに なる。ボールを なげる ばしょに よって てんすうが かわる。

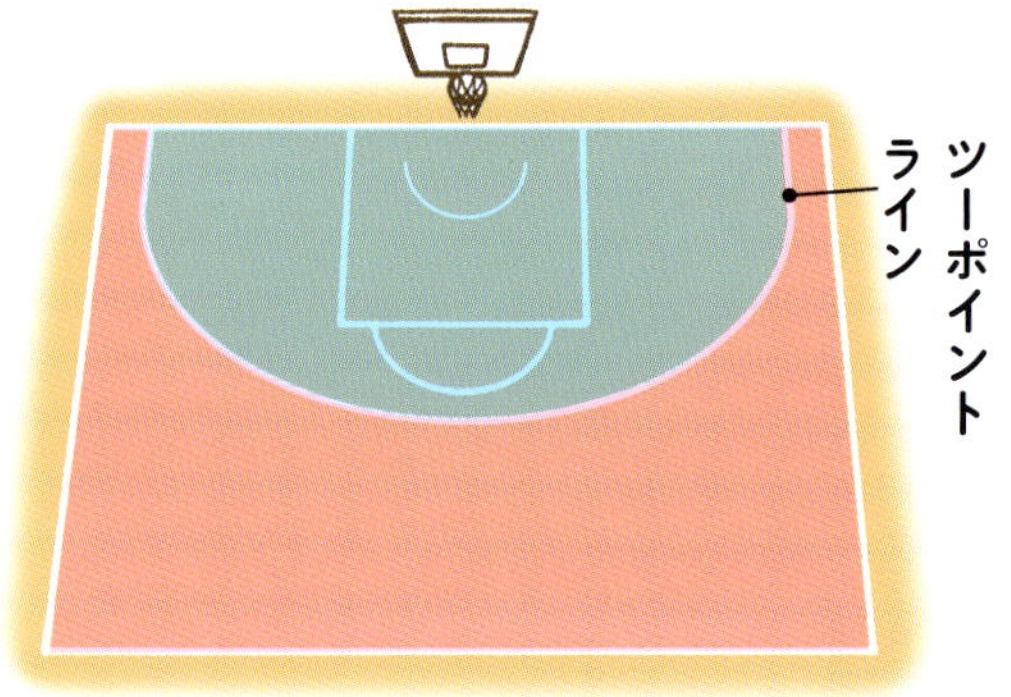

ツーポイントラインの そとがわから…2てん
ツーポイントラインの うちがわから…1てん
フリースロー （⇒83ページ）のとき………1てん

3×3の しあいに かかわる ことば

5にんで おこなう バスケットボールとは ちがう ルールが あります。

ノックアウト

しあいじかんは 10ぷんだが、さきに 21てん とると、そのチームが かちと なり、そこで しあいが おわる。

12びょうショットクロック

ボールを もった チームは、12びょうの うちに シュートを うたなければ ならない。

くるまいすバスケットボール

くるまいすに のって おこなう バスケットボールで、パラリンピックで おこなわれる きょうぎです。
コートの ひろさは 5にんで おこなう バスケットボールと おなじで、ルールも ほとんど かわりません。

どうぐ

くるまいす
バスケットボール せんようの くるまいすを つかう。

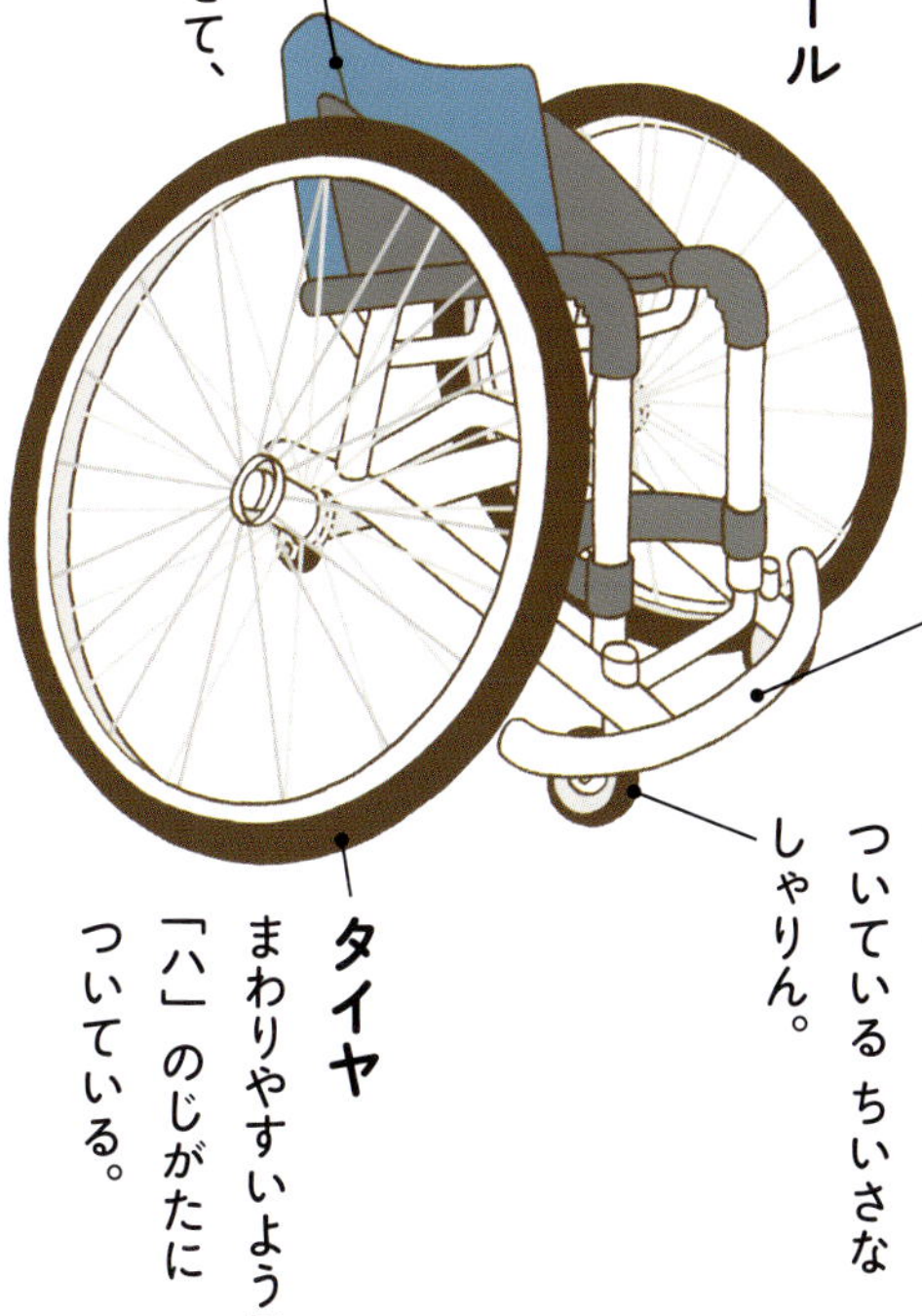
シート
せんしゅに あわせて、たかさなどが かえられる。
バンパー
ぶつかったときに あしを まもる。
キャスター
くるまいすの むきを すばやく かえるために ついている ちいさな しゃりん。
タイヤ
まわりやすいように 「ハ」のじがたに ついている。

くるまいすバスケットボールの トラベリング

ボールを もったまま、くるまいすの しゃりんを 3かい いじょう まわすと トラベリング （83ページ） という はんそくに なります。

おうちの かたへ

3×3ではゴールが成功したときや、守備側が攻撃側のボールを奪ったときに、攻守が交代し、新たに攻撃側になったチームは、一度ボールをツーポイントラインの外まで運んでから攻撃します。攻撃側がシュートに失敗して、守備側がバスケットの下でボールをとったとしても、そのままシュートはうてません。

車いすバスケットボール用の車いすには、うしろに転倒防止用のキャスターもついています。トップ選手は、選手一人ひとりの体型やプレーに合わせた、専用の車いすを使っています。

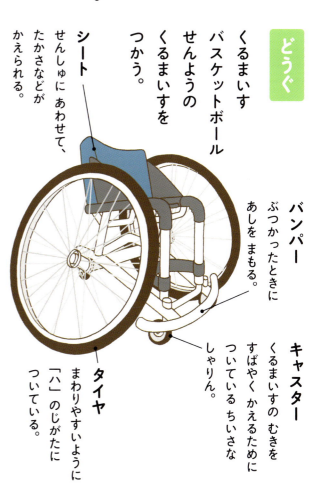

バレーボール

ネットを はさんで むかいあった 2つの チームが、1つの ボールを おとさないように うちあいます。ボールを ただしく あいてコートに かえさないと あいてチームに てんが はいります。さきに 25てん とった チームが 1セットを とり、さきに 3セットを とった チームの かちと なります。

バレーボールの コートと ポジション

1チーム 6にんで、きまった ポジションに たつ。バックゾーンの せんしゅは、フロントゾーンから こうげきすることは できない。

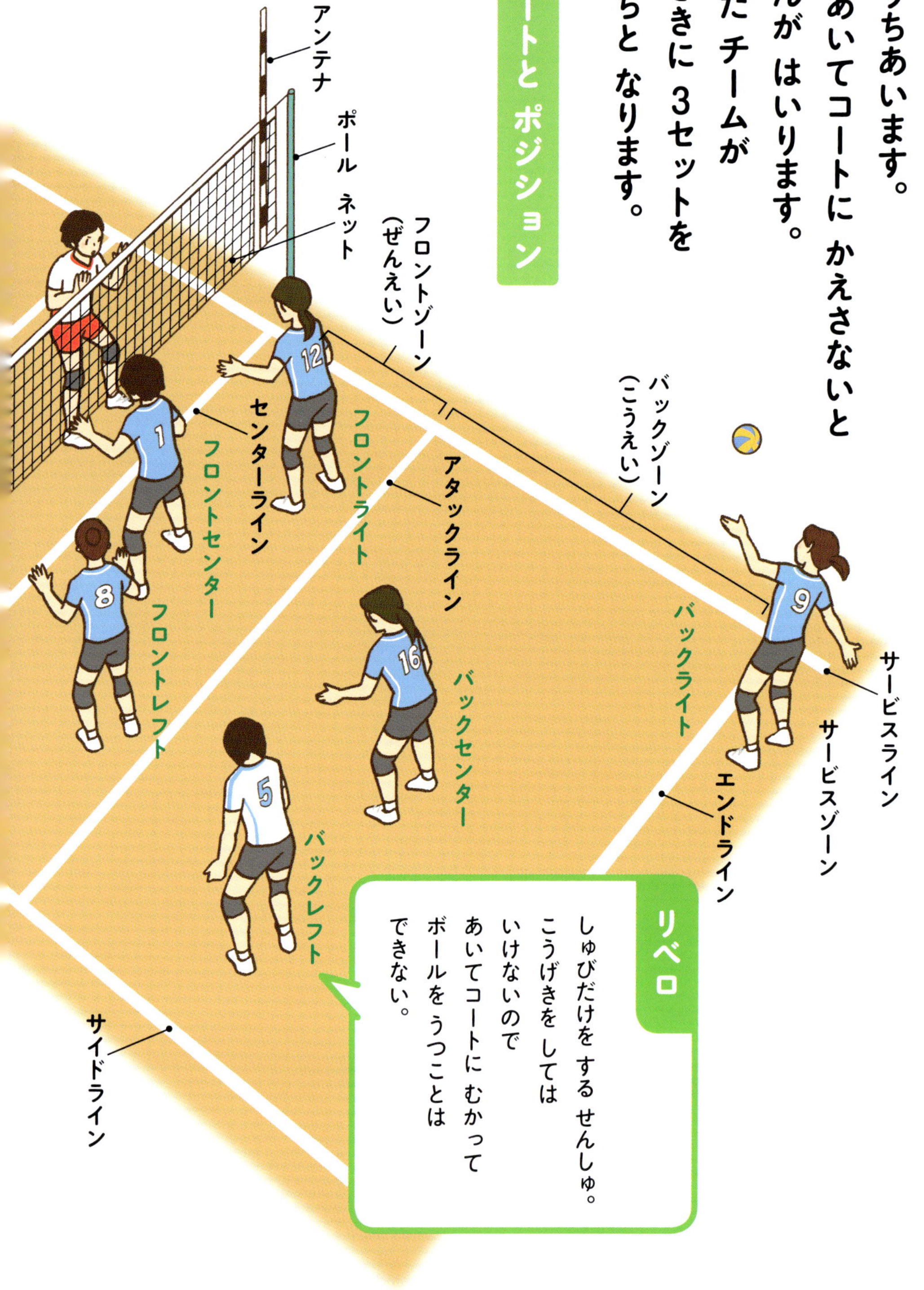

アンテナ
ポール
ネット
フロントゾーン（ぜんえい）
バックゾーン（こうえい）
センターライン
フロントライト
アタックライン
フロントセンター
フロントレフト
バックライト
バックセンター
バックレフト
サービスライン
サービスゾーン
エンドライン
サイドライン
リベロ
しゅびだけを する せんしゅ。こうげきを しては いけないので あいてコートに むかって ボールを うつことは できない。

しあいの はじめかた

バックライトの せんしゅが、サービスゾーンから あいてコートに ボールを うつ「サーブ（サービス）」を して、しあいを はじめる。

ふくそうと どうぐ

チームで おなじ いろの
ユニフォームを きる。
リベロの せんしゅは
ほかの せんしゅと
ちがう いろの
ユニフォームを きる。

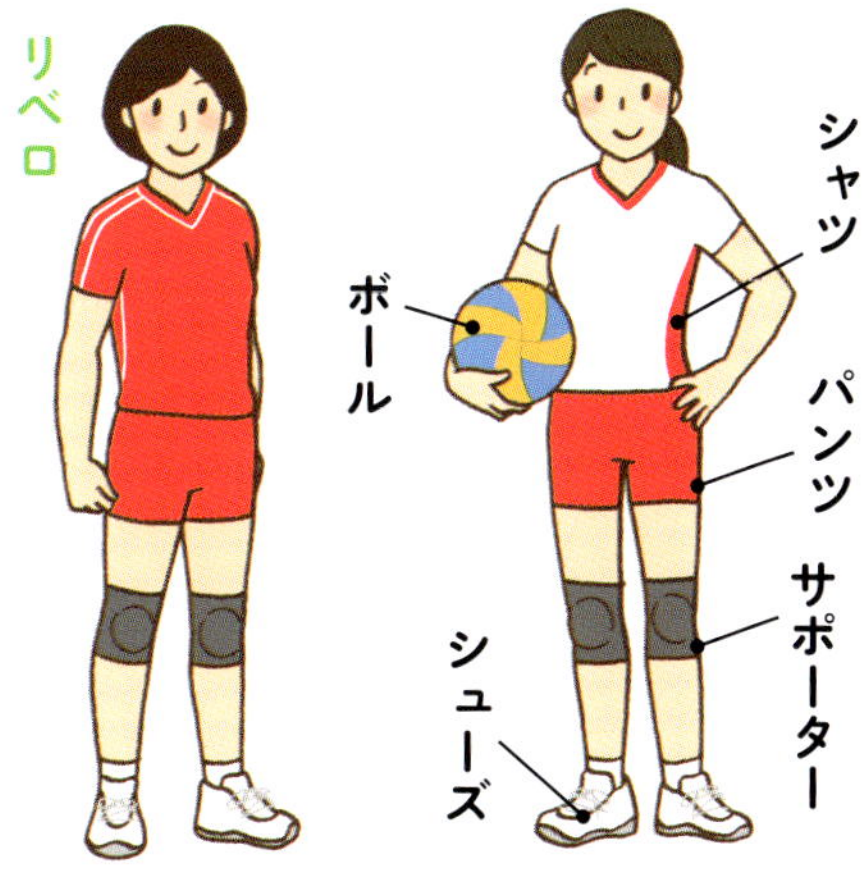
シャツ
ボール
パンツ
サポーター
シューズ
リベロ

ボールは、ネットの うえ、アンテナの うちがわを とおして あいてコートに いれる。

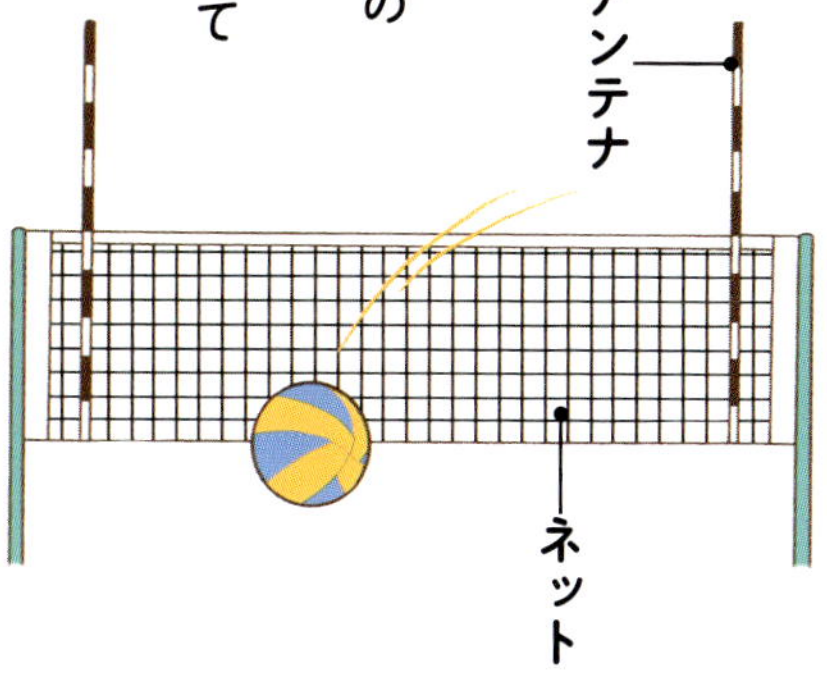
アンテナ
ネット

サーブを うつ じゅんばん

サーブを した チームに てんが はいったときは、
おなじ せんしゅが サーブを して しあいを
さいかいします。
サーブを した チームが てんを とられたときは
あいてチームの せんしゅが サーブを して
しあいを さいかいします。
このとき、サーブを する チームの せんしゅは
ポジションを かえて （ローテーション）
じゅんばんに サーブを うちます。

ローテーション

サーブを する けんりを えたときに、
とけいまわりに ポジションを
かえること。①の ポジションに
きた ひとが サーブを うつ。

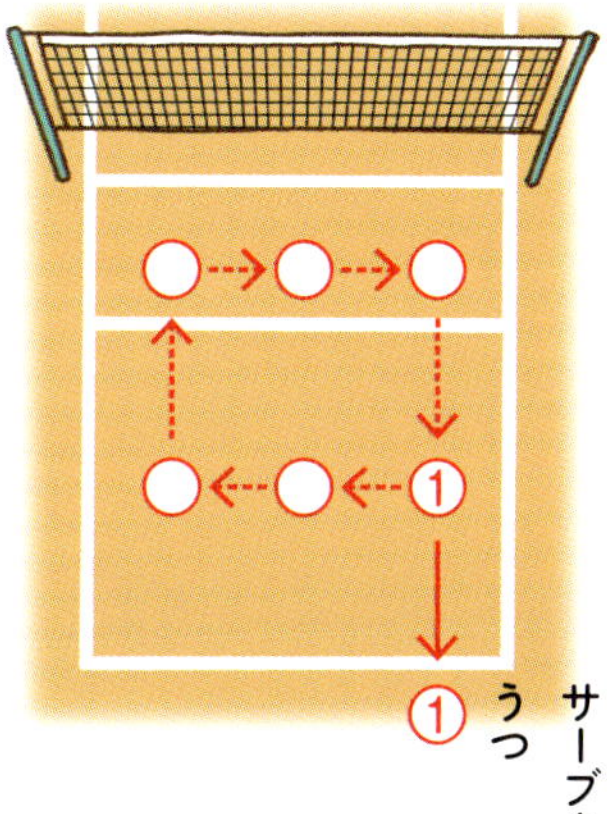
①
①
サーブを うつ

おうちのかたへ

バレーボールの試合で、バックゾーンにいる1人だけちがうユニフォームを着ている選手がリベロです。回数の決まっている試合中の選手交代とは別に、何度でも審判の許可なく、バックゾーンの選手と交代して出場できます。守備を専門的に担当するポジションなので、ローテーションでフロントに移動するときには、交代した選手と入れ替わります。サーブやアタックなどの攻撃はできません。背の高さが大きな要素になるバレーボールで、小柄な選手でも活躍できるポジションです。

バレーボール

じぶんの コートに きた ボールは、チームの なかで 3かい さわる あいだに、あいてコートに かえします。

バレーボールの わざ

サーブ(サービス)

ボールを あいての コートへ うちこむ。ボールを うちあう「ラリー」の はじめに おこなう。

レシーブ

あいての サーブや、スパイクなどの こうげきを うけとめる。アンダーハンドパスで おこなうことが おおい。

トス

こうげきする せんしゅの ために ボールを うえに あげる。

スパイクを うちやすい いちや たかさに ボールを おくる。

スパイク(アタック)

トスされた ボールを、ジャンプして あいてコートに つよく うちこむ。

ブロック

ネットの ちかくで ジャンプして、あいての スパイクを はじきかえす。

パス

ボールを うけとめ、みかたに つなぐ。

アンダーハンドパス
したから すくうように うえに あげる。

オーバーハンドパス
おでこの まえに てのひらを かまえて ボールを うえに あげる。

ビーチバレーボール

すなはまの コートで、1チーム ふたりで おこなう バレーボールです。さきに 21てん とった チームが セットを とります。さきに 2セットを とった チームの かちと なります。

かならず こうたいで ボールに さわる。
スピードの でにくい ボールを つかうので ラリーが ながく つづく。
やわらかい すなの うえなので、たかい ジャンプが しにくい。
コートは 6にんせいより すこし せまい。ネットの たかさは おなじ。

シッティングバレーボール

「シッティング」は、「すわる」という いみで、ゆかに おしりを つけたまま おこなう バレーボールです。パラリンピックで おこなわれます。コートは 6にんせいの バレーボールより せまく、ネットも ひくく なっています。ルールは ほとんど かわりませんが たちあがったり、ジャンプしたりしては いけません。

ポジションは おしりの いちで きまる。たとえば バックゾーンに すわっている せんしゅの てや あしが フロントゾーンに でていても はんそくに ならない。
エンドライン
サーブを するときは、おしりが エンドラインから でていれば、てや あしが コートの なかに はいっていても よい。

おうちのかたへ

シッティングバレーボールは、足などに障がいのある、肢体不自由な選手も出場できる競技で、世界選手権などの国際大会は、障がいのある選手の大会として開かれています。日本の国内大会には、男女混成で、健常者だけでも出場できる大会や、障がいのある人がチームに何人かいれば出場できる大会があります。健常者を対象にした教室や体験指導もおこなわれています。シッティングバレーボールは、健常者と障がい者がともに楽しめるスポーツとなっています。

ラグビー

2つのチームが、1つの ボールを うばいあい、ボールを もって あいての じんちに せめこみます。あいての じんちの 「インゴール」に ボールを もっていくと てんが はいります。ラグビーでは ボールを まえに パスしては いけない きまりに なっています。

ふくそうと どうぐ

あんぜんに しあいを おこなうために ヘッドキャップを かぶる。スパイクには すべりどめ（スタッド）が ついている。

ヘッドキャップ
ジャージ
ボール
スパイク
スタッド

フィールドと ポジション

1チームは 15にんで、こうげきを たんとうする 「フォワード」が 8にん、しゅびを たんとうする 「バックス」が 7にん いる。フォワードと バックスの なかでも ポジションが さらに こまかく わかれている。

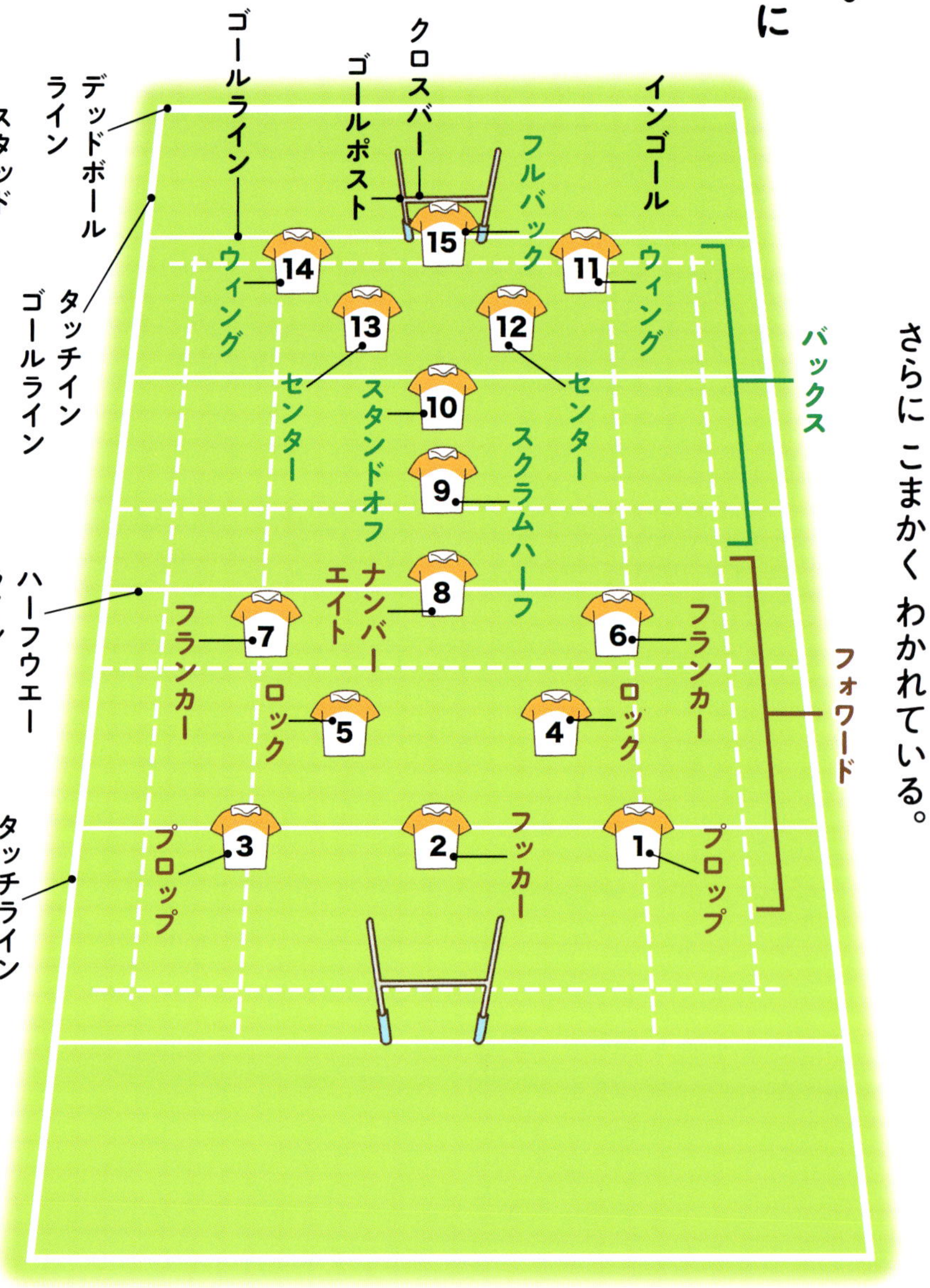

インゴール
クロスバー
ゴールポスト
ゴールライン
デッドボールライン
タッチインゴールライン
ハーフウエーライン
タッチライン
15 フルバック
14 ウィング
11 ウィング
13 センター
12 センター
10 スタンドオフ
9 スクラムハーフ
8 ナンバーエイト
7 フランカー
6 フランカー
5 ロック
4 ロック
3 プロップ
2 フッカー
1 プロップ
バックス
フォワード

ボールの はこびかた

つぎの 3つの ほうほうで あいての じんちに ボールを はこぶ。

てに もって はしる

ボールを てに もって はしる。じゆうな ほうこうへ はしることが できる。

キックする

ボールを あしで ける。じゆうな ほうこうに けることが できる。

パスする

みかたに ボールを なげて おくる。ただし、かならず ボールより、うしろに いる ひとに なげる。まえ（せめる ほうこう）に なげては いけない。

てんすうの はいりかた

「トライ」か「ゴールキック」の 2しゅるいの ほうほうで てんが はいる。

トライ

ボールを もった せんしゅが あいてじんちの インゴールの じめんに、ボールを つける。1トライで 5てんが はいる。

ゴールキック

キックした ボールが、クロスバーの うえを とおると、ゴールキックの せいこうで、てんが はいる。

コンバージョンゴール

トライを した チームに あたえられる ゴールキックの チャンス。せいこうすると、2てんが はいる。

ドロップゴール

しあいちゅう、ボールを いちど じめんに はずませてから、キックすること。せいこうすると、3てんが はいる。

ペナルティーゴール

あいての はんそくで あたえられる ゴールキックの チャンス。せいこうすると、3てんが はいる。

おうちのかたへ

ラグビーのトライは、ボールが相手陣地の「インゴール」の地面と、ボールを持ち込んだ攻撃側のプレーヤーの両方にふれていないと得点になりません。ボールがインゴールに転がった場合、攻撃側の選手がボールにふれた時点でトライになります。

また、守備側の反則がなければ明らかにトライできたと審判が判断した場合や、守備側がゴール前で反則をくり返した場合、認定トライ（ペナルティートライ）として、トライが認められることがあります。

ラグビー

ラグビーには、ひとりで ボールを あつかう わざと、チームで ちからを あわせて ボールを うばいあう わざが あります。

ラグビーの わざ

タックル

ボールを もっている あいてに ぶつかって たおしたり、ボールを じめんに つけさせる。

ラック

じめんに ころがっている ボールを、りょうチーム あわせて ふたりいじょうの せんしゅが、たった しせいで くみあい、うばいあう。

モール

ボールを もった せんしゅを まんなかに して、りょうチーム あわせて 3にんいじょうの せんしゅが、たった しせいで くみあう。

きんしされていること

ラグビーは からだと からだを ぶつけあって、ボールを うばいあう はげしい スポーツです。あぶないことは、ルールで きびしく きんしされています。

かたより うえに タックルする。

ボールを もっていない せんしゅに タックルする。

ジャンプしている せんしゅに タックルする。

ラグビーの しあいに かかわる ことば

スクラム

りょうチームの せんしゅが、かたを くんで おしあい、あしで ボールを とりあう。はんそくの あと、しあいを さいかいするときに おこなう。

はんそくを うけた チームの せんしゅが ボールを なげいれる。

ラインアウト

タッチラインから ボールが でたあと、しあいを また はじめるときに おこなう。りょうチームが ならんだ あいだに、ボールを ださなかった チームの せんしゅが、ボールを なげいれる。

ノックオン

ボールを じぶんより まえに おとしたり、パスを とりそこなって ボールを まえに おとすこと。はんそくの ひとつ。

ノットリリース ザボール

タックルを うけて たおれた せんしゅが ボールを はなさないこと。はんそくの ひとつ。

タックルを うけた せんしゅは すぐに ボールを はなさなくては いけない。

シンビン

イエローカードを だされ、10ぷんかん しあいに でられなくなること。あぶない プレーや おなじ はんそくを くりかえしたときなどに イエローカードを だされる。

ノーサイド

しあいが おわること。しあいが おわれば、てき みかたの くべつが なくなるという いみで つかわれる。

おうちのかたへ

ラグビーでは、反則の種類によって、試合の再開方法が異なります。比較的軽い反則の場合は、スクラムまたはラインアウトにより試合を再開します。特定の反則があった場合は、相手チームのゴールを狙うことはできないフリーキック、重い反則の場合は、相手チームにペナルティーキックが与えられます。
危険な行為や故意に反則をくり返すなどでイエローカードを出されたときに、10分間退場する「シンビン」は、英語の罪（Sin）と箱・置き場所（Bin）を組み合わせた言葉です。

ラグビー

7にんせいラグビー

15にんせいの ラグビーと おなじ フィールドを
つかって、1チーム 7にんで おこなう
ラグビーです。

7にんせいラグビーの ポジション

7にんせいでは、フォワードが 3にん、
バックスが 4にんと なる。

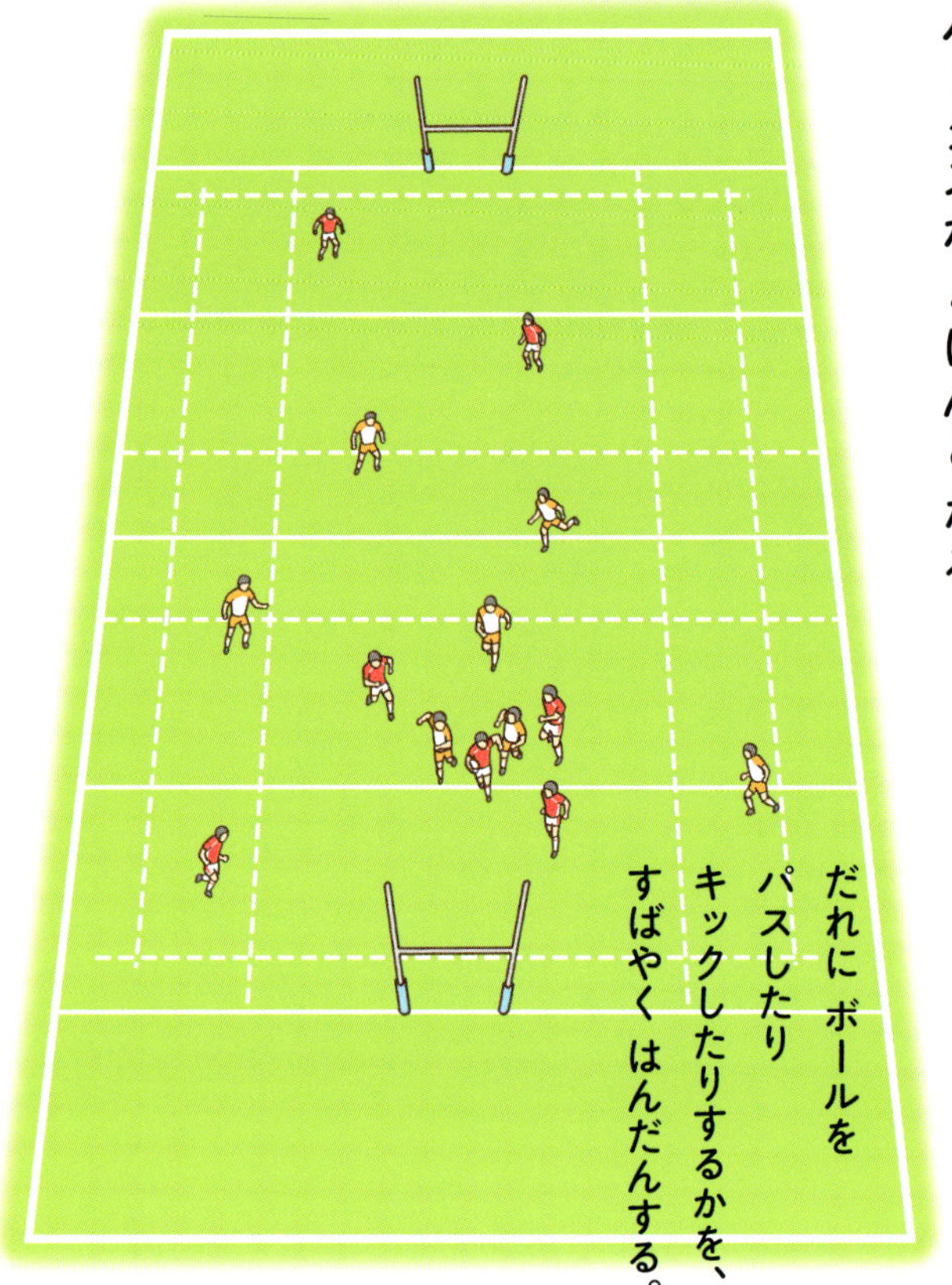

だれに ボールを
パスしたり
キックしたりするかを、
すばやく はんだんする。

7にんせいラグビーだけの ルール

ルールは、15にんせいラグビーと ほとんど おなじだが、
7にんせいラグビーだけの ルールも ある。

てんが はいった あと

トライや ゴールキックで
てんが はいったあとは、
ドロップキックで
しあいを また はじめる。
このとき、15にんせいラグビーでは、
てんを いれられた
チームが おこなうが、
7にんせいラグビーでは、
てんを いれた チームが おこなう。

ドロップキック
ボールを いちど
じめんに おとして、
はねかえったところで
キックする こと。

スクラムを くむとき

りょうチームの
フォワードの
せんしゅが
かたを くんで
おしあう。
15にんせいラグビーでは
16にんで くむが、
7にんせいラグビーでは
6にんで くむ。

ウィルチェアーラグビー

くるまいすを つかって しつないで おこなう ラグビーで、パラリンピックの きょうぎです。1チームの にんずうは 4にんです。ほかの ラグビーと ちがって、ボールを まえに パスすることが できます。

どうぐ

しゅびようと こうげきようの くるまいすが ある。

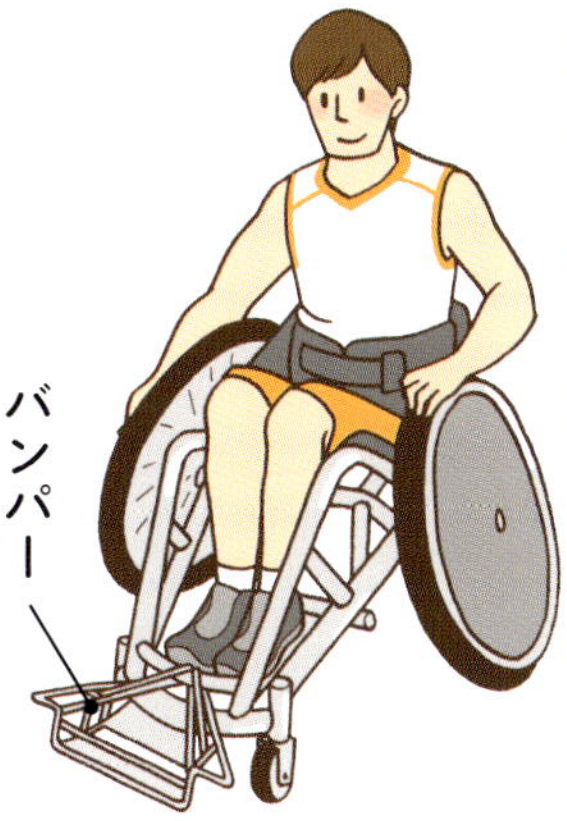

しゅびようの くるまいす
あいての こうげきを とめるために バンパーが つきだしている。
バンパー

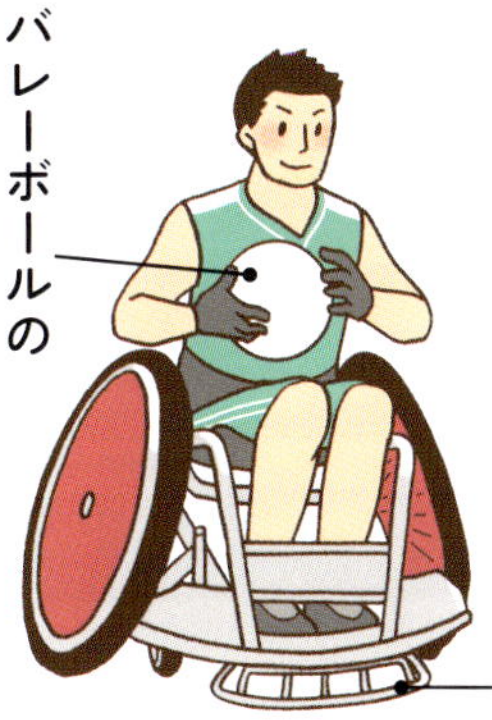

こうげきようの くるまいす
こうげきを とめられたときに こまかく うごきまわれるように バンパーは みじかく つくられている。
バレーボールの ボールに にた ボール。
バンパー

ウィルチェアーラグビーの コートと ルール

コートは バスケットボールの コートと おなじ おおきさです。じかんに ついての さまざまな ルールが あります。

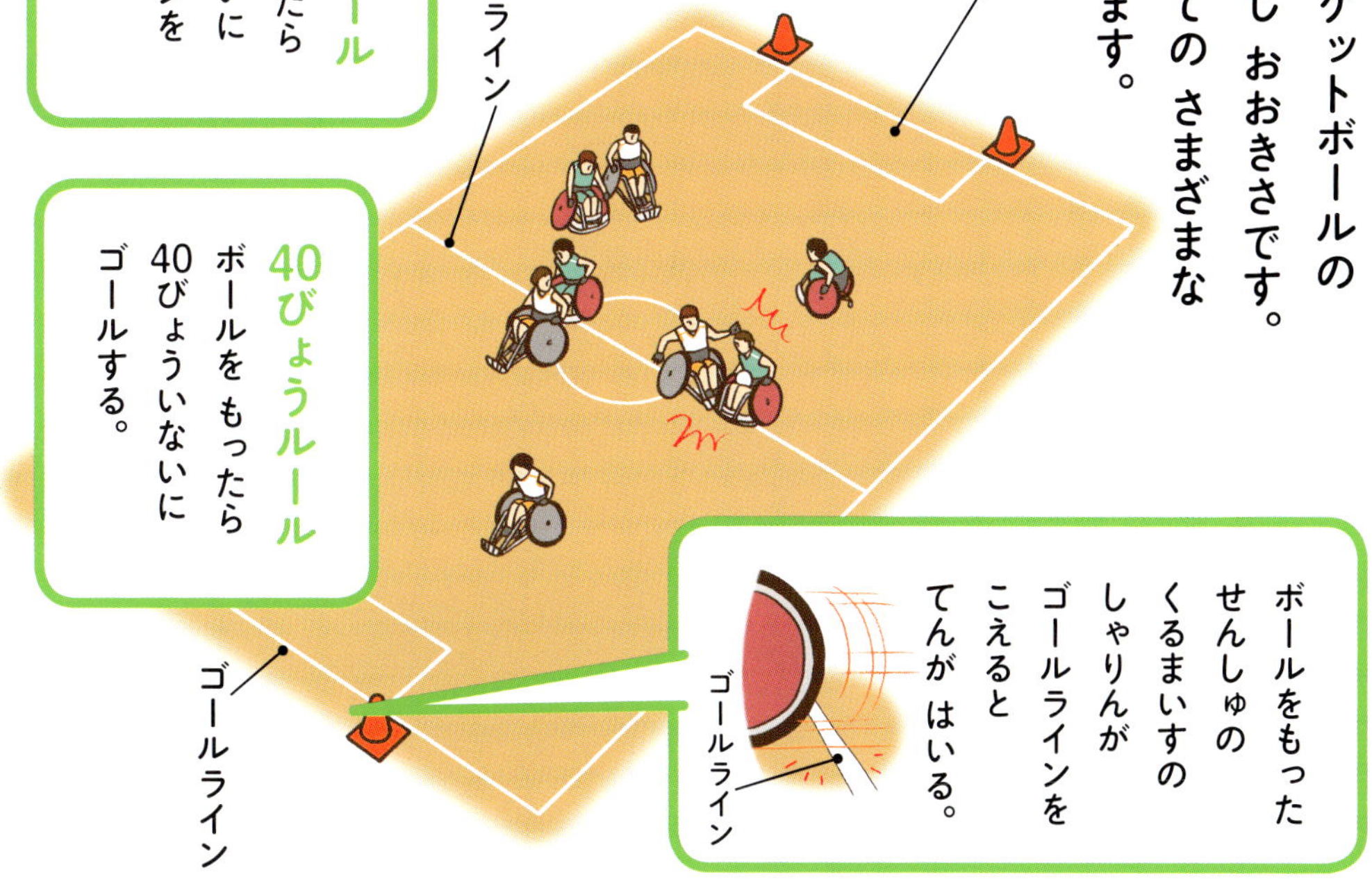

キーエリア
あいてチームの キーエリアに、10びょう いじょう いては いけない。
センターライン
ゴールライン
ボールを もった せんしゅの くるまいすの しゃりんが ゴールラインを こえると てんが はいる。
ゴールライン

12びょうルール
ボールを もったら 12びょういないに センターラインを こえる。

40びょうルール
ボールを もったら 40びょういないに ゴールする。

おうちのかたへ

ウィルチェアーラグビーは、車いす同士のタックルが認められている迫力のあるスポーツです。ポイント制というルールも特徴になっています。障がいの程度によって選手一人ひとりに持ち点がつけられ、試合に出場している4人の選手の合計を8点以下にしなくてはなりません。持ち点は障がいが軽い選手ほど高くなるので、障がいが軽い選手ばかりではチームはつくれません。さまざまな障がいの程度の選手が出場できるようにし、チーム全体での障がいの程度も公平にするためのルールです。

アメリカンフットボール

2つの チームが こうげきと しゅびを こうたいしながら たたかいます。こうげきがわの チームが、あいての じんちに せめこんで てんを ねらい、しゅびがわの チームが そのこうげきを からだで とめる はげしい スポーツです。

ふくそうと どうぐ

ぶつかりあったときに からだを まもるための どうぐを みにつける。

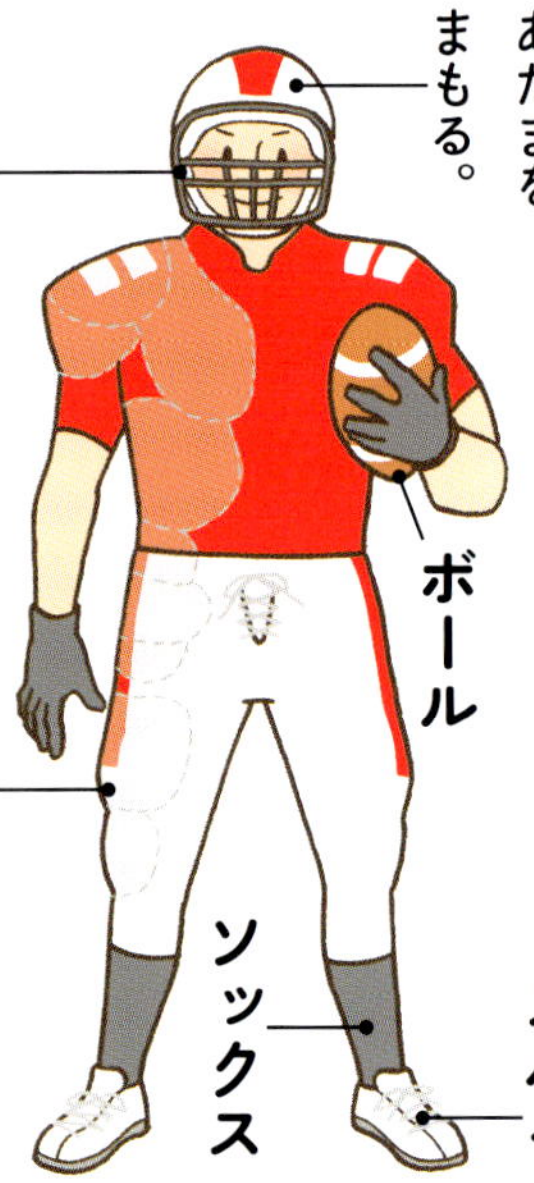

ヘルメット
あたまを まもる。
フェイスマスク
かおを まもる。
ヘルメットに ついている。
ボール
ユニフォームの したには からだを まもるための パッドを みにつけている。
ソックス
スパイク

しあいの はじめかた

じぶんたちの じんちの 35ヤードの ところから ボールを けって しあいを はじめる。
「キックオフ」と いう。

アメリカンフットボールの フィールド

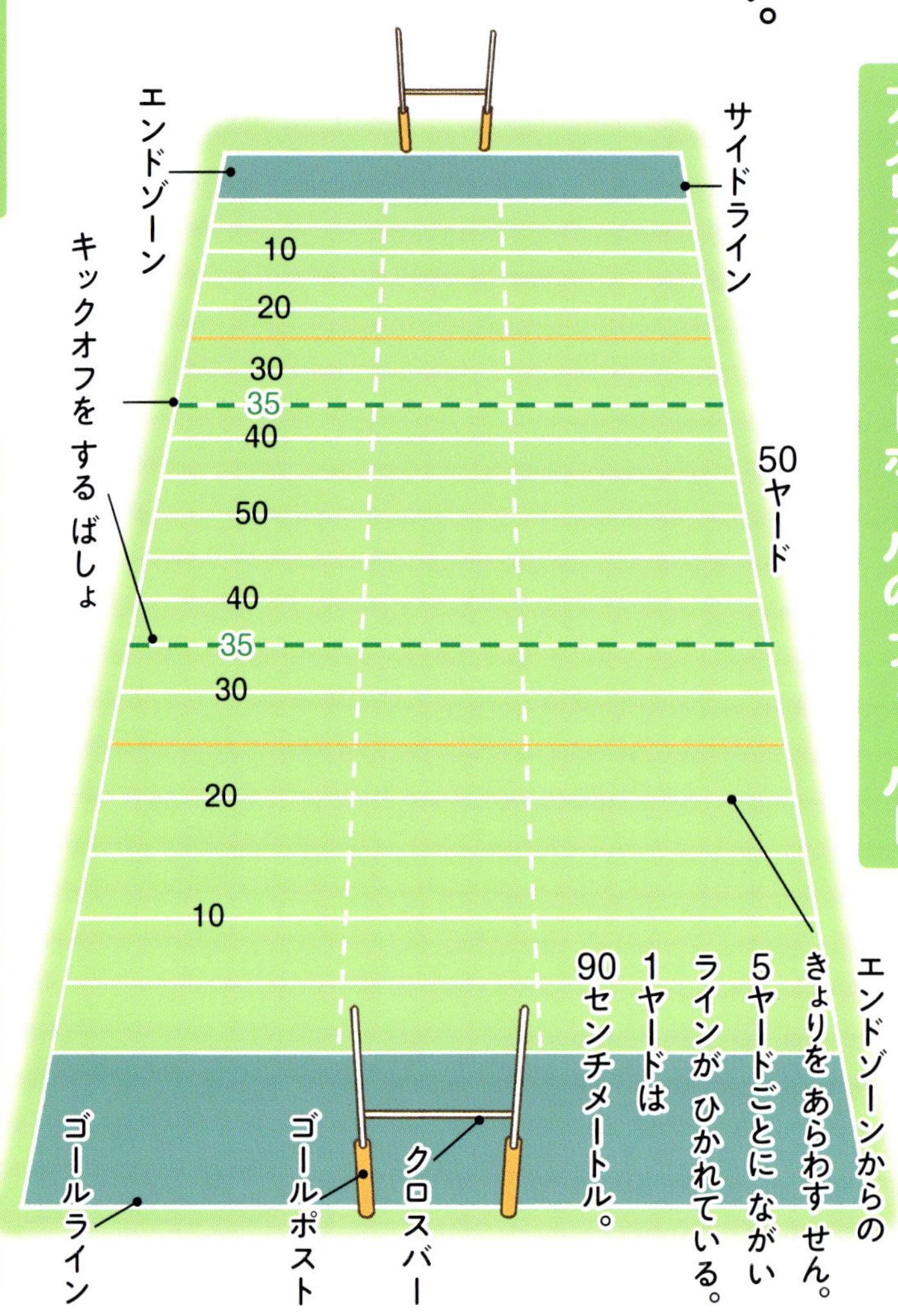

エンドゾーン
サイドライン
キックオフを する ばしょ
50ヤード
10
20
30
35
40
50
40
35
30
20
10
ヤードライン
エンドゾーンからの きょりを あらわす せん。
5ヤードごとに ながい ラインが ひかれている。
1ヤードは 90センチメートル。
ゴールライン
ゴールポスト
クロスバー

てんすうの はいりかた

タッチダウン
ボールを もって あいての じんちの エンドゾーンに はいること。
6てんが はいる。

フィールドゴール
あいての じんちの ゴールポストに むかって ボールを けること。
ボールが、クロスバーの うえを とおれば、3てんが はいる。

しあいの ながれ

こうげきがわが しゅびがわに タックルなどで たおされると こうげきが いちど とまる。こうげきが 4かい とまるまでに 10ヤード すすめないと、あいてチームの こうげきに こうたいする。

アメリカンフットボールの ポジション

1つの チームに、「オフェンス」、「ディフェンス」、キックなどを おこなう「スペシャルチーム」の せんしゅが います。

オフェンス

こうげきを する せんしゅたち。ボールを もって はしる「ラン」や、ボールを みかたに なげる「パス」で ボールを まえに はこぶ。

こうげきのとき

オフェンスの せんしゅが 11にん、フィールドに はいる。

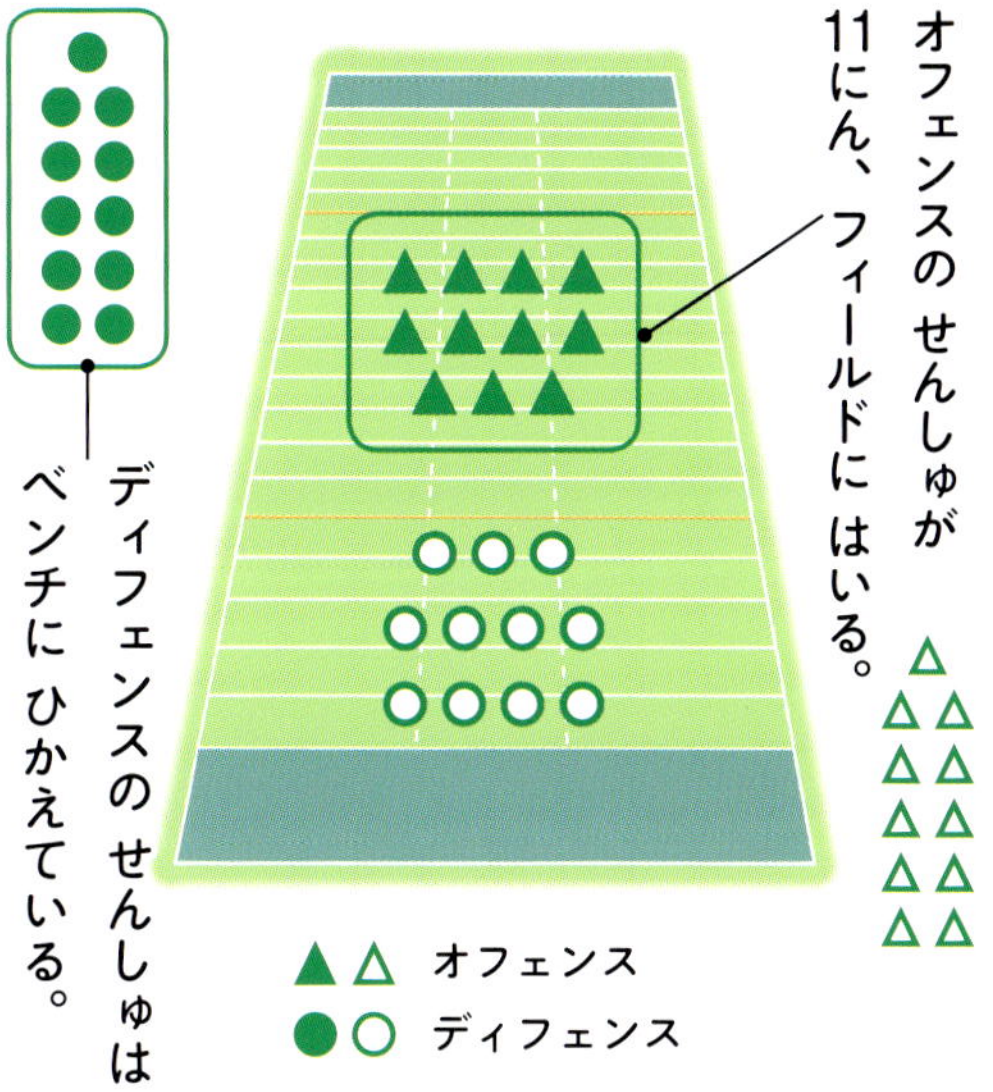
ディフェンスの せんしゅは ベンチに ひかえている。
▲△ オフェンス
●○ ディフェンス

ディフェンス

しゅびを する せんしゅたち。ボールを もった あいてを つかまえて おさえこむ「タックル」などで、ボールが まえに すすまないように まもる。

しゅびのとき

ディフェンスの せんしゅが 11にん、フィールドに はいる。

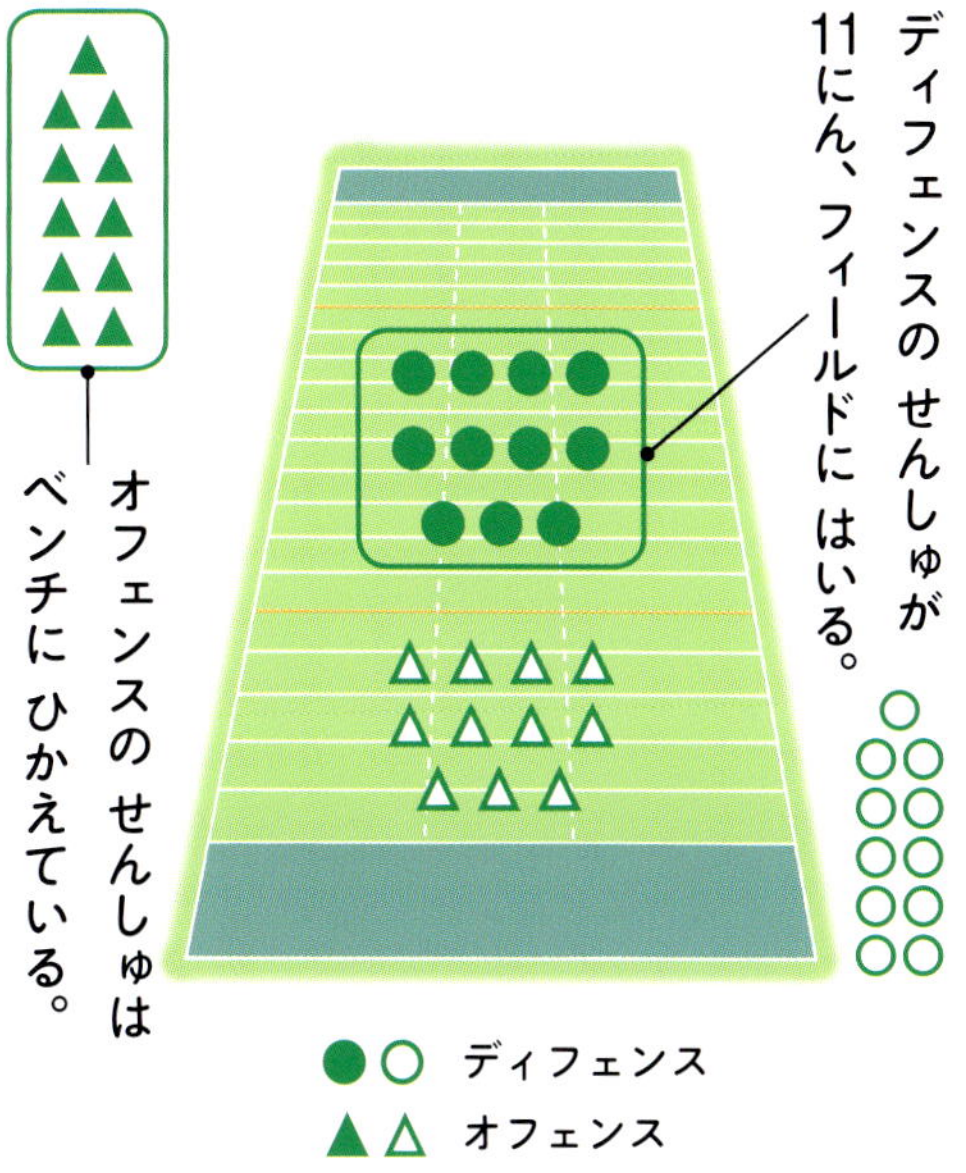
オフェンスの せんしゅは ベンチに ひかえている。
●○ ディフェンス
▲△ オフェンス

スペシャルチーム

おもに ボールを けるときに でる せんしゅたち。キックオフや、フィールドゴールで ボールを ける。

おうちの かたへ

アメリカンフットボールの試合は、15分ずつの4クォーターでおこなわれます。ただ、タックルで選手が倒され、攻撃が止まるなど、プレーが止まれば、試合が再開するまで時計が止まります。この時間が重要で、両チームは、次にどのような位置取りをするかというフォーメーションや、どうゲームを展開するかなどの作戦会議をおこないます。このため試合開始から終了までには、実際は2～3時間かかります。日本国内の多くの試合は、1クォーター12分でおこなわれています。

テニス

ふたり または ふたくみの
せんしゅが ネットを はさんで、
ラケットで ボールを うちあいます。
いちど じめんに おちて
はねかえってきた ボールを
うつことも、とんできた ボールを
そのまま うつことも できます。

ふくそうと どうぐ

テニスウエアを きることが
きめられている。

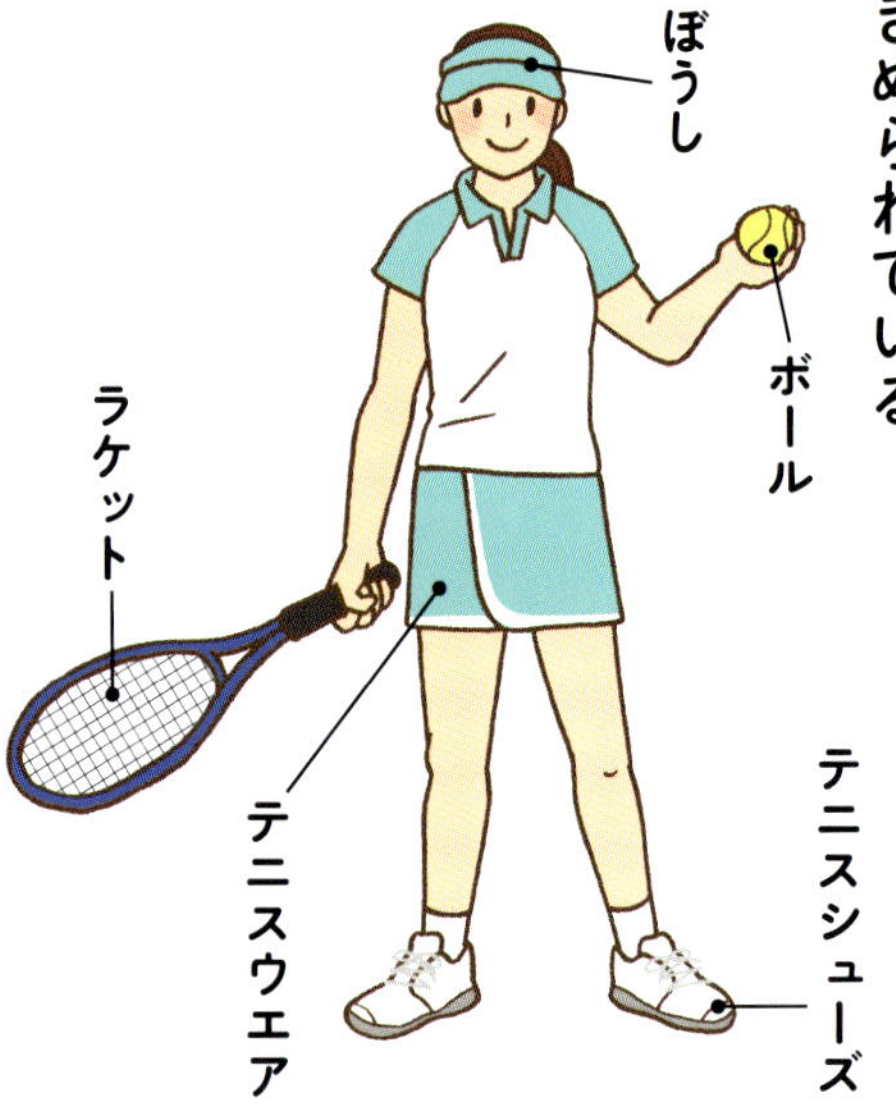

ぼうし
ボール
ラケット
テニスウエア
テニスシューズ

テニスの コート

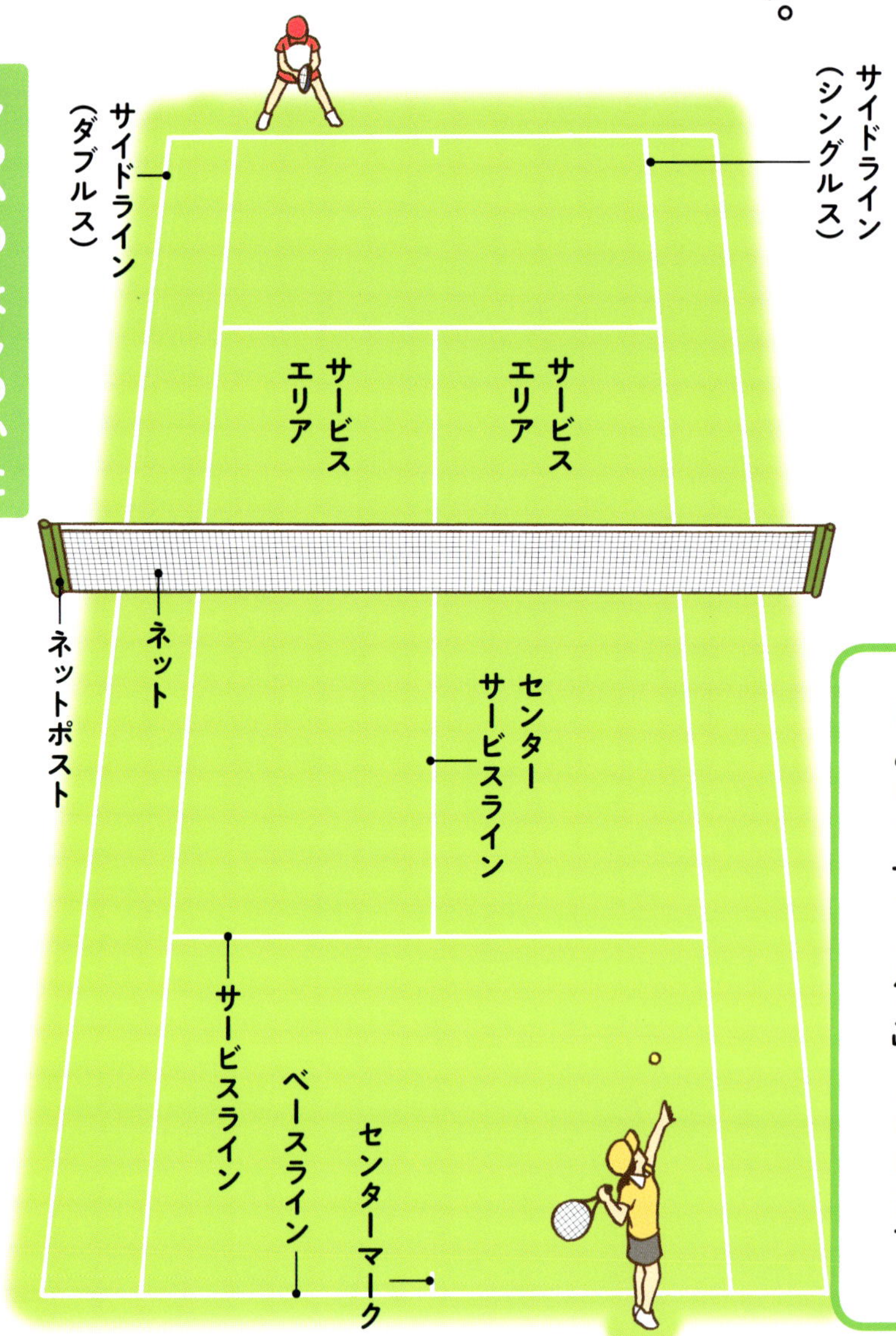

サイドライン（シングルス）
サイドライン（ダブルス）
サービスエリア
サービスエリア
ネット
ネットポスト
センターサービスライン
サービスライン
ベースライン
センターマーク

シングルス・ダブルス

ひとり たい ひとりで
たたかう しあいを「シングルス」、
ふたり ひとくみで たたかう
しあいを「ダブルス」といいます。

しあいの はじめかた

しあいは、サーブ（サービス）で はじめる。
サーブは、ベースラインの うしろ、センターマークと
サイドラインの あいだから、あいてコートの
ななめむかいの サービスエリアに はいるように うつ。

かちまけの きめかた

テニスの しあいのことを「マッチ」という。
マッチに かつためには、
❶ポイント、❷ゲーム、❸セットを
じゅんばんに とっていかなくては ならない。

❶ポイントを とる

あいてが、コートの なかに ボールを かえせなかったときや、あいてが サーブを しっぱいしたときに ポイントが はいる。

ポイント

テニスの ポイントは とくべつな よびかたと ルールで かぞえられる。

ポイント	ひょうじ	ポイントの よびかた
0	0	ラブ
1	15	フィフティーン
2	30	サーティー
3	40	フォーティー
4	G	ゲーム

❷ゲームを とる

さきに 4ポイントを とった せんしゅが 1ゲームを とる。

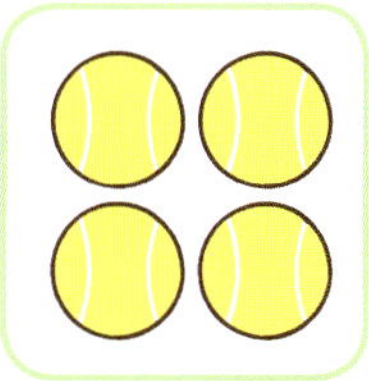

ゲーム

❸セットを とる

さきに 6ゲームを とった せんしゅが 1セットを とる。

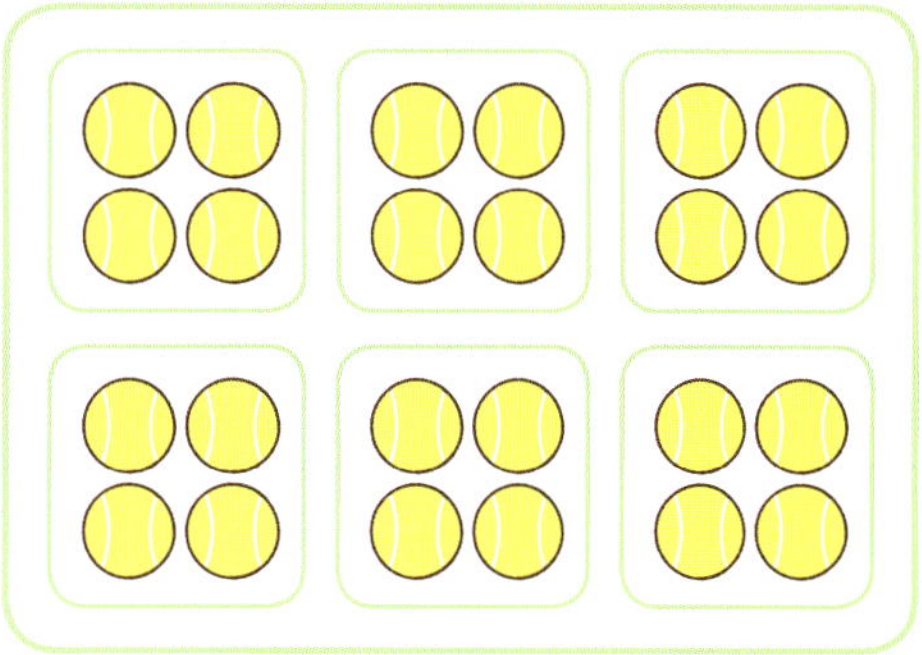

セット

❹かちまけが きまる

さきに 3セット（または 2セット）を とった せんしゅの かちと なる。

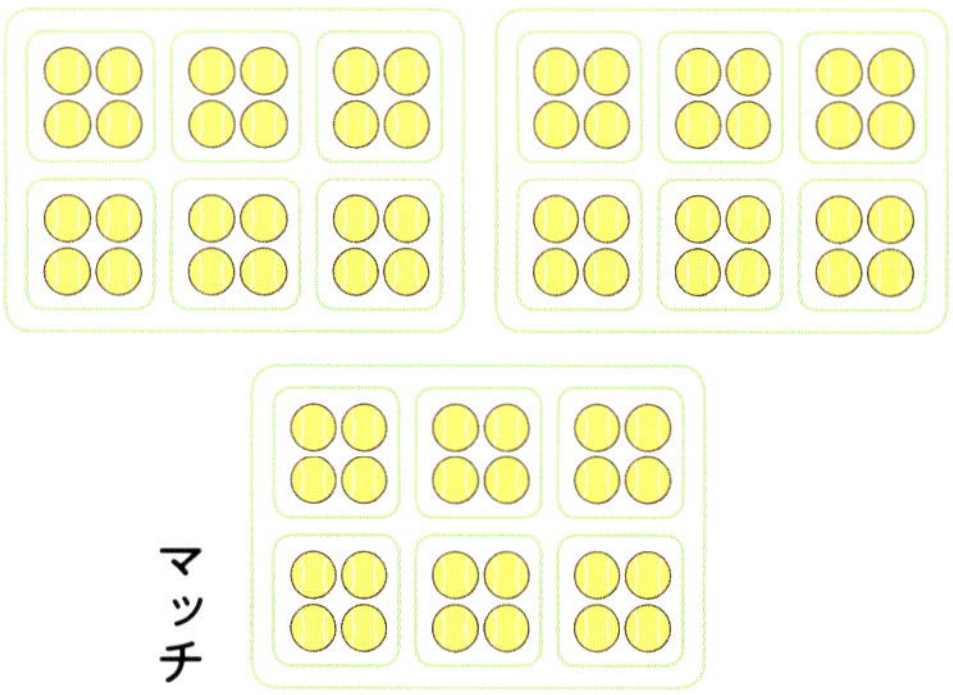

マッチ

さきに 3セットを とった せんしゅが かつ しあいを「5セットマッチ」といい、さきに 2セットを とった せんしゅが かつ しあいを「3セットマッチ」という。

おうちの かたへ

テニスのサーブは、センターマークの左右から交互に打ちます。サーブは、1回に2本まで打つことができ、1本目（ファーストサーブ）を失敗しても、2本目（セカンドサーブ）が打てます。2本目も失敗すると、相手のポイントになり、サーブを打つ位置をセンターマークの反対側に移動します。

テニスで相手に得点が入るのは、サーブを2本続けて失敗したときと、コートに入ってきたボールをワンバウンド、またはノーバウンドで、相手のコート内に打ち返せなかったときです。

テニス

テニスでは、コートに はいってきた
すべての ボールを ラケットで
うちかえします。

テニスの わざ

サーブ（サービス）

ボールを あいてコートへ うちこむ。
しあいを はじめるときや、
ポイントが はいった あとに
しあいを また はじめるときに おこなう。

ボールを うえに なげ、
くうちゅうで うつ。

ストローク

じぶんの コートに
とんできて はねかえった
ボールを うつ。

ボレー

とんできた
ボールが、
コートに
おちるまえに
うちかえす。

スマッシュ

ボールを あたまより
たかいところで ラケットに あて、
うえから したへ つよく うつ。

フォアハンド

ラケットを もっている
ての がわに きた ボールを
うつ うちかた。

バックハンド

ラケットを もっている
ての はんたいがわに
きた ボールを うつ
うちかた。

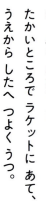

ソフトテニス

ゴムで できた、やわらかい ボールを つかう テニスで、にほんで うまれた スポーツです。ルールは テニスと ほとんど おなじです。

ソフトテニスの コート

しあいは、ダブルスで おこなうことが おおい。

かちまけの きめかた

さきに 4ポイントを とった せんしゅが ゲームを とる。ポイントは、0（ゼロ）、1（ワン）、2（ツー）、3（スリー）と かぞえる。しあいは、7ゲームマッチか 9ゲームマッチで おこなう。

ボール
かるくて やわらかく はずみにくい。
ラケット
テニスの ラケットより かるい。

くるまいすテニス

くるまいすを つかって おこなう テニスで、パラリンピックで おこなわれる きょうぎです。コートの おおきさや ルールは テニスと ほとんど おなじです。

どうぐ

くるまいすテニスようの くるまいすを つかう。

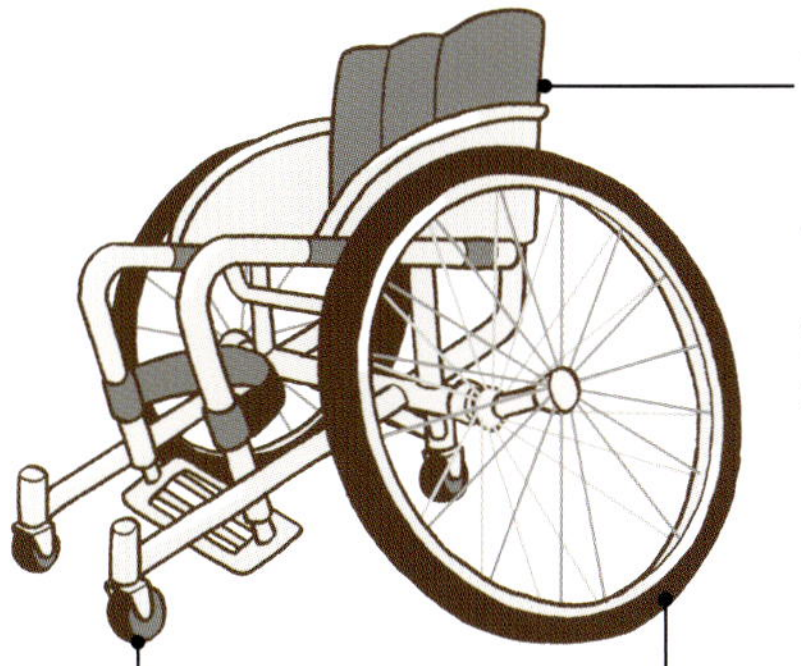

うでなどを うごかしやすい ひくい せもたれ。
すばやく うごける「ハ」のじがたの タイヤ。
ころぶのを ふせぐための しゃりん（キャスター）。

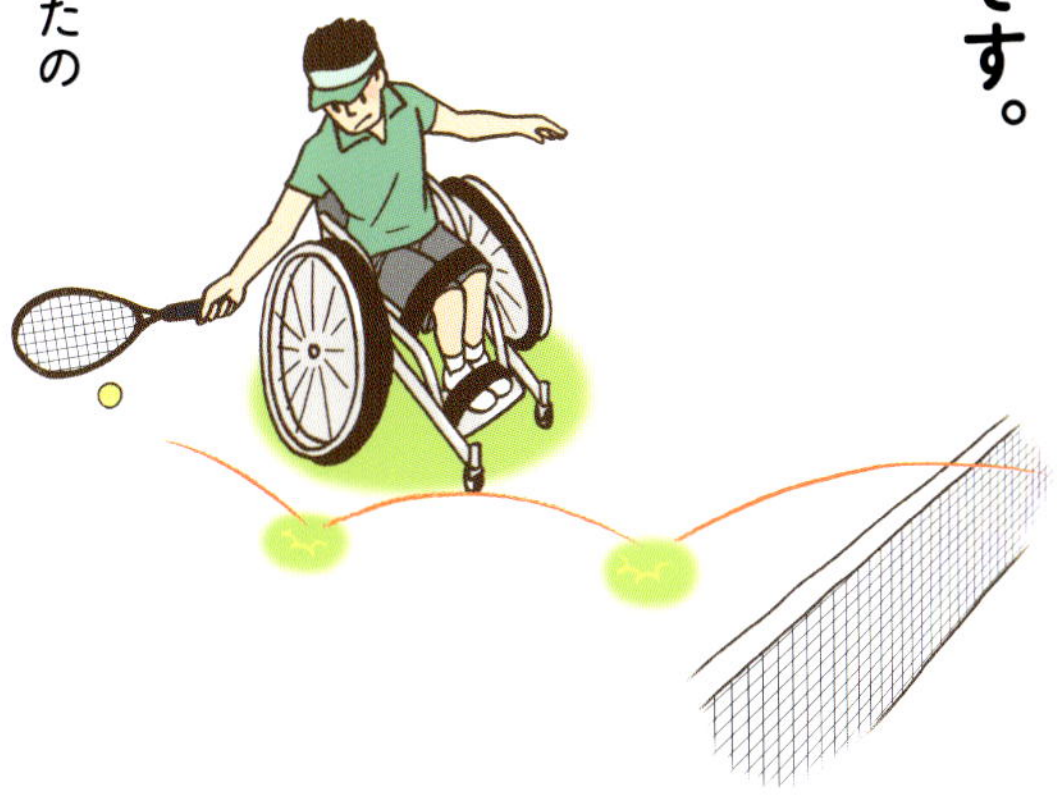

ボールを おって コートの なかを くるまいすで すばやく うごきまわり、ボールを うちかえす。

おうちの かたへ

明治時代、イギリスより入ってきたローンテニス（硬式庭球）から、日本独自のゴムボールを使った軟式庭球が生まれました。昭和30年代から、まず東アジアを中心に、その後世界各地への普及活動がおこなわれ、１９７５年には「第１回軟式庭球世界選手権大会」がハワイで開かれました。競技の国際化にともない「軟式庭球」の名前がソフトテニスと改称されました。

車いすテニスのルールはテニスとほぼ同じですが、２バウンドまでのボールを返球できるという独自のルールがあります。

たっきゅう

ふたり または ふたくみの せんしゅが、きで できた テーブルの りょうがわに たち、ネットを はさんで ラケットで ボールを うちあいます。

ラケットの もちかたと うちかた

シェイクハンド

あくしゅを するように もつ。ラケットの りょうがわの めんで うつ。

ペンホルダー

ペンを もつように もつ。ラケットの かたほうの めんだけで うつことが おおい。

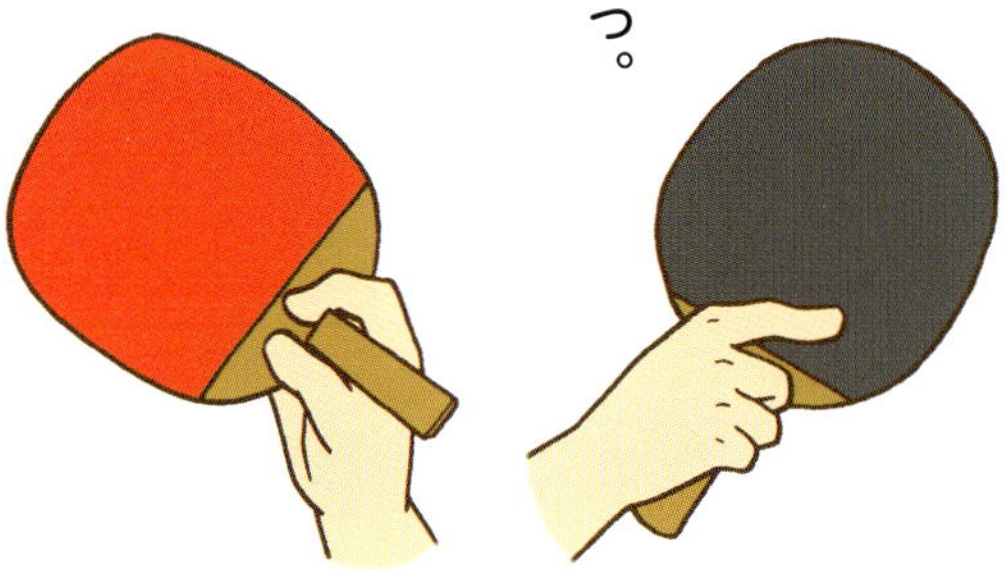

たっきゅうの どうぐ

ボール

とても かるくて ちいさい。ピンポンだまとも いう。

ラケット
ネット
サイドライン
センターライン
エンドライン

しあいの はじめかた

しあいは サーブ（サービス）で はじめる。
サーブは、じぶんの テーブルで ボールを 1かい はずませてから、あいてコートに むかって うつ。

かちまけの きめかた

サーブや、じぶんの テーブルに うたれた ボールを あいての テーブルに ただしく かえすことが できないと、あいてに てんが はいる。

さきに 11てんを とった せんしゅが ゲームを とる。

しあいは、7ゲームか 5ゲーム おこなわれ、さきに、4ゲーム または 3ゲーム とったほうが かちとなる。

あいてに てんが はいる しっぱい

あいてが うった ボールが 2かい はずむ まえに うちかえせなかったとき。

うちかえした ボールが ネットを こえる まえに、じぶんの テーブルに おちたとき。

たっきゅうの わざ

ボールの うちかたには いろいろな しゅるいが ある。

スマッシュ

たかく はずんだ ボールを あいての コートに たたきつけるように つよく うつ。

ドライブ

したから うえに ラケットを ふって ボールに かいてんを かける うちかた。

カット

うえから したに ラケットを ふって ボールに かいてんを かける うちかた。

ふたくみの せんしゅで たたかうとき

ふたり ひとくみで たたかう ダブルスでは、おなじ チームの せんしゅが、かならず 1きゅうずつ こうたいで ボールを うちます。

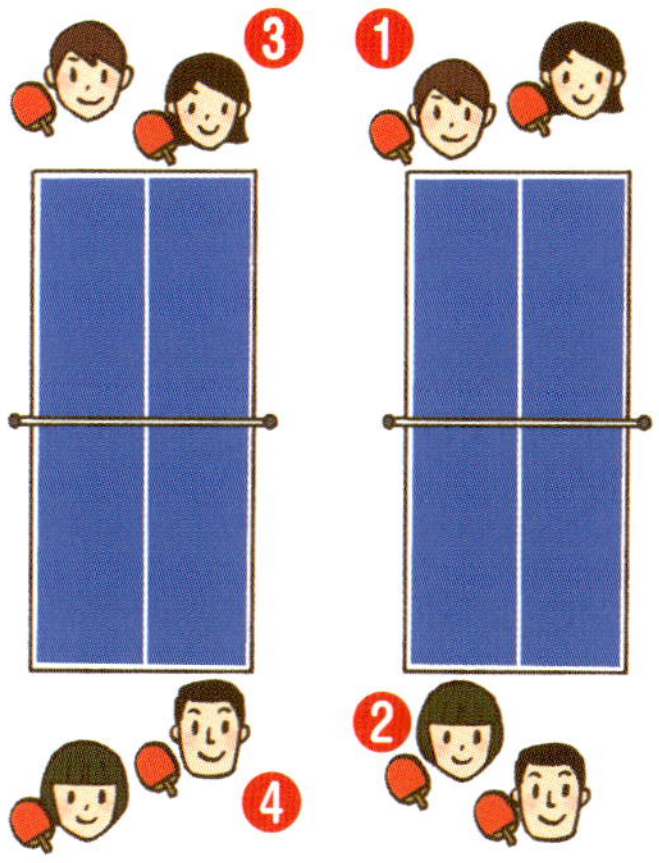

おうちの かたへ

卓球は回転のスポーツとも呼ばれるほど、ボールにかける回転が重要です。回転には大きく分けて、ドライブ（上回転）、カット（下回転）、横回転、ナックル（無回転）があります。さらに、横回転と上回転や下回転を組み合わせた、横上、横下などの回転も使われます。相手のボールの回転を見極め、それに合わせた打ち方をしなければ、ボールをうまく打ち返すことはできません。同じフォームのサーブで、横上、横下の回転のボールを出すなど、相手を混乱させる技もあります。

バドミントン

ふたり または ふたくみの せんしゅが ネットを はさんで、ラケットで シャトルを うちあいます。

サーブの うちかた

サーブの ときは、こしより ひくい ところで シャトルを うつ。

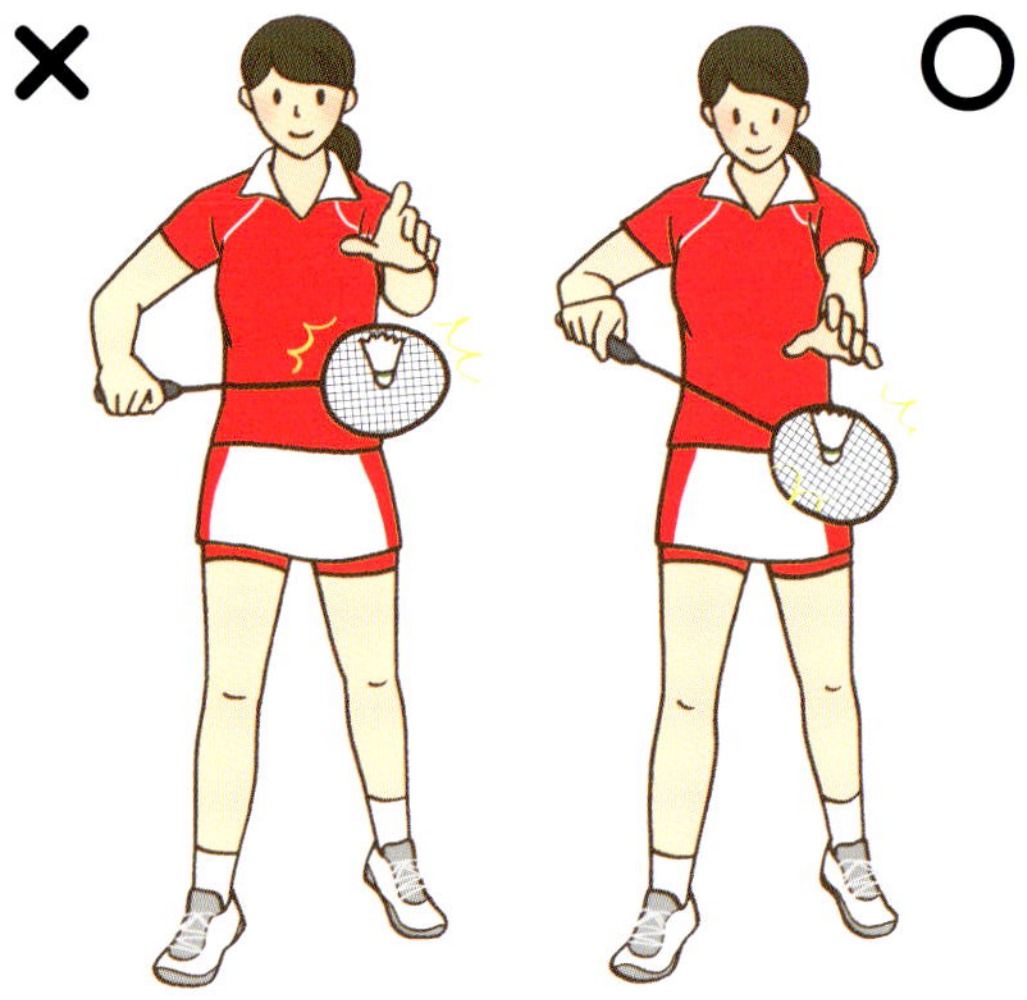

○
×

バドミントンの コート

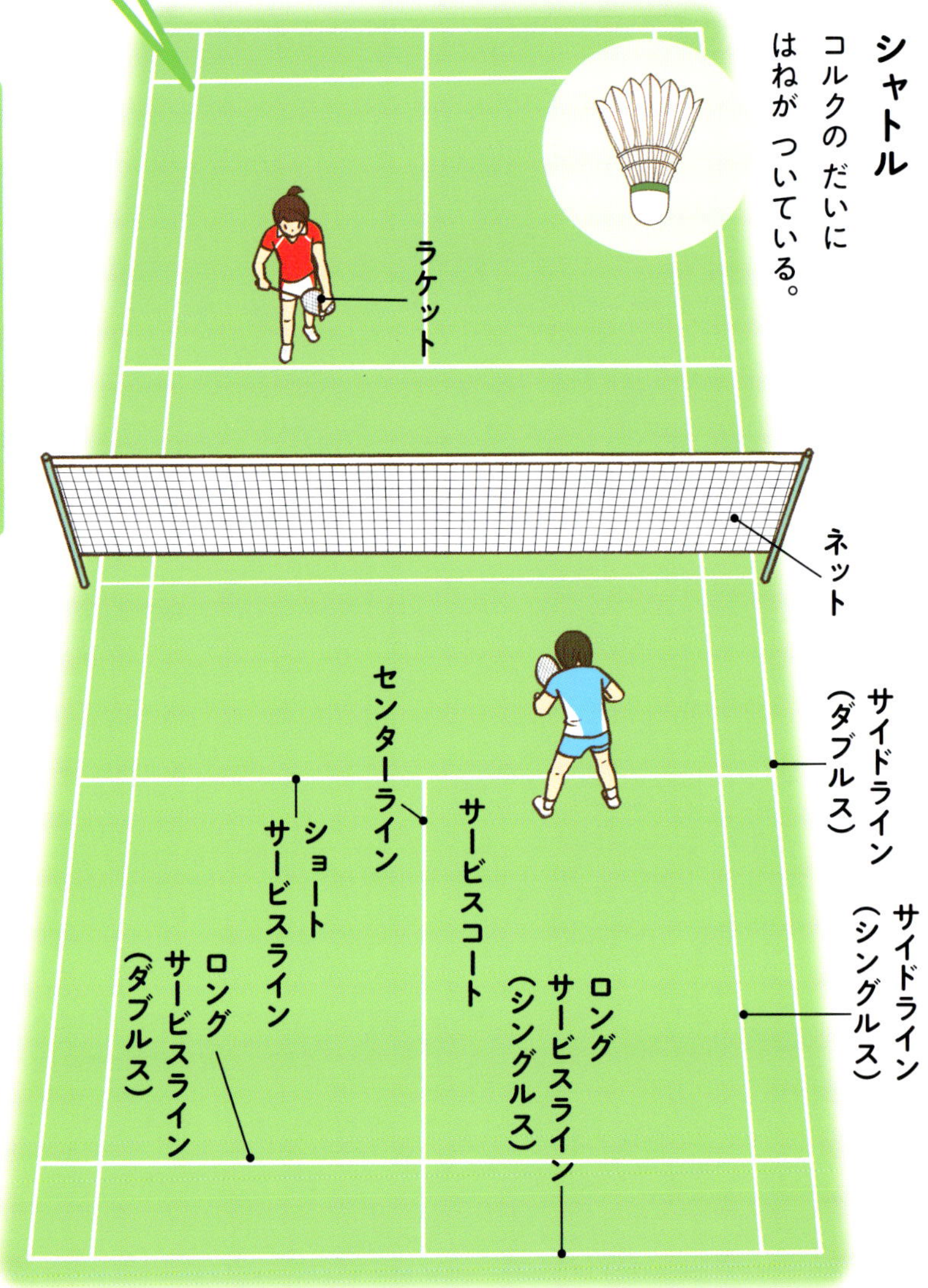

シャトル
コルクの だいに はねが ついている。
ラケット
ネット
サイドライン（ダブルス）
サイドライン（シングルス）
センターライン
サービスコート
ショート サービスライン
ロング サービスライン（シングルス）
ロング サービスライン（ダブルス）

しあいの はじめかた

しあいは サーブ（サービス）で はじめます。みぎがわの サービスコートから あいての コートの ななめむかいの サービスコートに シャトルを うちます。

かちまけの きめかた

サーブや じぶんの コートに うたれた シャトルを、ゆかに おちる まえに あいてコートに かえすことが できないと、あいてに てんが はいる。さきに 21てん とった せんしゅが ゲームを とる。しあいは 3ゲーム おこなわれ、さきに 2ゲームを とった せんしゅの かちと なる。

あいてに てんが はいる しっぱい

うちかえした シャトルが、コートの そとに おちる。

ネットより あいてがわに ある シャトルを ネットを こえて うつ。

バドミントンの わざ

さまざまな わざを くみあわせて うちあいを つづける。

ストローク

シャトルを うつことを「ストローク」という。いろいろな しゅるいが ある。

あたまより うえで うつ。

スマッシュ

あたまより たかいところから おもいきり つよく シャトルを うつ。

レシーブ

あいての サーブや スマッシュを あいてコートに うちかえす。

シャトルを ひろいあげるように したから うつ。

おうちの かたへ

バドミントンの世界トップクラスの選手の打つスマッシュの初速は時速４００ｋｍをこえますが、相手選手のところに届くときには時速１００ｋｍ以下になっています。選手はこのシャトルのスピードの変化も計算して、試合の作戦を立てます。

バドミントンでは、サーブをした選手が得点した場合、そのままサーブを続けます。得点が0か偶数なら右側のサービスコート、奇数なら左側のサービスコートから打ちます。レシーブ側が得点した場合、サーブは、得点した選手に移動します。

ハンドボール

2つの チームが あいてチームの ゴールに てで ボールを なげいれ、てんすうを きそいます。1チームは 7にんで、そのうち ひとりは、ゴールを まもる ゴールキーパーです。ボールを もったまま 4ほ いじょう あるいては いけない きまりが あります。

ハンドボールの コート

ゴールエリアラインの うちがわには ゴールキーパーしか はいれない。

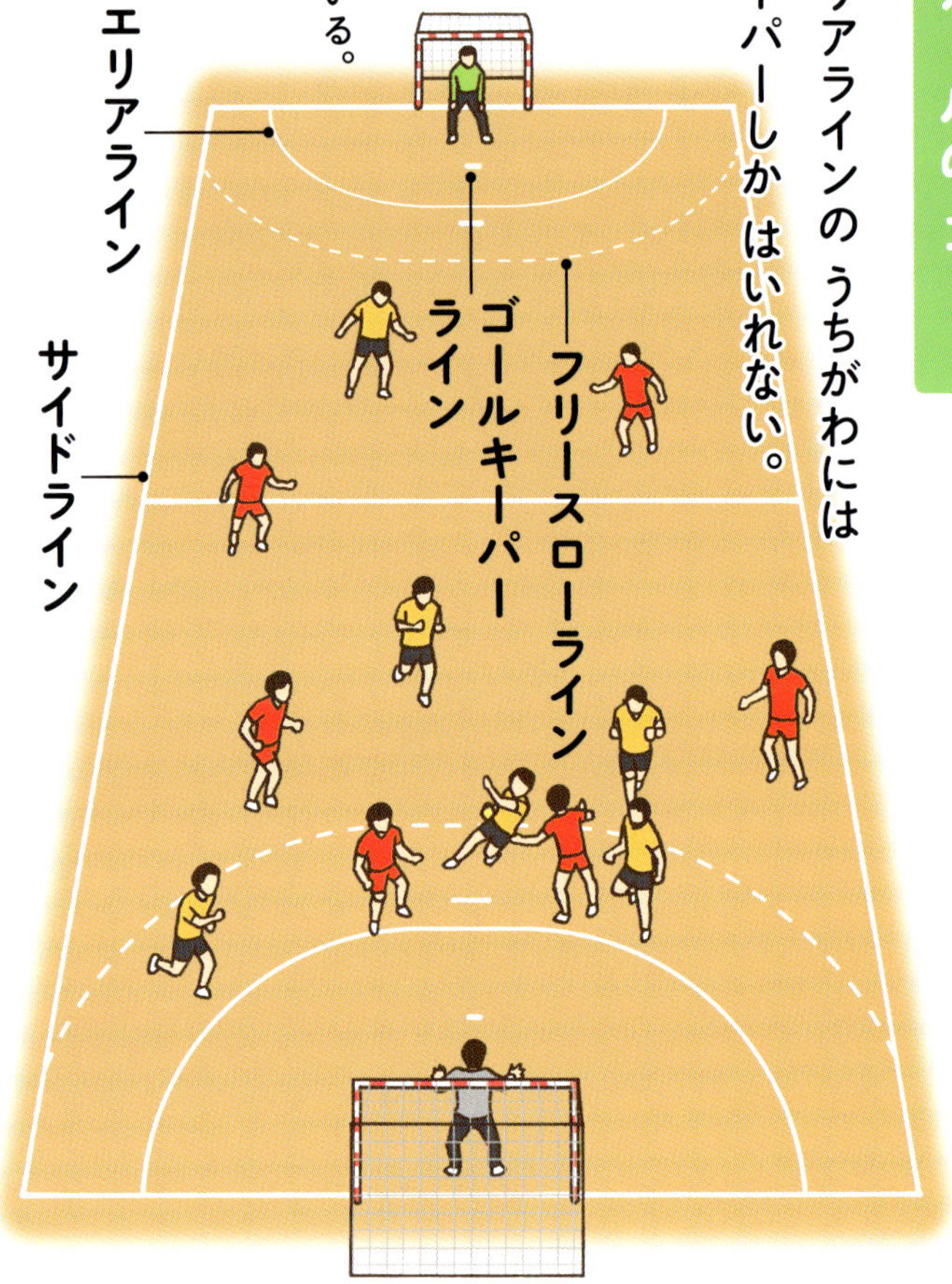
ゴール
ゴールが きまると 1てん はいる。
ゴールエリアライン
サイドライン
フリースローライン
ゴールキーパーライン

ハンドボールの わざ

ドリブル

ボールを ゆかに はずませながら すすむ。ボールを もったままで、3ぽまでは あるくことが できる。1ど ドリブルを すると、また、3ぽまで あるくことが できる。

パス

ボールを なげて みかたに わたす。ボールを もったら、3びょうの あいだに てから はなさなければ いけない。

シュート

ボールを ゴールに むかって なげいれる。ゴールエリアラインの そとがわから なげなくては いけない。

ゴールボール

パラリンピックで めに しょうがいの ある せんしゅが おこなう きょうぎです。1チームは 3にんで、2つの チームが あいてチームの ゴールに てで ボールを なげて てんすうを きそいます。せんしゅは みんな「アイシェード」という めかくしを つけ、おとだけを たよりに あいての ゴールを ふせぎます。

ゴールボールの どうぐ

アイシェード
ボール
バスケットボールの ボールと おなじ おおきさで、おもさは 2ばい。なかに すずが はいっていて ころがすと おとが でる。

ゴールボールの コート

バレーボールの コートと おなじ ひろさ。

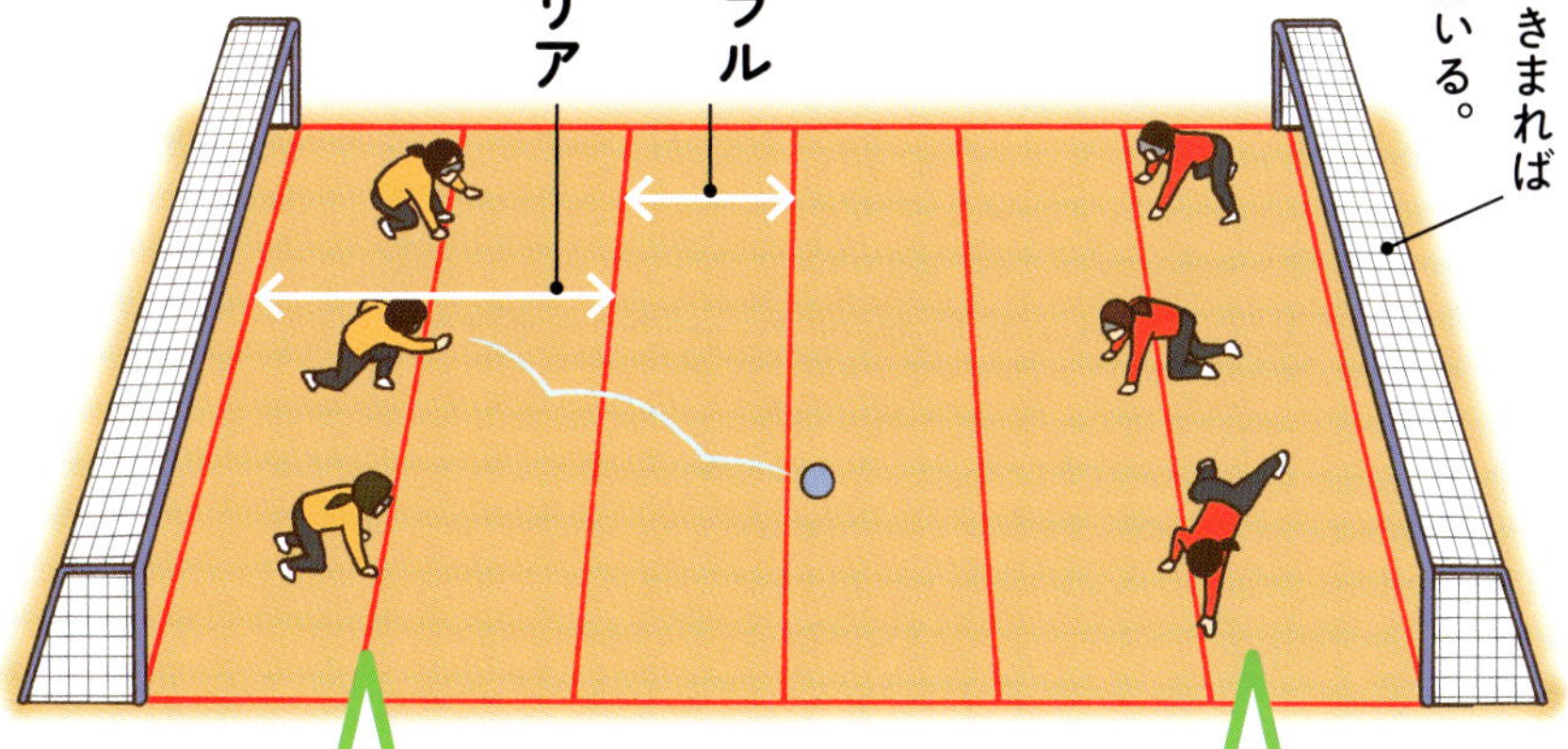

ゴール
ゴールが きまれば 1てん はいる。
ニュートラルエリア
チームエリア

しゅび
ボールが ゴールに はいらないよう からだ ぜんたいを つかって まもる。

こうげき
あいてチームの ゴールに むかって ボールを なげる。ボールは、こうげきがわの チームエリアと ニュートラルエリアの りょうほうで、ゆかに ふれなくては ならない。

おうちの かたへ

ハンドボールは、投げるボールの速さが特徴です。男子のトップ選手のシュートは時速100ｋｍにもなります。守備の選手は、正面からであれば攻撃の選手を体で止めようとすることができますが、押す、突き飛ばすなどの行為は反則です。

反則や危険な行為がくり返されると、2分間の退場になります。ゴールボールでは、アイシェードをしていてもエリアの範囲がわかるように、ラインのテープの下に糸をはっています。糸で凹凸をつけているので、手や足でさわって確認できます。

ゴルフ

「クラブ」という ぼうで ボールを うち、
「カップ」という あなに いれます。
カップは「ホール」と よばれる
18の くぎられた ばしょに、1つずつ あります。
ホールを じゅんばんに まわって、
すべての カップに ボールを いれおわったとき、
ボールを うった かいすうが
いちばん すくない ひとの かちです。

ゴルフの どうぐ

いろいろな クラブを
つかいわけて
カップに ボールを
いれる。

クラブのしゅるい

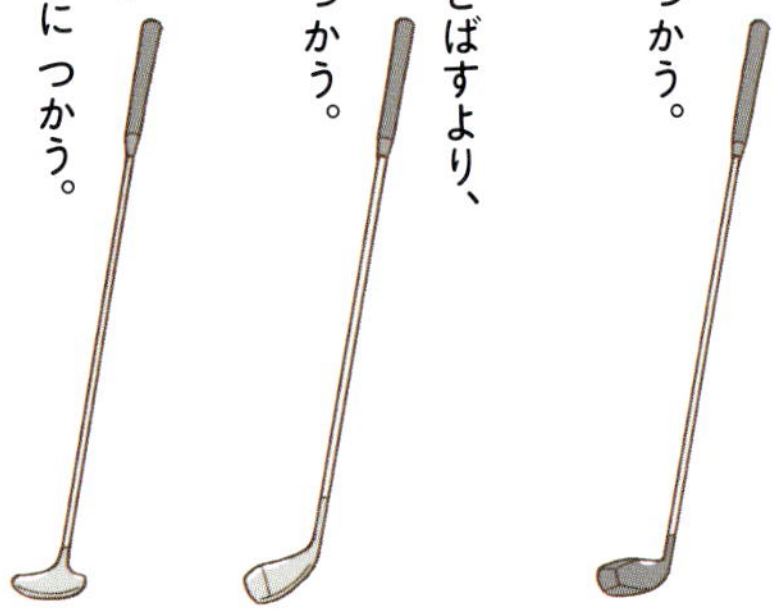

ウッド
ボールを とおくに
とばしたいときに つかう。

アイアン
ボールを とおくに とばすより、
ねらった ところに
おとしたいときに つかう。

パター
ボールを ころがして
カップに いれるときに つかう。

ゴルフの ホール

ボールを うちやすい ばしょや
うちにくい ばしょが まざっている。

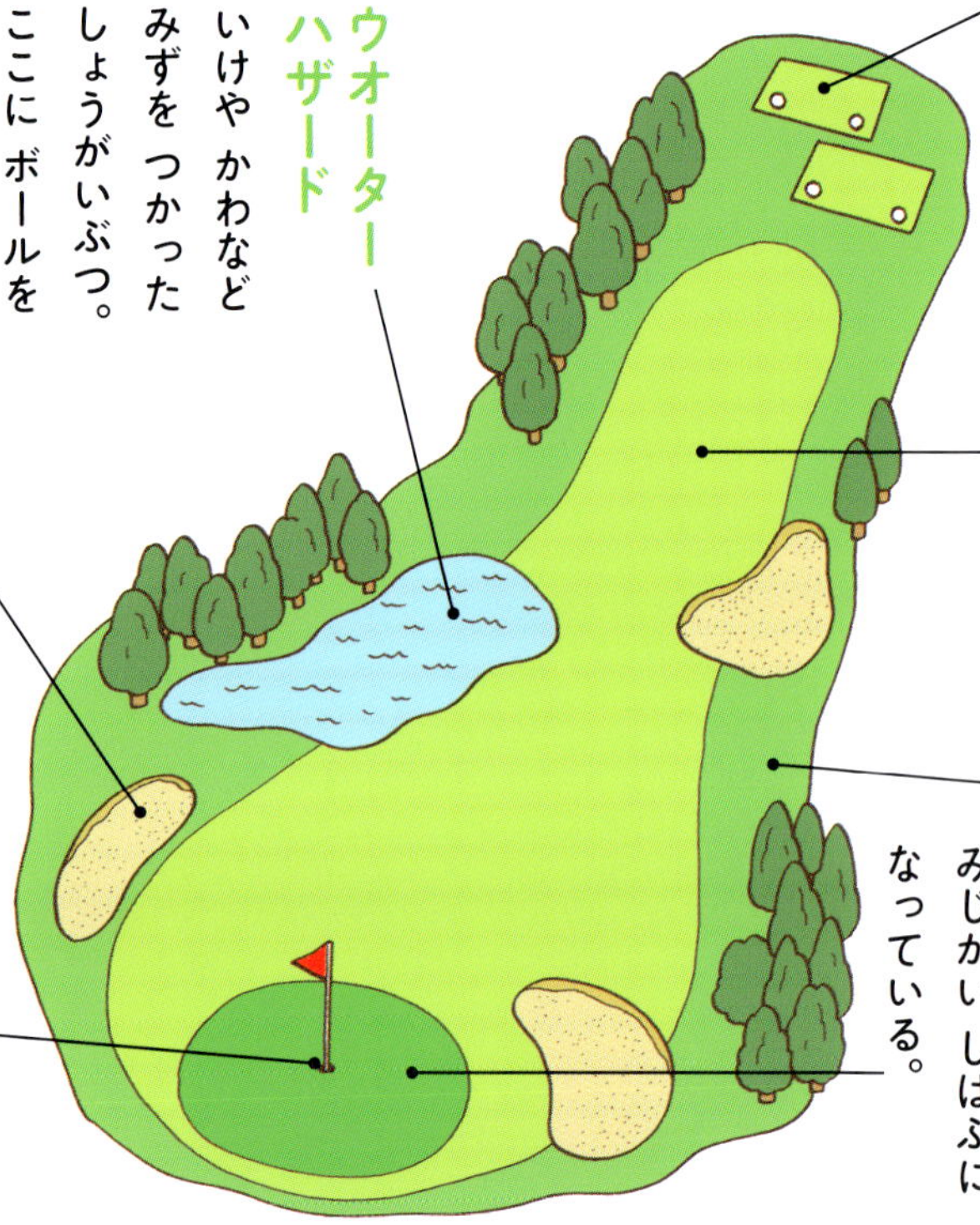

ティーグラウンド
そのホールで
さいしょに ボールを
うつ ばしょ。

フェアウエー
ティーグラウンドから
カップへ むかう みち。
ボールが
うちやすいように
しばふに なっている。

ラフ
フェアウエーや
グリーンの そとがわ。
くさが のびていて
ボールを うちにくい。

グリーン
カップが ある
ところ。ボールが
ころがりやすいよう
フェアウエーより
みじかい しばふに
なっている。

ウオーターハザード
いけや かわなど
みずを つかった
しょうがいぶつ。
ここに ボールを
おとすと ばつとして
うった かいすうを
ふやされる。

バンカー
くぼんだ ばしょに
すなが しかれている。
ここに ボールを
おとすと
とても うちにくい。

カップ
ボールを
いれる あな。

ボッチャ

ふたり または 2つのチームが、あか、あおの ボールを なげて、しろの ボールに、どれだけ ちかづけられたかを きそう、パラリンピックの きょうぎです。

てんすうの かぞえかた

ジャックボールに いちばん ちかい ボールを なげた せんしゅ、または チームに てんが はいる。あいてよりも ジャックボールに ちかい ボールが なんこ あるかで てんが きまる。

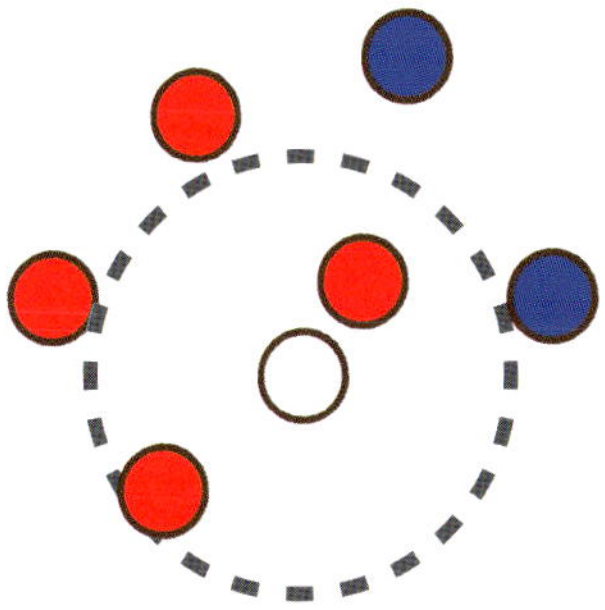

あかが 2てん

あおより ジャックボールに ちかい ボールが 2こ あるので あかに 2てんが はいる。

ボッチャの コートと しあいの ながれ

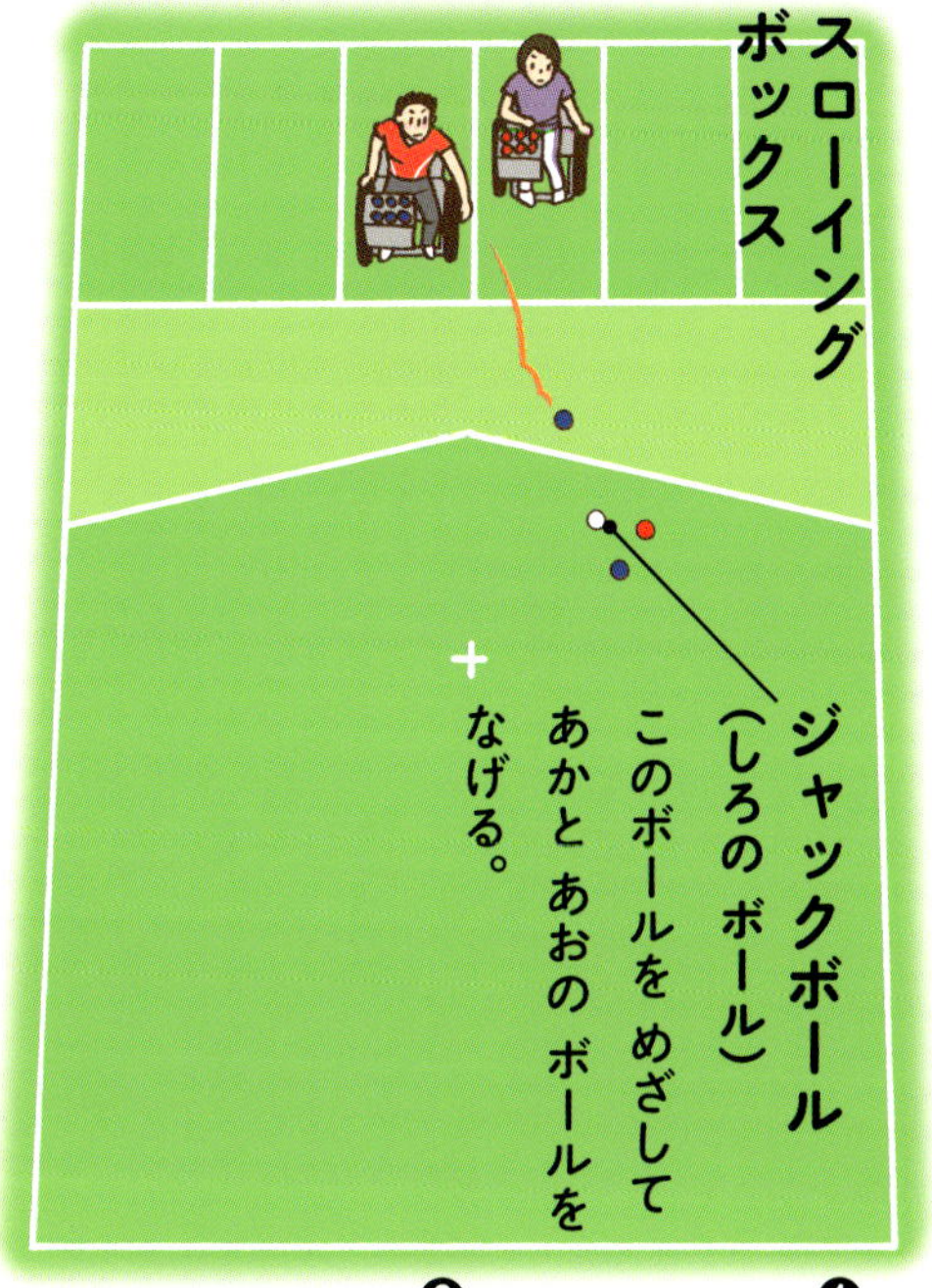
スローイング ボックス
ジャックボール
(しろの ボール)
このボールを めざして あかと あおの ボールを なげる。

❶ まず、コートに むかって ジャックボールを なげる。

❷ つぎに、それぞれの せんしゅ または チームが かわりばんこに あかと あおの ボールを なげる。

せんしゅを てだすけする どうぐと ひと

ランプ

ボールを なげたり、けったり することが できない せんしゅが つかう どうぐ。さかの うえに ボールを おいて、ころがす。

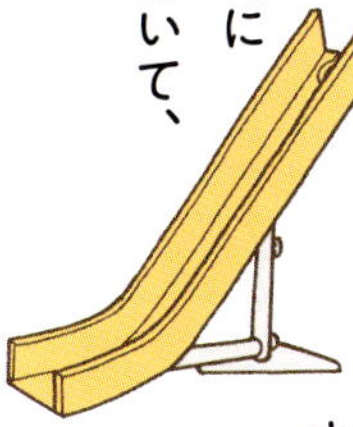

アシスタント

ボールを あしで ける せんしゅや、ランプを つかう せんしゅの てだすけを する ひと。

おうちの かたへ

ゴルフでは1ホールごとに、何打でカップに入れるかの規定打数が設定されます。これをパーといい、パー4なら4打でカップに入れるのが基準です。パーより1打少なくカップに入れればバーディー、パーで入らず1打多い場合はボギーとなります。

ボッチャには、個人戦、ペア戦、3対3の団体戦があります。スローイングボックスには1～6の番号がふられ、個人戦なら選手は中央の3と4に入ります。3に入った選手が先攻で赤のボール、4に入った選手が後攻で青のボールを使います。

ラクロス

2つの チームが「スティック」という どうぐを つかって、ボールを とりあいながら はこび、あいてチームの ゴールに なげいれて てんすうを きそいます。

スティック
ぼうの さきに あみが ついている。
ゴール
パスされた ボールは スティックで うけとる。

クリケット

やきゅう（↓70ページ）のように、こうげきと しゅびを こうたいしながら てんすうを きそいます。

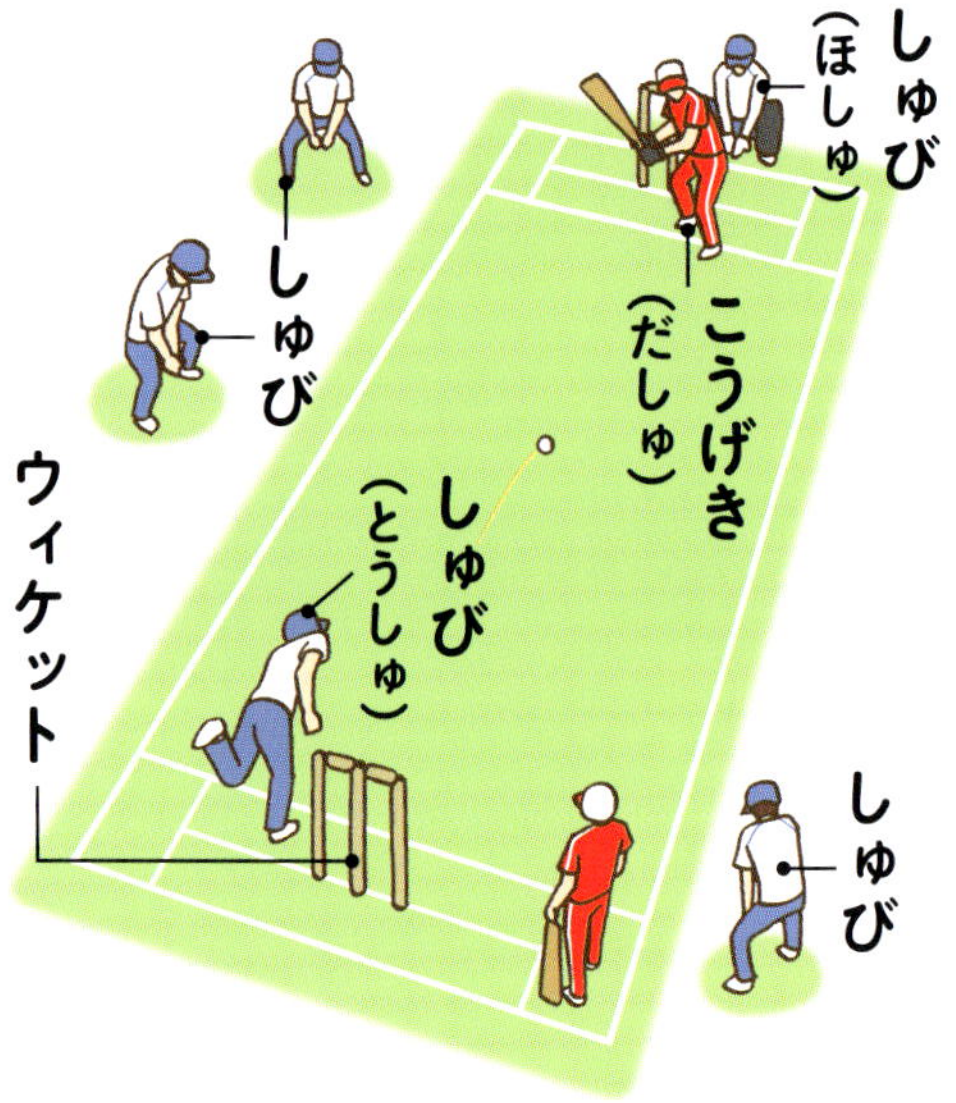

しゅび（ほしゅ）
しゅび
こうげき（だしゅ）
しゅび（とうしゅ）
ウィケット
じめんに 3ぼんの はしらを たてて、そのうえに 2ほんの きの いたを おいたもの。
しゅび

しあいの ながれ

❶ とうしゅが なげた ボールを だしゃが うつ。

❷ だしゃが うった ボールを しゅびが とる。

❸ しゅびは ウィケットを たおすために、とった ボールを ウィケットを めがけて なげる。ウィケットが たおれる まえに こうげきの ふたりが はんたいがわまで たどりつくと 1てんが はいる。

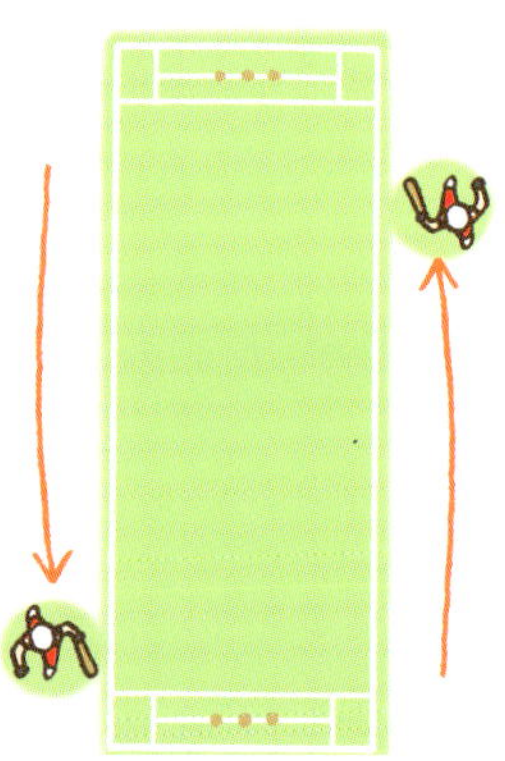

おうちの かたへ

ラクロスの特徴は男子と女子でルールがちがうことです。男子は体と体をぶつけ合う激しい競技で、全員がヘルメットやショルダーパッドなどの防具をつけます。女子は、相手にぶつかったり、スティックで相手の前進を妨げると反則になります。

クリケットでは、投手は、打者の後ろにあるウィケットを倒すためにボールを投げます。打者がボールを打ち返さず、ウィケットが倒れれば、その打者はアウトになります。打者がバットでウィケットを倒してしまった場合もアウトです。

5 ぶじゅつ・かくとうぎ・まとあて

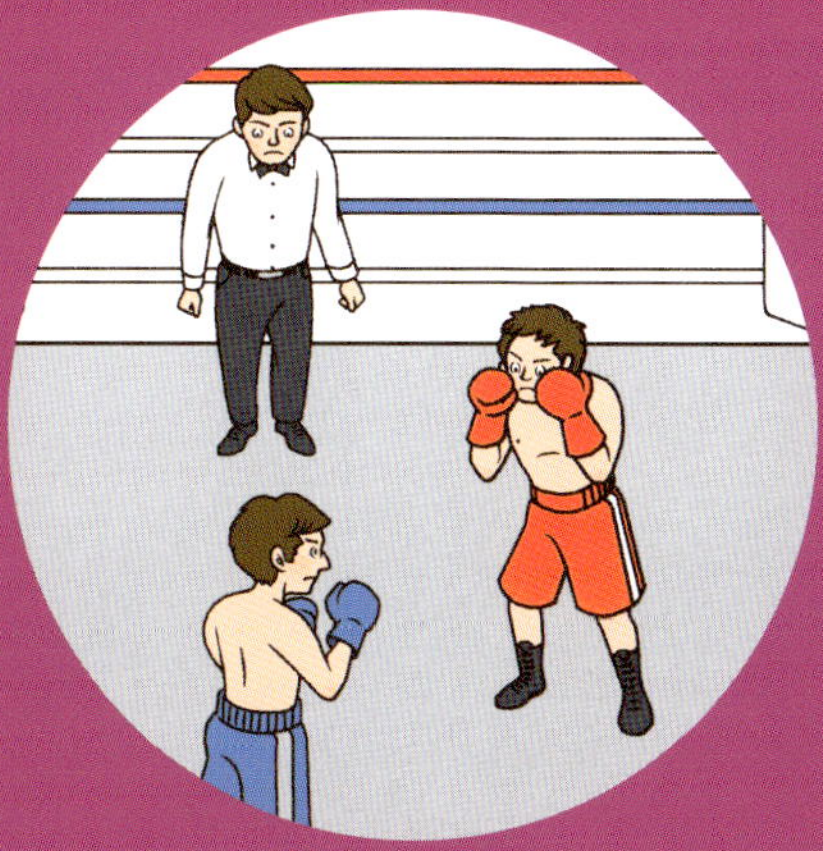

じゅうどう

ふたりの せんしゅが くみあって、あいてを なげたり、たおしたり、かためて うごけなくしたりする わざを かけあい、かちまけを きめます。

ふくそう

じゅうどうぎの うえから、おびを しめる。

じゅうどうぎ
はげしく うごいても やぶれないように ぶあつい ぬので できている。

おび
つよさに よって おびの いろが かわり、くろおびは つよいことを あらわす。

じゅうどうの しあいじょう

しあいじょうの ゆかには、じゅうどうようの とくべつな たたみが しかれている。

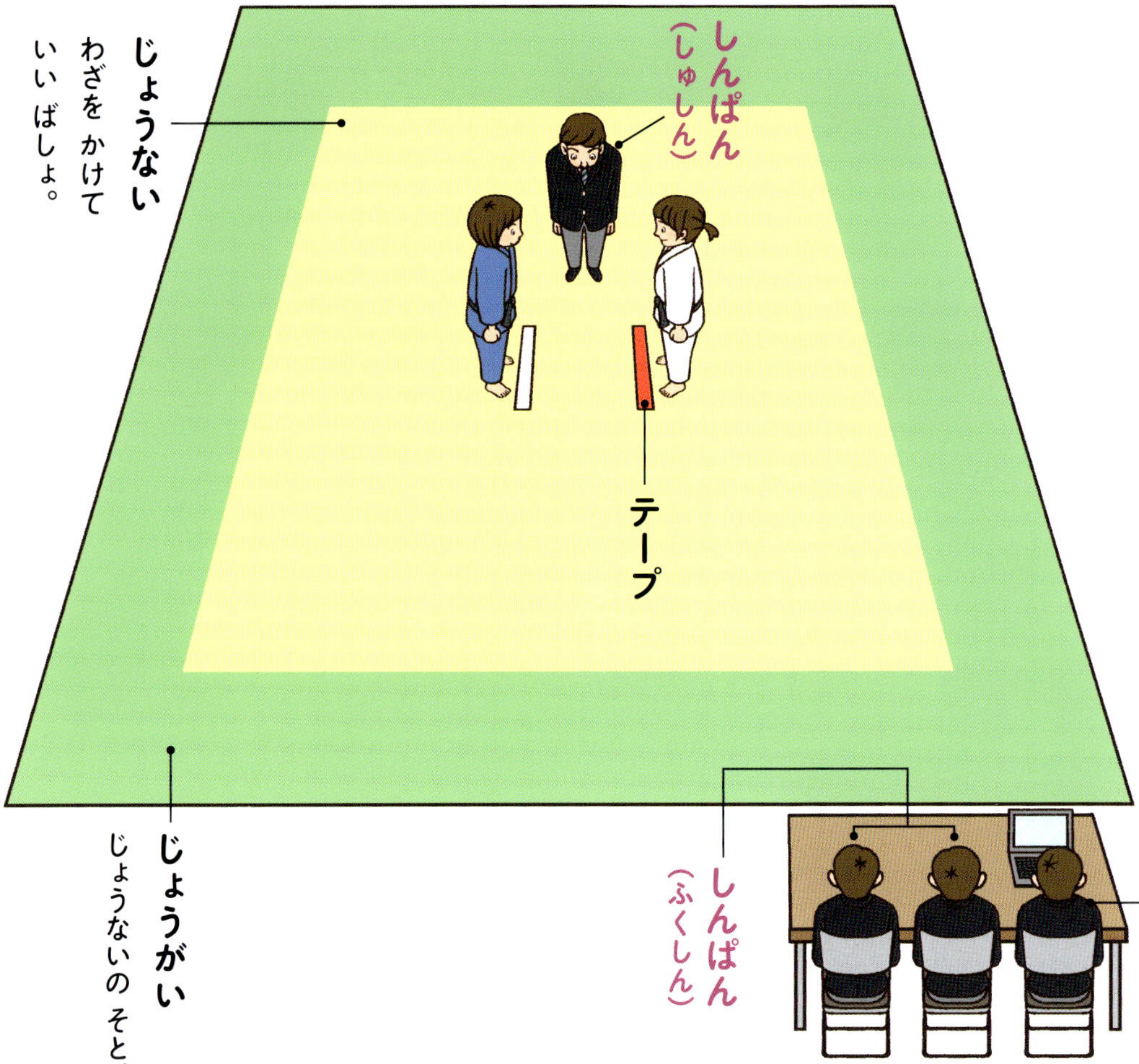
しんぱん（しゅしん）
テープ
じょうない
わざを かけて いい ばしょ。
じょうがい
じょうないの そと。
しんぱん（ふくしん）
ジュリー
しんぱんの はんていが ただしいか どうかを たしかめる ひと。

しあいの はじめかた

テープの まえに たって、おじきを する。
つぎに ひだりあしから いっぽ まえに すすみ、
しんぱんの「はじめ」の あいずで スタートする。

❶ おじぎを する。

❷ いっぽ まえに でる。

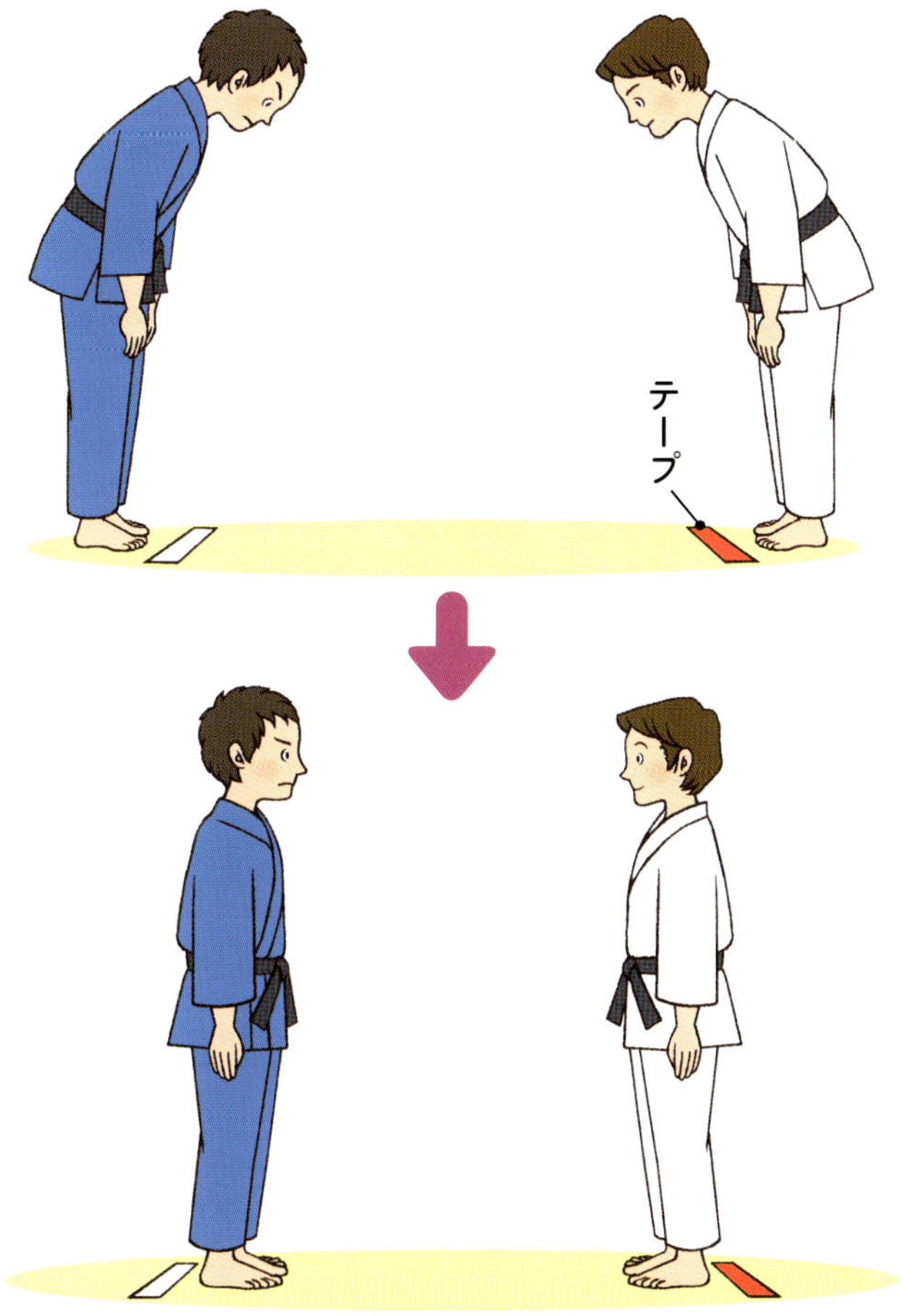

ぶどうの れいほう

じゅうどうなどの にほんの でんとうてきな
スポーツを「ぶどう」と いいます。
ぶどうには「れいに はじまり れいに おわる」
という ことばが あります。
れいは おじぎを することです。
しあいや れんしゅうを はじめる まえと、
おわった あとなどに、こころを こめて
おじぎを します。

りつれい

せすじを のばして たち、
おじぎを する。

ざれい

せいざの しせいで せすじを
のばし、おじぎを する。

おうちの かたへ

柔道など一部の武道では、上達レベルによる段級位制度があります。柔道では級位や段位によって帯の色が決まっており、はじめは白帯、級位が上がると色が変わり、初段になると黒帯になります。黒帯より上の段位の色帯もあります。

国際大会の審判は、試合をする選手と違う国籍の3人と決められており、1人が主審として試合場に立ち、2人の副審はケアシステム（ビデオ）を設置した机にジュリーと並んで座ります。ジュリーは、判定について助言や意見を述べます。

じゅうどう

じゅうどうでは、わざを かけあって かちまけを きめます。わざには いろいろな しゅるいが あります。

じゅうどうの わざ

きほんの くみかた

あいての えりや そでを つかんで わざを かけられるように くむ。

なげわざ

あいての せなかが たたみに つくように なげる。

せおいなげ

あいてを かたから せおって なげる。

ともえなげ

あいての したに もぐりこみ あしで なげる。

かためわざ(ねわざ)

あいてを おさえこんで うごけないように する。「おさえこみわざ」と「しめわざ」と「かんせつわざ」が ある。

おさえこみわざ

あいてを あおむけに おさえつけて うごけないように する。

しめわざ

じゅうどうぎを ひっぱるなど して、あいての くびの あたりを しめる。

かんせつわざ

あいての ひじの かんせつを のばしたり ひねったりする。

おさえこみわざの ひとつである「けさがため」では、あいての くびや うでを うごけないように おさえこむ。

うけみ

なげられて たおれるときに、けがを しないように からだを まもる たおれかたを「うけみ」と いいます。

うしろうけみ

うしろに たおれる ときは、たおれながら りょうてで たたみを たたく。

まえうけみ

まえに たおれるときは、うでを「八」のじに して、たたみを たたく。

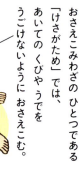

かちまけの きめかた

わざの きまりかたに よって、しんぱんが 「いっぽん」 または 「わざあり」 といい、かちまけが きまる。また、やっては いけないことを したときには 「はんそくまけ」 と なる。

いっぽん

わざを かけた せんしゅの かち。つぎのようなときに 「いっぽん」 と なる。

なげわざが きまったとき。

おさえこみわざを かけて 20びょうが すぎたときや、かためわざを かけられた あいてが 「まいった」 と いうか、たたみを 2かい たたいたとき。

わざあり

「わざあり」 を ふたつ とると 「いっぽん」 に なる。

なげわざを かけて あとすこしで 「いっぽん」 と なるところ だったとき。

おさえこみわざを かけて 10びょうが すぎたとき。

はんそくまけ

あいてに あぶない わざを かけたり、ルールを まもらずに たたかったりするなど、やっては いけないと きめられていることを したとき。

やるきの ない うごきかたを したときなどは、しんぱんが 「しどう」 と いって、ちゅういする。しあいちゅうに 「しどう」 が 3かいに なると はんそくまけ。

おうちのかたへ

試合の勝敗は、男女ともに規定の試合時間（4分）の中で、「一本」や「合わせ技一本（技ありを2つとって一本になること）」が決まったとき、または「反則負け」により決着します。試合時間が終了しても決着がつかない場合は、ゴールデンスコア方式による延長戦がおこなわれます。ゴールデンスコア方式では、時間制限を設けず、「一本」や「技あり」が決まった時点か、「指導（技をくり出さない消極的な態度に対する罰則など）」を3回受けた時点（反則負け）で試合を終了します。

からて

てや あしを つかって あいてを ついたり、けったりして かちまけを きそいます。

からての きょうぎじょう

きょうぎじょうの ゆかには マットが しいてある。

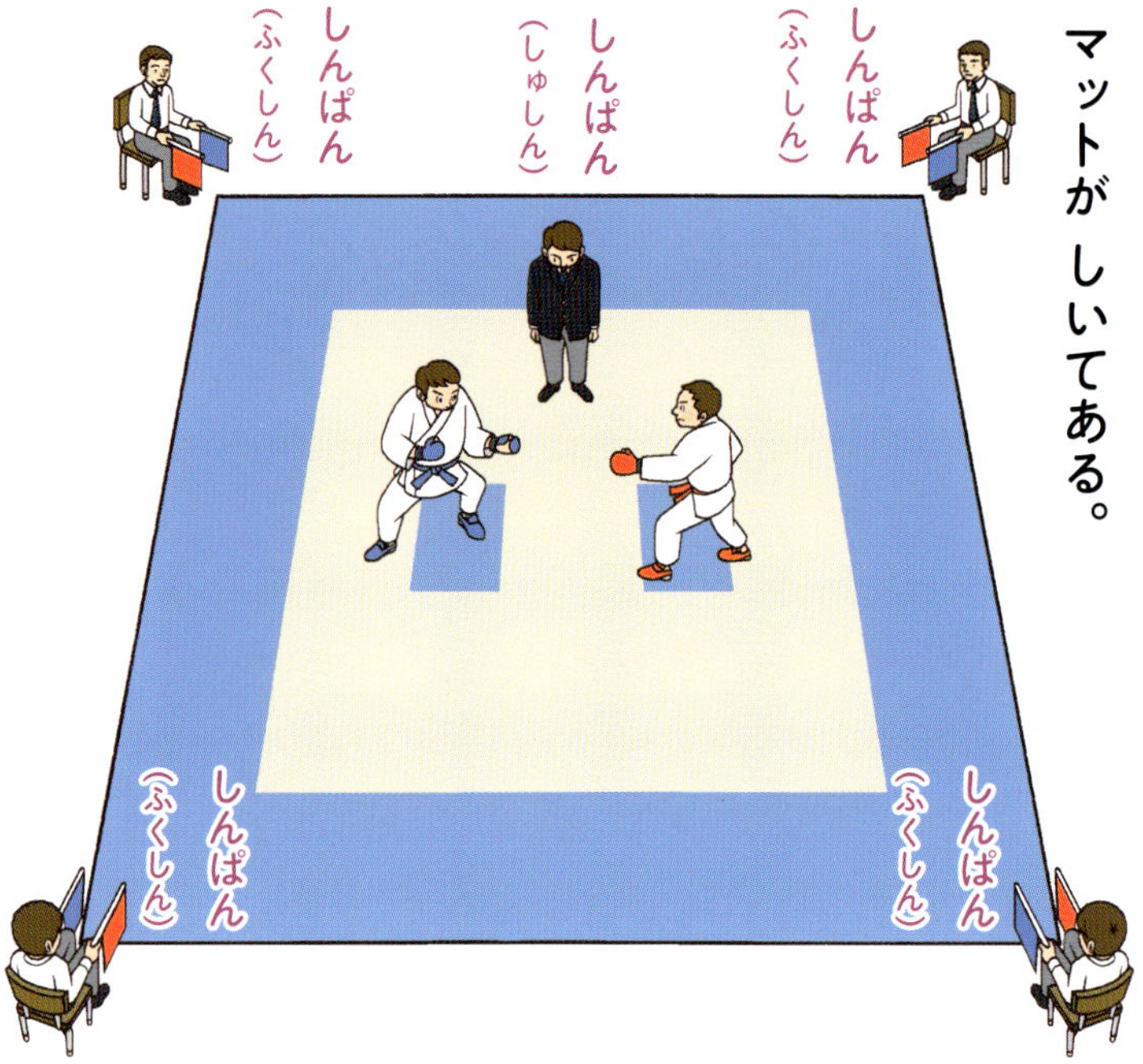

しんぱん
（ふくしん）
しんぱん
（しゅしん）
しんぱん
（ふくしん）
しんぱん
（ふくしん）
しんぱん
（ふくしん）

きょうぎの しゅるい

きょうぎには、「かた」と「くみて」の 2しゅるいが ある。

かた

ひとりずつ おこない、いろいろな わざを きまった じゅんばんに みせる。

くみて

ふたりで おこない、おたがいに わざを かけあう。

からての りゅうは

からてには たくさんの りゅうは（それぞれの ひとの やりかたや かんがえかた）が あり、りゅうはによって ルールが ちがいます。

わざを あいてに あてては いけない ルール

わざを あいてに あてて よい ルール。

わざを あてても よく、ぼうぐを つける ルール。

きほんの たちかた

たちかたも いろいろな しゅるいが ある。

へいこうだち

りょうあしを ひらいて まっすぐ まえを むいて たつ。

ぜんくつだち

へいこうだちから かたあしを まえに ふみだして たつ。

こうくつだち

うしろあしに たいじゅうを かけて たつ。

さぎあしだち

かたあしを あげて いっぽんあしで たつ。

からての わざ

「つき」と「けり」、わざを うける「うけ」が あります。

つき

てを つかって こうげきする。

うけ

あいての こうげきから じぶんを まもる。

けり

あしを つかって こうげきする。

おうちの かたへ

空手には、演武を披露し、正確さや力強さ、美しさを審査する「形競技」と、相手に対して蹴りや突きをくり出し、獲得ポイントを競う「組手競技」があります。形競技はひとりもしくは団体でおこない、組手競技は1対1でおこないます。

また、空手のルールは流派によって異なります。大きく分けて、蹴りや突きなどの技を相手に当てずに直前で止める流派、蹴りや突きなどの技を直接相手に当てる流派、防具をつけて直接技や打撃を与える流派の3つがあります。

けんどう

「ぼうぐ」という からだを まもる どうぐを みに つけた ふたりの せんしゅが、「しない」という たけで つくられた かたなで うちあって、かちまけを きそいます。

けんどうの しあいじょう

しあいじょうの ゆかには いたが はってある。

ふくそうと ぼうぐ（けんどうぐ）

けんどうぎ、はかまの うえから ぼうぐ（めん・どう・たれ・こて）を みに つける。

てぬぐいを あたまに まいてから めんを かぶる。

はかま：けんどうぎの うえから こしに まいて きる ふく。

しあいの はじめかた

❶ かいしせんの うしろに たって れいを する。

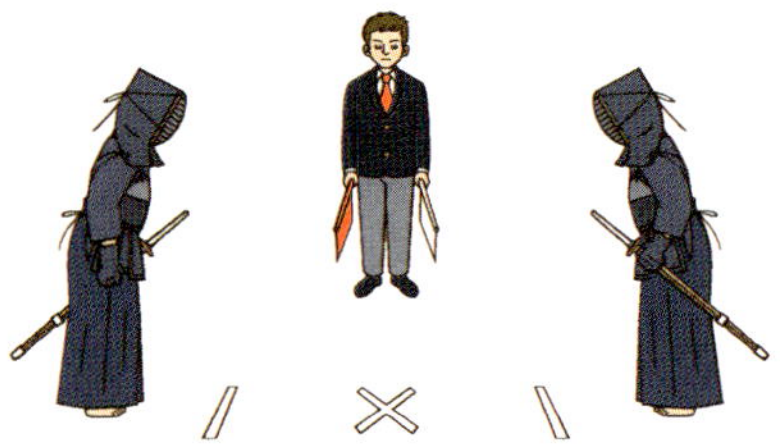

❷ 3ぽ まえに でて、しせいよく こしを おろす。

❸ たちあがり しんぱんの 「はじめ」の あいずで しあいを はじめる。

けんどうでは きめられた ばしょを しないで うったり ついたりして わざを きめます。

うつところ・つくところ

しないで うったり ついたりして よい ばしょは、つぎの 8かしょです。

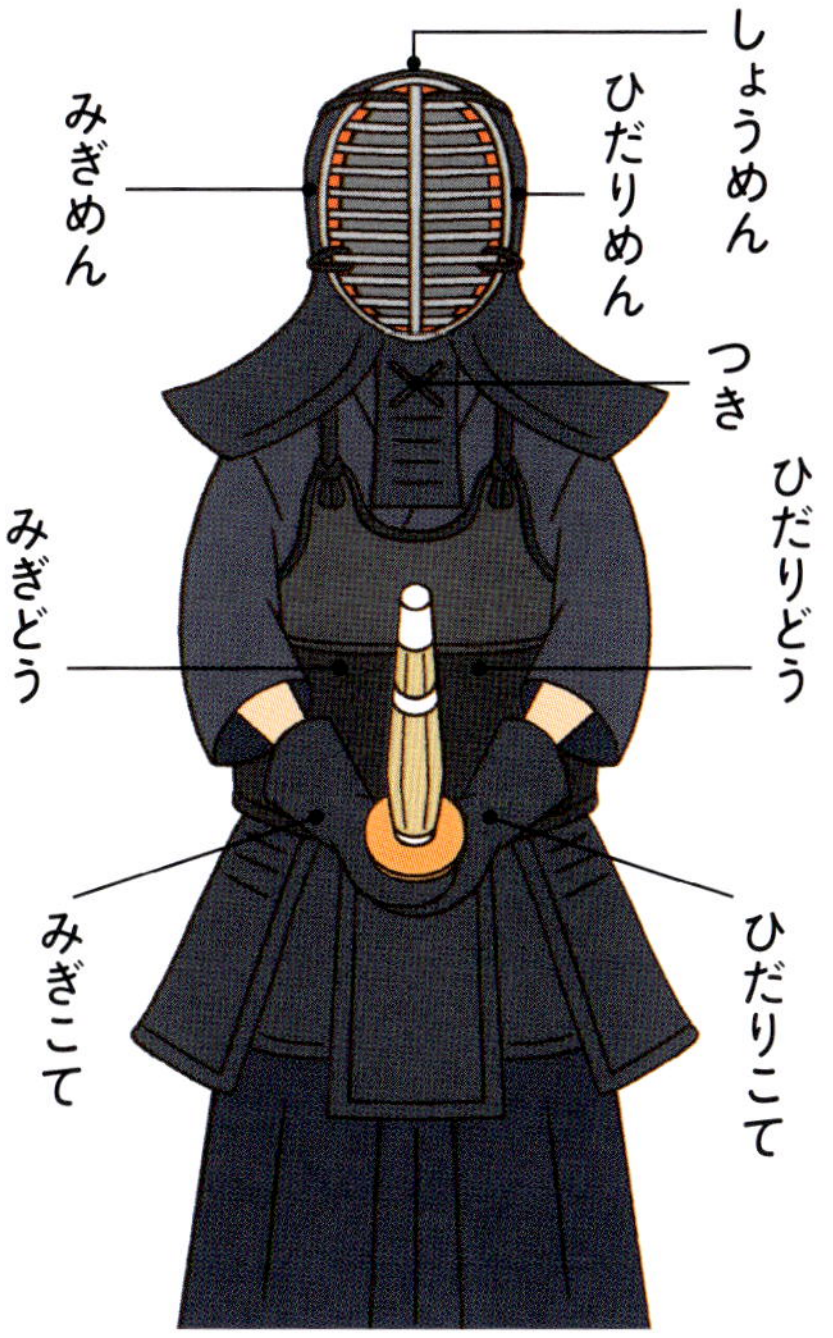
しょうめん
ひだりめん
みぎめん
つき
ひだりどう
みぎどう
ひだりこて
みぎこて

けんどうの わざ

きほんの かまえ

しせいを よくして、かたあしを まえに だす。しないを あいての ほうに むけて もつ。

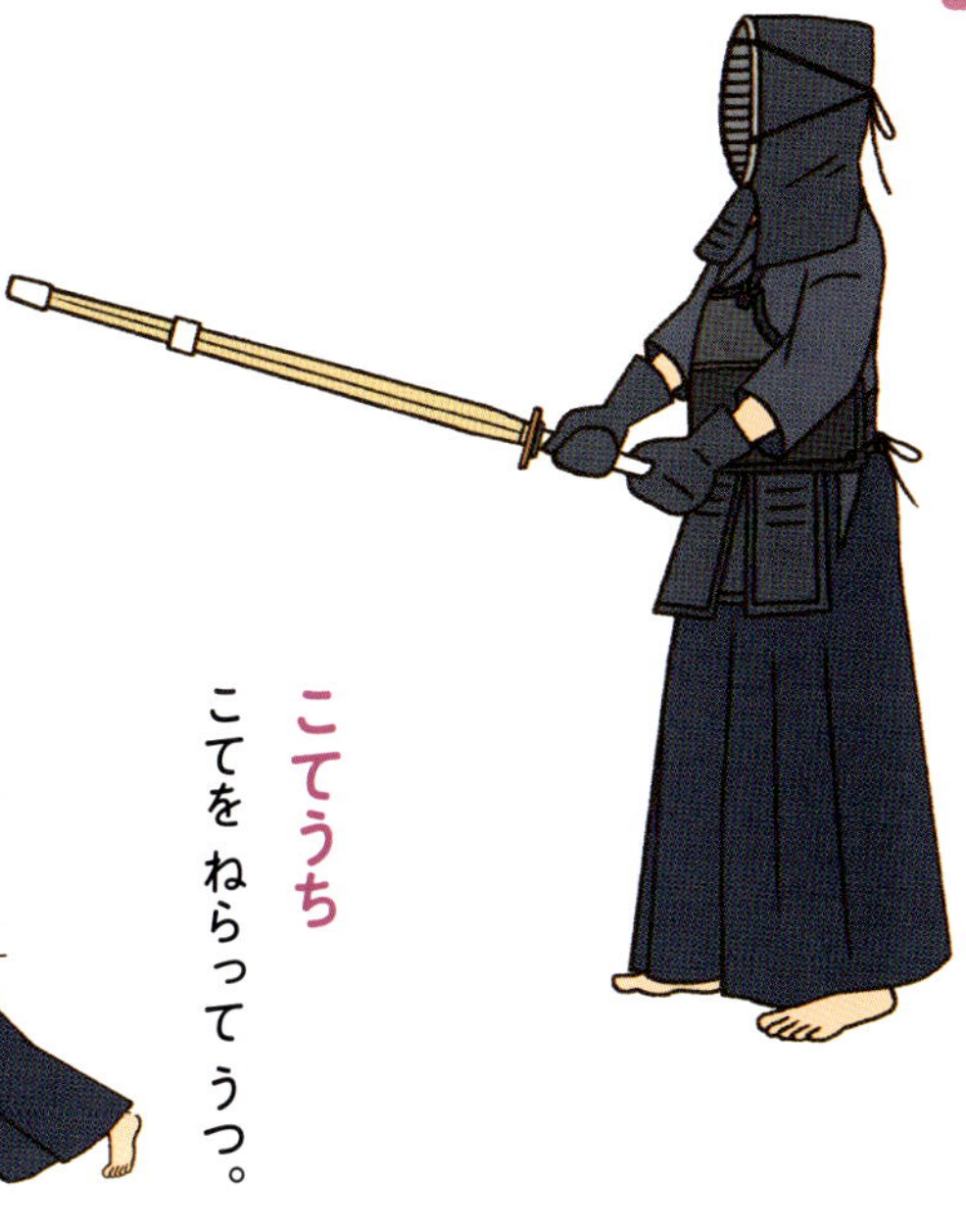

めんうち

めんを ねらって うつ。

どううち

どうを ねらって うつ。

こてうち

こてを ねらって うつ。

おうちのかたへ

武道の試合には、個人戦と団体戦があり、剣道の団体戦は5人制が一般的で、対戦する順番によって「先鋒・次鋒・中堅・副将・大将」という呼び方をします。個人戦と同様に2本先取すると勝ち（➡120ページ）となり、5人のうち3人勝つとそのチームの勝利となります。

技には、面打ち、胴打ち、小手打ちのほかに、相手の喉元の垂れ部分を突く「突き」があります。突きは、剣道の中でも危険な技なので、中学生以下では禁止されています。

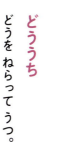

けんどう

かちまけの きめかた

わざが きまることを「いっぽん」と いい、さきに わざを 2ほん きめたほうが かちと なる。
いっぽんの とりかたには きまりが ある。

いっぽんを とるための きまり

きめられた ばしょ
（⬇119ページ）に
わざが きまっている。

きちんと した しせいで わざを きめている。

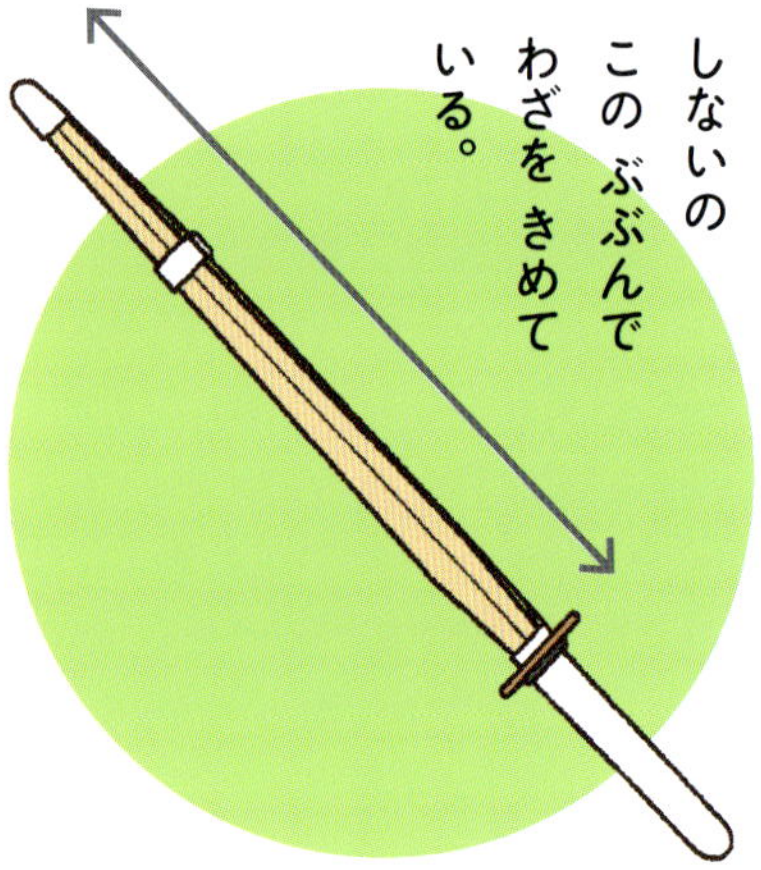

しないの この ぶぶんで わざを きめて いる。

いっぽんに ならない とき

わざが きまっても、いっぽんと みとめられない ときが ある。

たたかっている ふたりが どうじに わざを きめたとき。

ガッツポーズを するなど、わざが きまったことを おおげさに あらわしたとき。

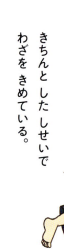

あいきどう

じぶんから こうげきするのでは なく、こうげきしてくる あいての ちからを つかって、なげたり おさえたりします。かちまけを きめる しあいは おこなわずに わざを みせあう「えんぶ」を します。

あいきどうの わざ

しほうなげ

あいての てを とり からだを まわして たおす。

テコンドー

かんこくで うまれた スポーツで、ふたりの せんしゅが パンチと キックの わざを かけあい、かちまけを きめます。とくに けりわざが とくちょうです。

ふくそう

どうプロテクター、ヘッドギアを つけていないところに こうげきを しては いけない。

あたまか どうに わざが あたると、てんが はいる。あいてを たおすか てんすうが おおいほうが かちと なる。

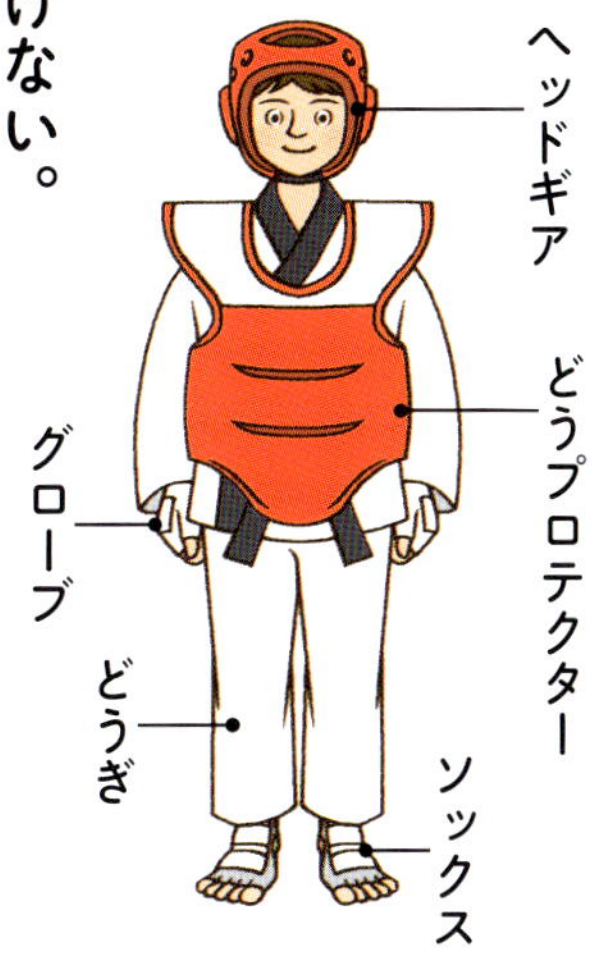

おうちの かたへ

剣道の試合で「一本」をとることを「有効打突」といいます。有効打突と認められるには、「しっかり声を出すなどの充実した気勢があること」「適正な姿勢であること」「竹刀の決められた場所で相手の打突部位を正しく打ち、残心（打ったあとも、相手の反撃に備えていること）あるもの」の条件を満たしていなければばなりません。

合気道の演武は、ひとりが技をかける「取り」となり、相手が技をかけられる「受け」となり、おこなうのが基本です。

きゅうどう

ゆみで やを いって とおくの まとに あてる にほんの でんとうてきな スポーツです。

どうぐと きゅうどうじょう

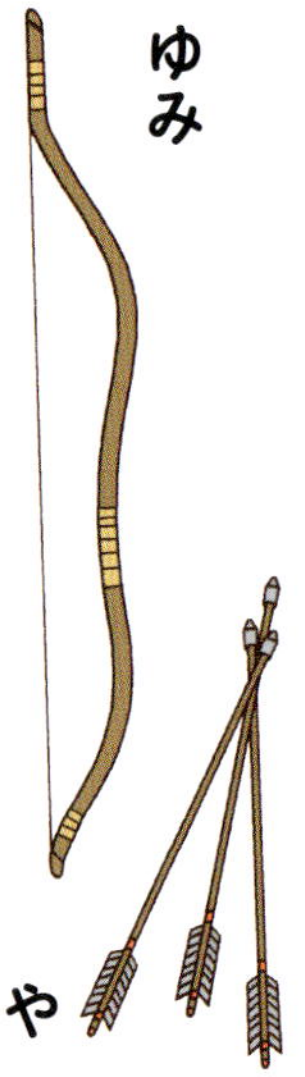
ゆみ
や

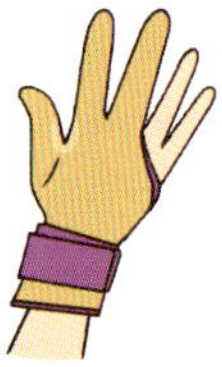

ゆがけ（かけ）
ゆみを ひくときに てを まもる てぶくろのような もの。

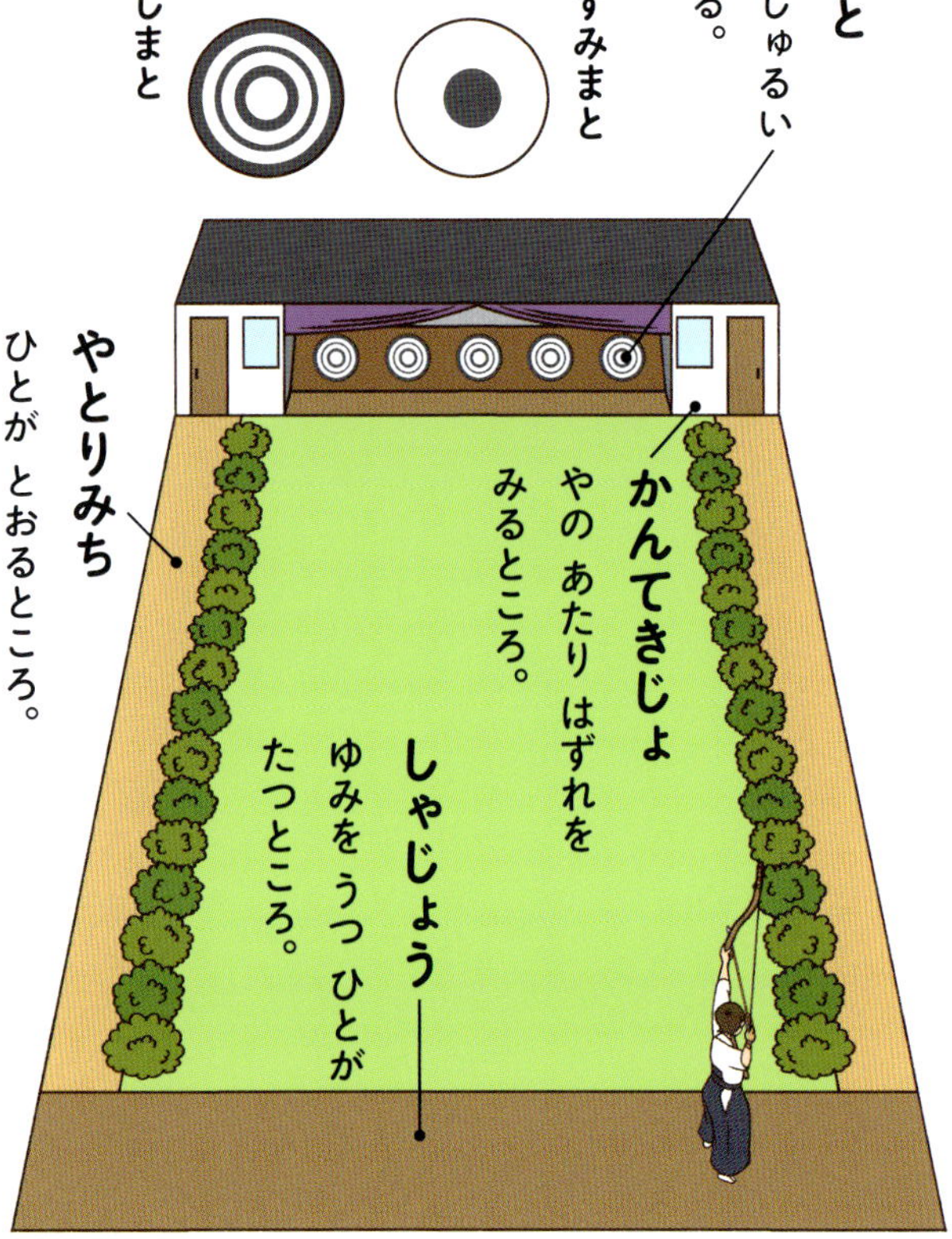
まと
2しゅるい ある。
かすみまと
ほしまと
やとりみち
ひとが とおるところ。
かんてきじょ
やの あたり はずれを みるところ。
しゃじょう
ゆみを うつ ひとが たつところ。

やを いる ほうほう

8つの うごきを じゅんばんに おこなう。さいしょに あしの ひらきぐあいを きめてから はじめる。

❶ あしぶみ
あしを ひらいて たつ。

❷ どうづくり
しせいを ととのえる。

❸ ゆがまえ
やを ゆみに あてがう。

❹ うちおこし
うでを あげる。

❺ ひきわけ
ゆみを ひく。

❻ かい
こころを ととのえる。

❼ はなれ
やを はなつ。

❽ ざんしん
やを はなった しせいを たもつ。

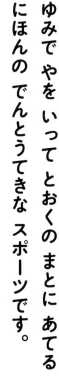

アーチェリー

イギリスで うまれた スポーツで、きゅうどうと おなじように ゆみで やを いって まとに あてます。おこなう ばしょは そとや しつない、しぜんの なかなど さまざまです。

どうぐと きょうぎじょう

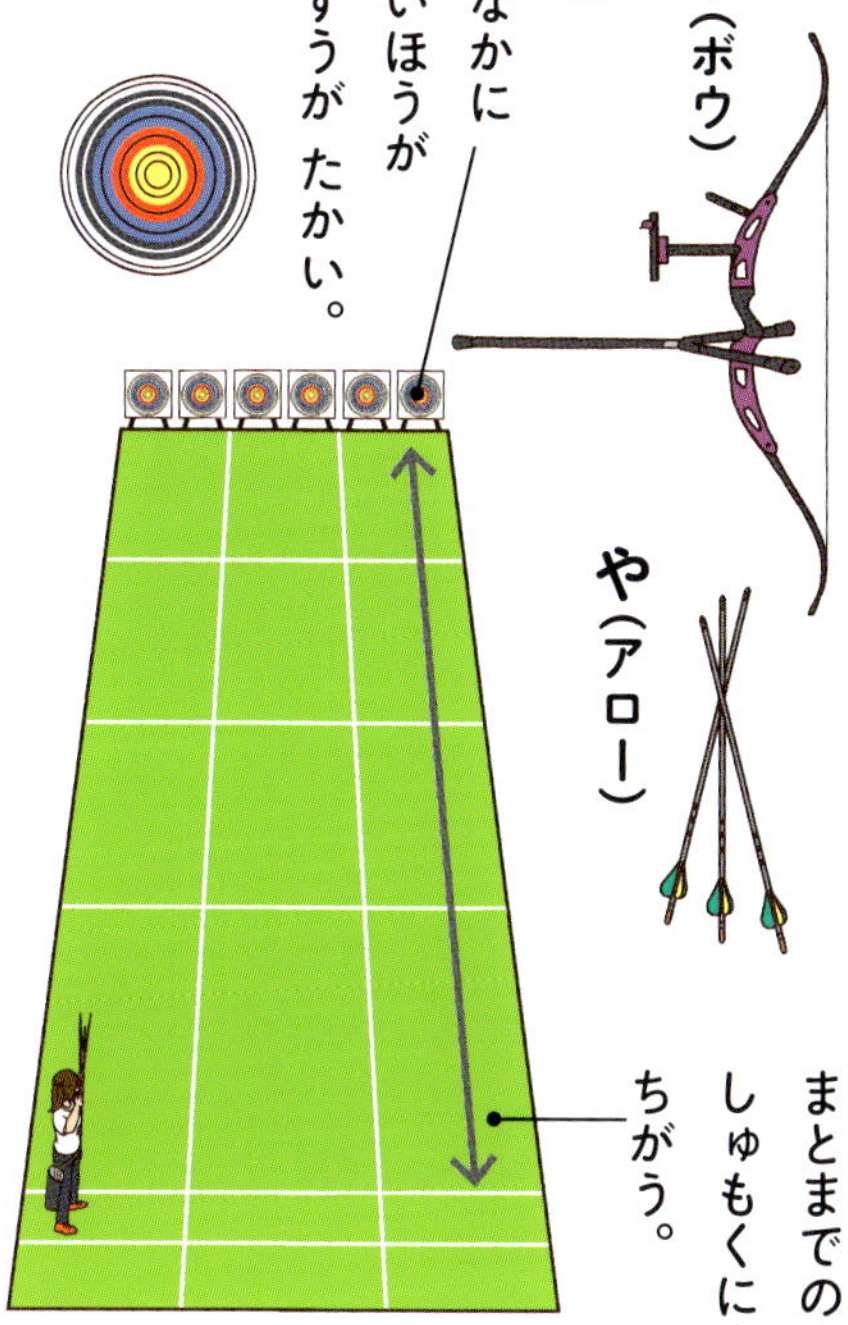

ゆみ（ボウ）
まと
まんなかに ちかいほうが てんすうが たかい。
や（アロー）
まとまでの きょりは しゅもくによって ちがう。

やを いる ほうほう

8つの うごきを じゅんばんに おこなう。

❶ スタンス
あしを ひらいて たつ。

❷ セット
しせいを ととのえる。

❸ ノッキング
やを ゆみに あてがう。

❹ セットアップ
うでを あげる。

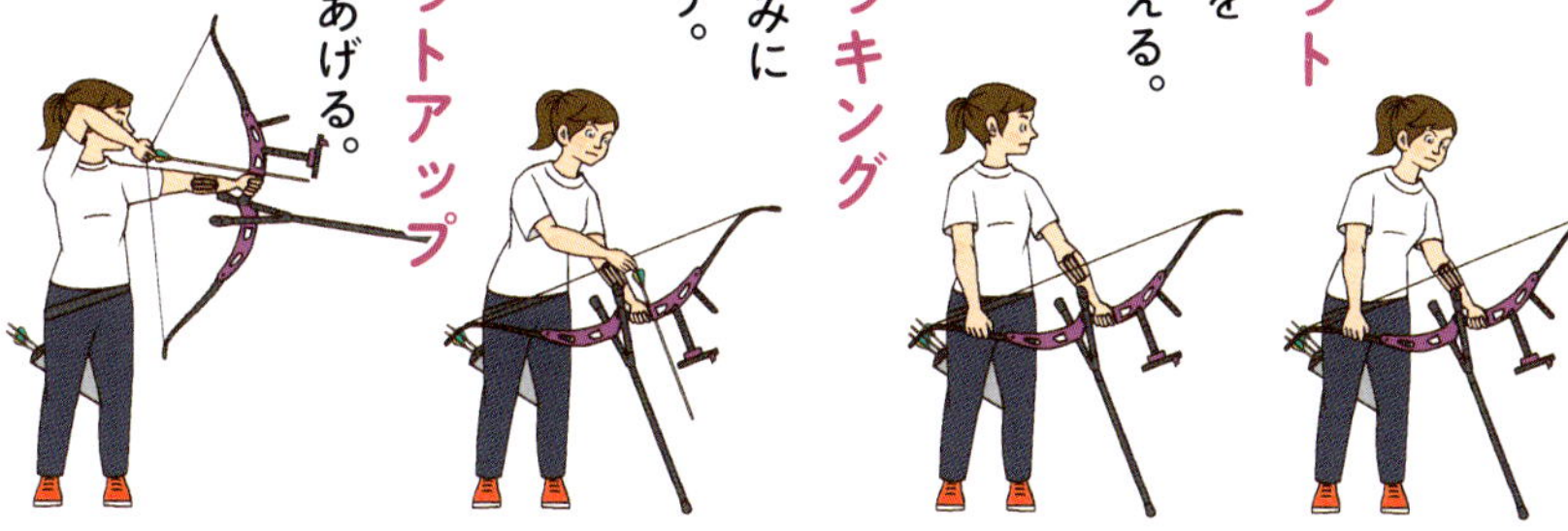

❺ ドローイング
ゆみを ひく。

❻ フルドロー
しゅうちゅうする。

❼ リリース
やを はなつ。

❽ フォロースルー
やを はなった しせいを たもつ。

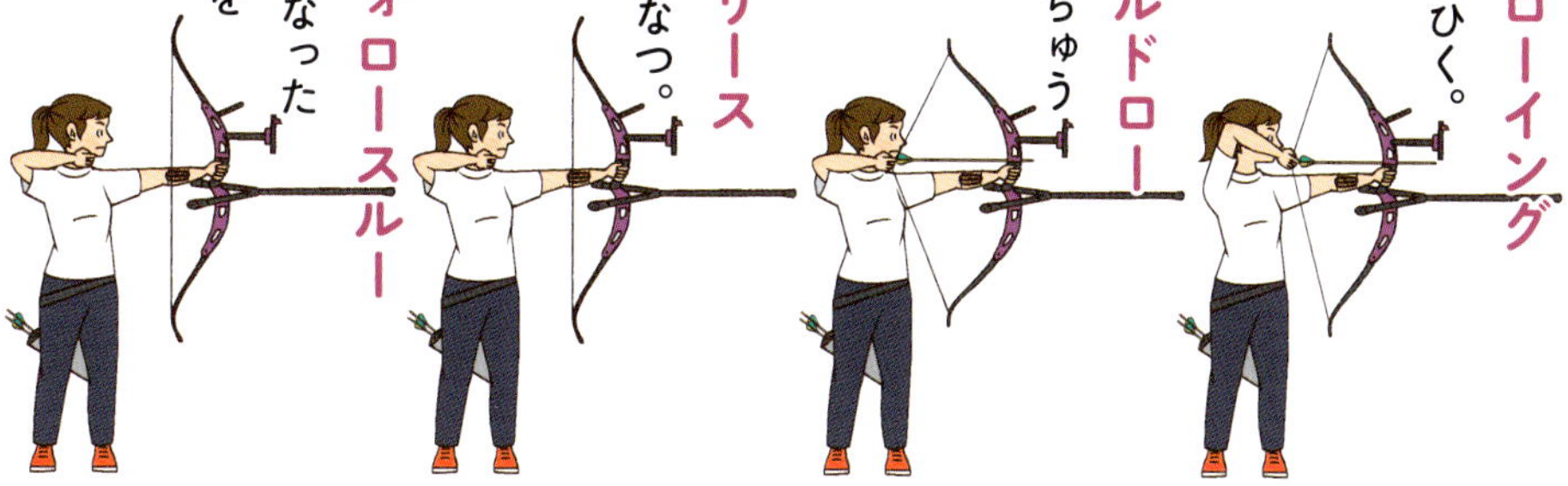

おうちのかたへ

弓道の勝敗の決め方には、的への的中数で順位を決定する「的中制」、審査委員が的中の仕方や弓を引く姿勢なども含めて評価する「採点制」、的の中心に近いほうが得点が高くなる「得点制」があります。的中制の的は霞的が一般的で、大学弓道では星的を使います。採点制は霞的が多く、得点制は5色に色分けされた得点的を使います。矢を射る手順を「射法八節」と呼び、①足踏み②胴造り③弓構え④打起し⑤引分け⑥会⑦離れ⑧残心の8つの動作をスムーズにおこなうことが大切とされています。

すもう

「まわし」を つけた
ふたりの りきしが、
おしあったり くみあったりして、
あいてを たおすか
「どひょう」から だすことで
かちまけを きめる
きょうぎです。

すもうの どひょう

どひょうは
つちを もったところに、
ちいさな たわらを
ならべて つくる。
どひょうは かみさまの
いるところと されている。

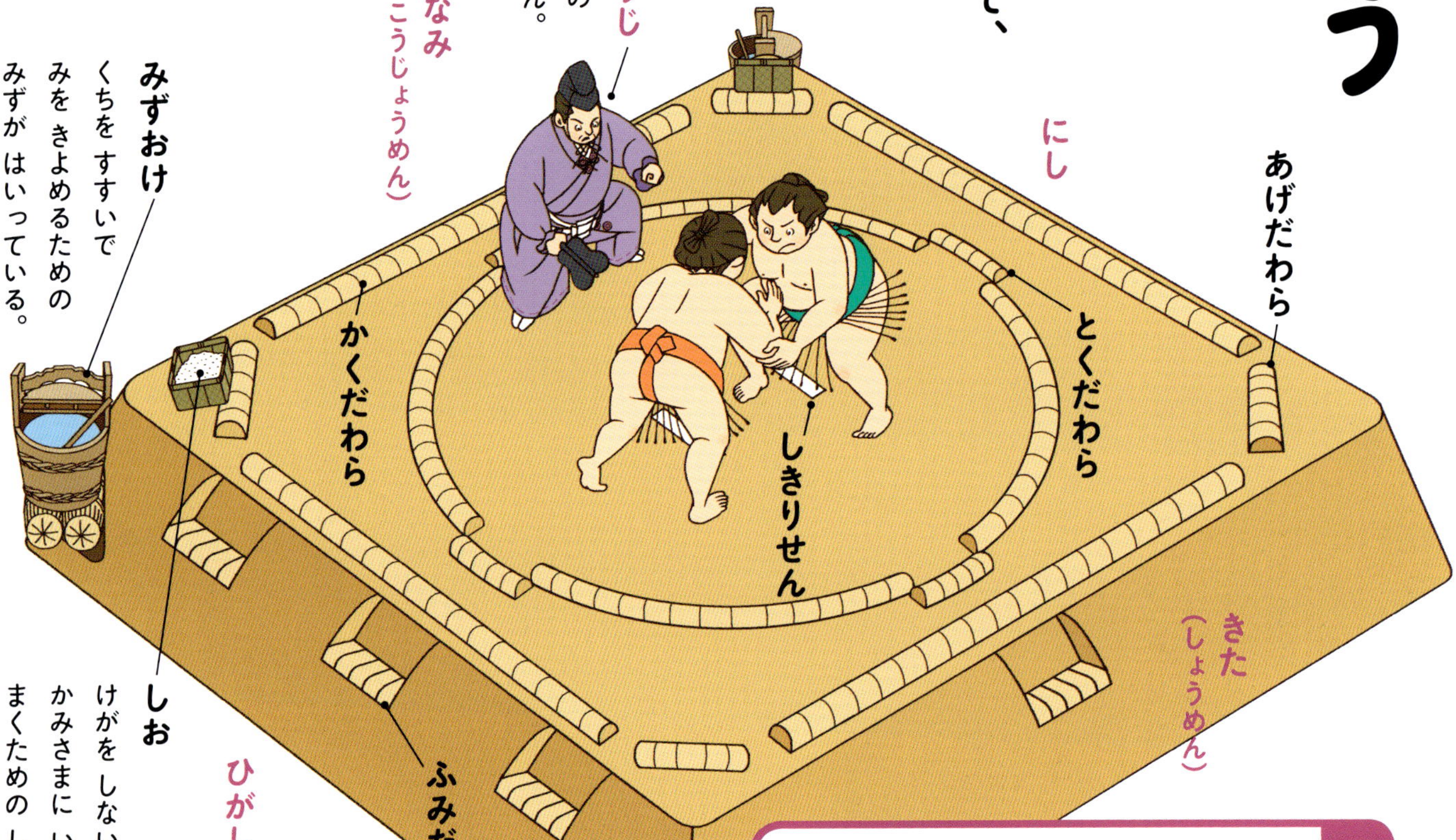

ぎょうじ
すもうの
しんぱん。
みなみ
（むこうじょうめん）
みずおけ
くちを すすいで
みを きよめるための
みずが はいっている。
にし
あげだわら
とくだわら
かくだわら
しきりせん
きた
（しょうめん）
しお
けがを しないように
かみさまに いのって
まくための しお。
ひがし
ふみだわら

どひょうの むきは、
きたがわが しょうめんと
される。
しょうめんの むかいがわを
むこうじょうめんという。
むこうじょうめんには
ぎょうじが いる。

ふさ

おおずもうなどの
どひょうの うえには
つりさげた やねが あり、
かどに ふさが
ぶらさがっている。

くろぶさ
しろぶさ
あおぶさ
あかぶさ

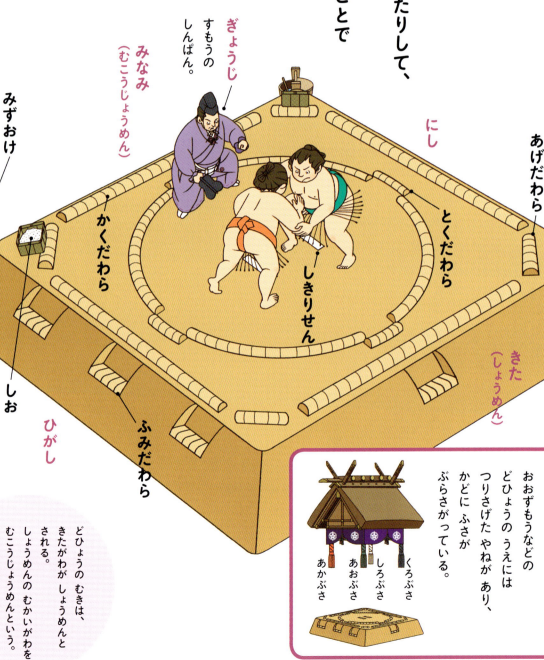

かみがたと ふくそう

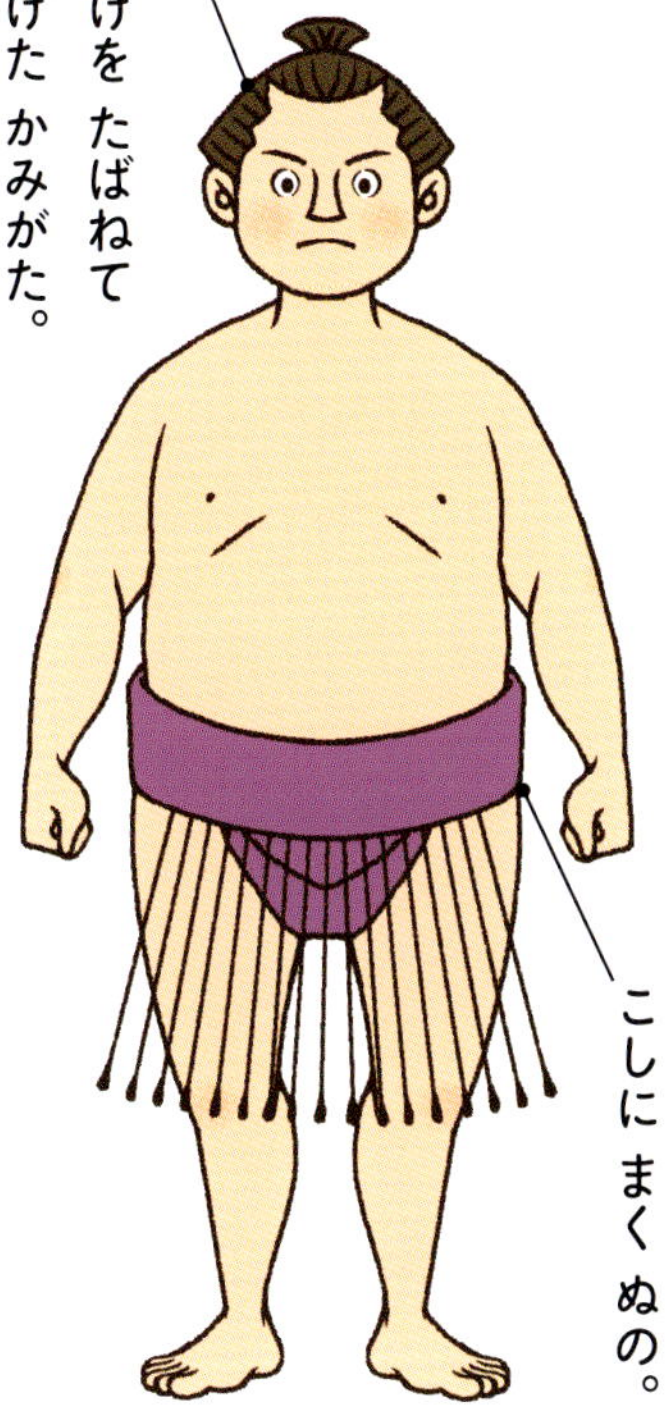
まげ
かみのけを たばねて おりまげた かみがた。

まわし
すもうを とるときに こしに まく ぬの。

すもうの れいほう

どひょうに あがったら、きめられた しせいや うごきを します。

そんきょの しせい
すもうや あいてを たいせつに おもう きもちを あらわす。

ちりちょうず
せいせいどうどうと たたかうことを しめす。

とりくみ（しあい）の ながれ

すもうの しあいを「とりくみ」と いう。

❶ なまえを よばれたら、どひょうに あがる。

❷ そんきょの しせい、ちりちょうずを する。

❸ しきりせんまで すすみ、そんきょの しせいを とる。

❹「かまえて」の こえで どひょうに てを つき、「はっけよい」の かけごえで とりくみが はじまる。

おうちの かたへ

相撲は日本の国技といわれるほど歴史のあるスポーツです。奈良時代から祭礼のときに神にささげる神事としておこなわれ、江戸時代に入ると、観客から入場料を取って取り組みを見せる「興業」がはじまり、これが現在の「大相撲」となりました。

取り組み前に四股をふんだり塩をまいたりするのは、アマチュアにはない大相撲ならではの慣習です。また大相撲では着物と烏帽子を身につけた行司が取り組みを進めますが、アマチュア相撲では行司ではなく白い服をきた審判が進行をつとめます。

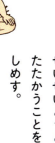

すもう

とりくみで けがを しないように れんしゅうの ときや とりくみの まえに おこなう、きほんの うごきが あります。
また、すもうでは、わざの ことを 「て」と よびます。

きほんの うごき

しこ

かたあしを あげて
つよく じめんを ふむ。

すりあし

こしを おとして
あしを じめんに
こすりつけるように すすむ。

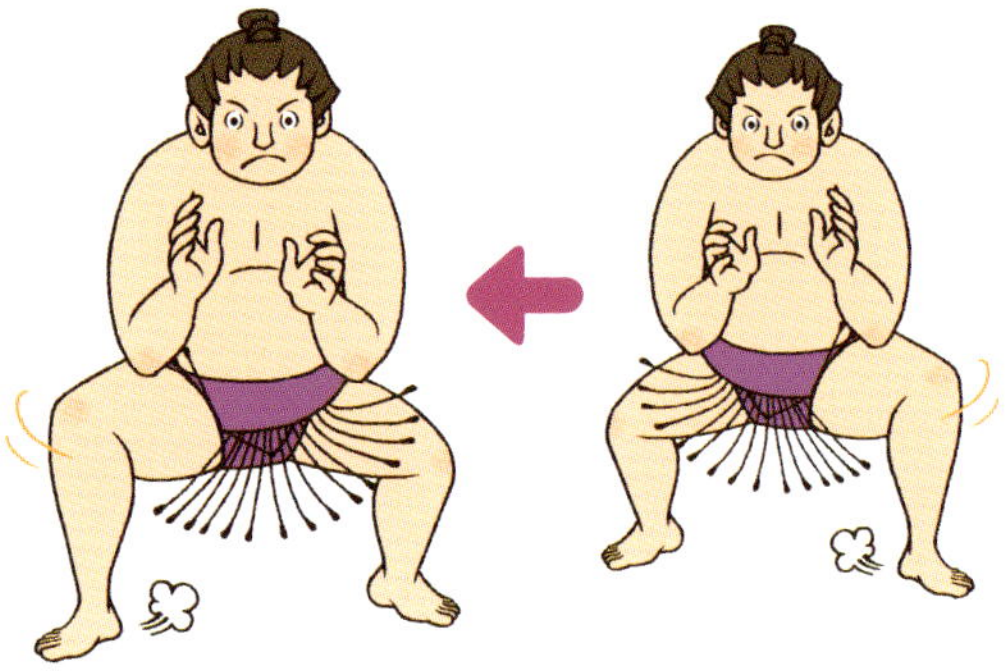

すもうの わざ(て)

よりきり

あいての まわしを つかんで
からだを くっつけながら
おして どひょうの そとへ だす。

つきだし

あいての むねや かたなどを
てのひらで つよく ついて
どひょうの そとへ だす。

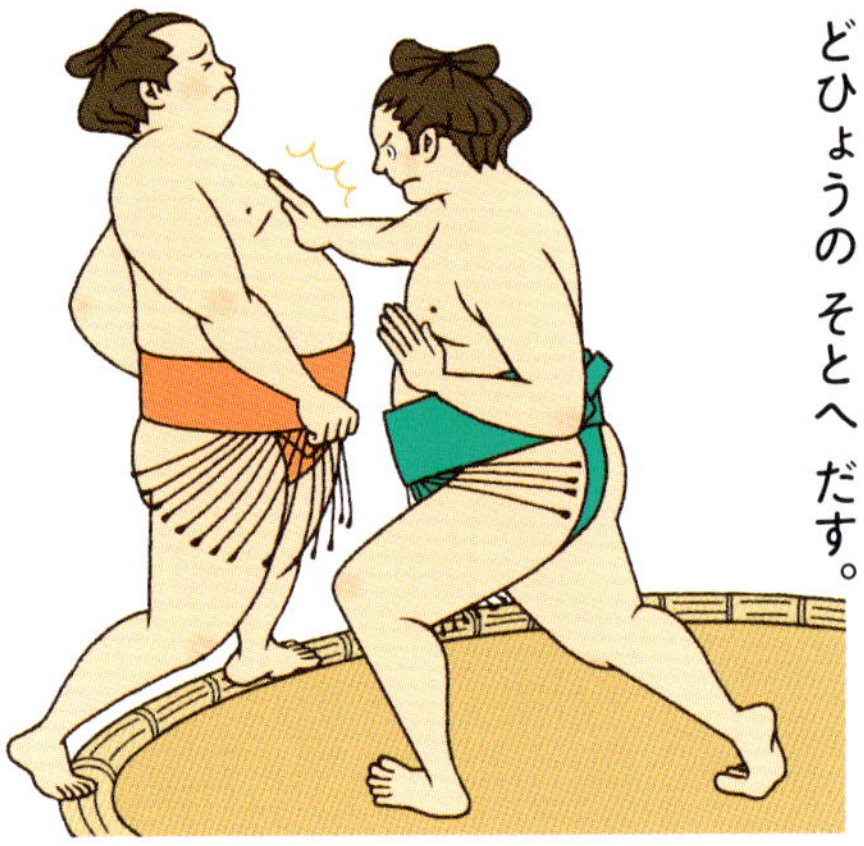

うわてなげ

くみあって、あいての
ての うえの ほうから
まわしを つかんで なげる。

はたきこみ

あいてが まえに
でてきたところを
はたいて どひょうに
てを つくように たおす。

かちまけの きめかた

とりくみが はじまると ぶつかったり、
わざを かけたりして
かちまけを きそう。

あしの うらいがいの からだの いちぶが どひょうに ついたら まけ。

どひょうの そとに からだの いちぶが さきに でたら まけ。

すもうに かんけいする ことば

りきし

すもうを とることを しごとと している ひと。りきしは みんな、「しこな」という、ほんとうの なまえとは ちがう すもうようの なまえを なのっている。

きまりて・きんじて

かちが きまった わざを 「きまりて」という。むねや おなかを けるなど、つかっては いけない わざを 「きんじて」という。きんじてを つかうと まけと なる。

ばんづけ

すもうで、りきしの つよさの じゅんばんを あらわしたもの。いちばん つよい りきしを 「よこづな」という。

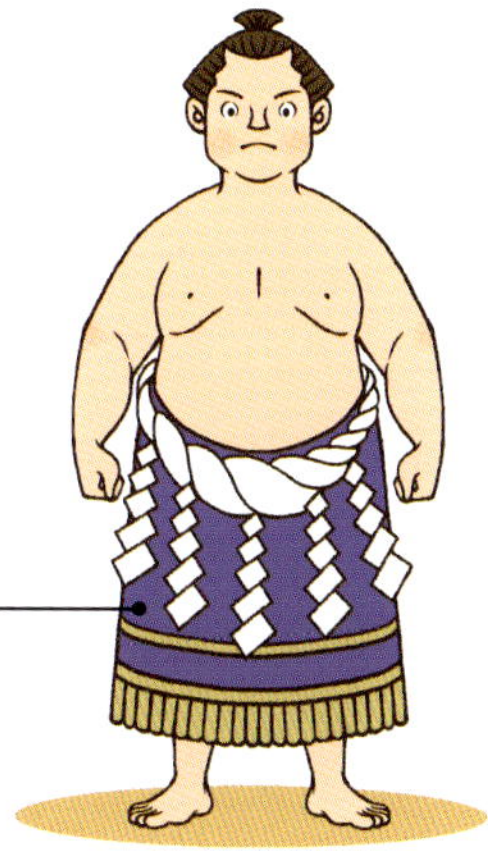

ばんづけの たかい りきしは どひょうに はいるときに 「けしょうまわし」を つける。

しろぼし・くろぼし

しあいの かちまけを ひょうに まとめるとき、かった りきしを しろまる、まけた りきしを くろまるで あらわすことから、かつことを 「しろぼし」、まけることを 「くろぼし」と よぶ。

おうちの かたへ

大相撲の力士の階級は10段階あります。下から順に、序の口、序二段、三段目、幕下、十両、前頭、小結、関脇、大関と上がり、頂点が横綱です。十両以上の力士は「関取」と呼ばれます。

決まり手には相手を突いたり押したりして土俵から出す「基本技」のほか、相手を投げて倒す「投げ手」、相手の脚をとって倒す「掛け手」、自分の体を反らして相手を倒す「反り手」、相手の体をひねるようにして倒す「捻り手」、その他の「特殊手」に分類されます。決まり手の種類は80以上におよびます。

ボクシング

ふたりの せんしゅが りょうてに グローブを つけて、あいての からだの こしから うえに パンチを うちあって たたかいます。たいじゅうが おなじぐらいの せんしゅどうしで しあいを おこないます。

どうぐと リング

リングの まわりには ロープが はってある。

リングロープ
リング
グローブ
レフェリー
リングの なかに いる しんぱん。
マウスピース
かおなどを うたれたとき、したを かまないように くちの なかに つける どうぐ。

かちまけの きめかた

「ノックアウト」や「ポイントがち」などで かちまけが きまる。

ノックアウト（KO《ケーオー》）がち

うって たおれた あいてが、10びょう かぞえるまでに たちあがらなければ かち。

ポイントがち（はんていがち）

わざが きまったときに あたえられる ポイントの ごうけいが たかいほうが かち。

ボクシングの わざ

ストレート

まっすぐ まえに うつ。

ジャブ

かるく こきざみに うつ。

フック

ひじを まげて よこから うつ。

ブロッキング

あいての パンチを うけとめる。

レスリング

ふたりの せんしゅが くみあって たたかいます。
からだの ぜんぶを じゆうに つかって たたかう
「フリースタイル」 という しゅもくと、
こしから うえだけを つかって たたかう
「グレコローマンスタイル」 という
だんしだけが おこなう しゅもくが あります。

レスリングの きょうぎじょう

ゆかには
マットが しいてある。

わざと じょうがいに
にげたりしては いけない。

かちまけの きめかた

あいての りょうほうの かたを
マットの うえで 1びょう
おさえると かちと なる。
これを「フォール」と いう。
フォールが ないときは、
わざを かけたときに
あたえられる ポイントの
ごうけいが たかいほうが かち。

レスリングの わざ

タックル

あいての からだに
ひくく とびかる。

ローリング

あいてを かかえて
ぐるりと まわす。

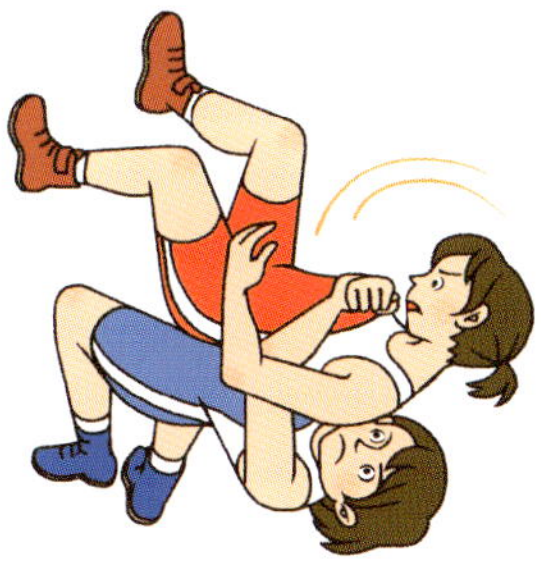

おうちのかたへ

ボクシングもレスリングも体重別に階級が設定され、同じ階級の選手と対戦します。ボクシングの勝敗の決めかたは、ノックアウト勝ちやポイント勝ちのほかに、一方の選手が強いダメージを負って倒れ、試合を続けるのが難しいと審判が判断したときに、その時点で相手選手の勝ちとなる場合などがあります。レスリングでは判定に納得がいかないときは、選手につきそっているセコンドがビデオ判定を審判団に要請する「チャレンジ」が1試合に1回だけできます。

フェンシング

かたてで もった けんで、あいての からだの きめられた ぶぶんを ついたりして、てんを とる スポーツです。その ごうけいてんで かちまけを きめます。

どうぐと きょうぎじょう

フェンシングでは、きかいで てんを かぞえるため、メタルジャケットと きかいが コードで つながって いる。

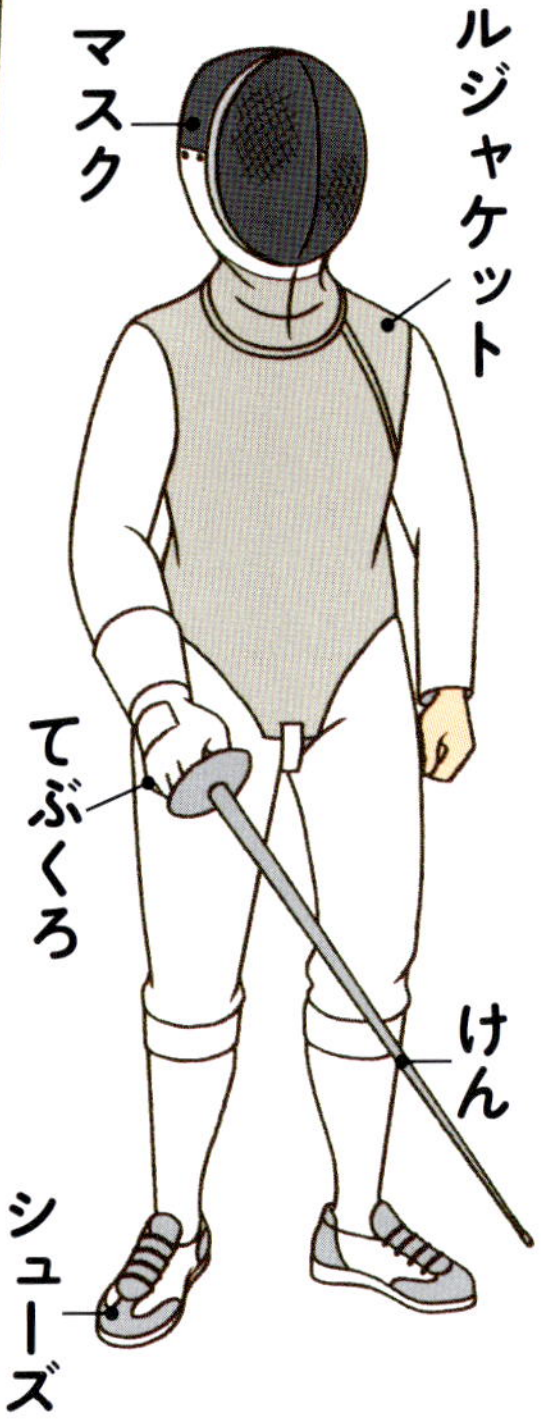

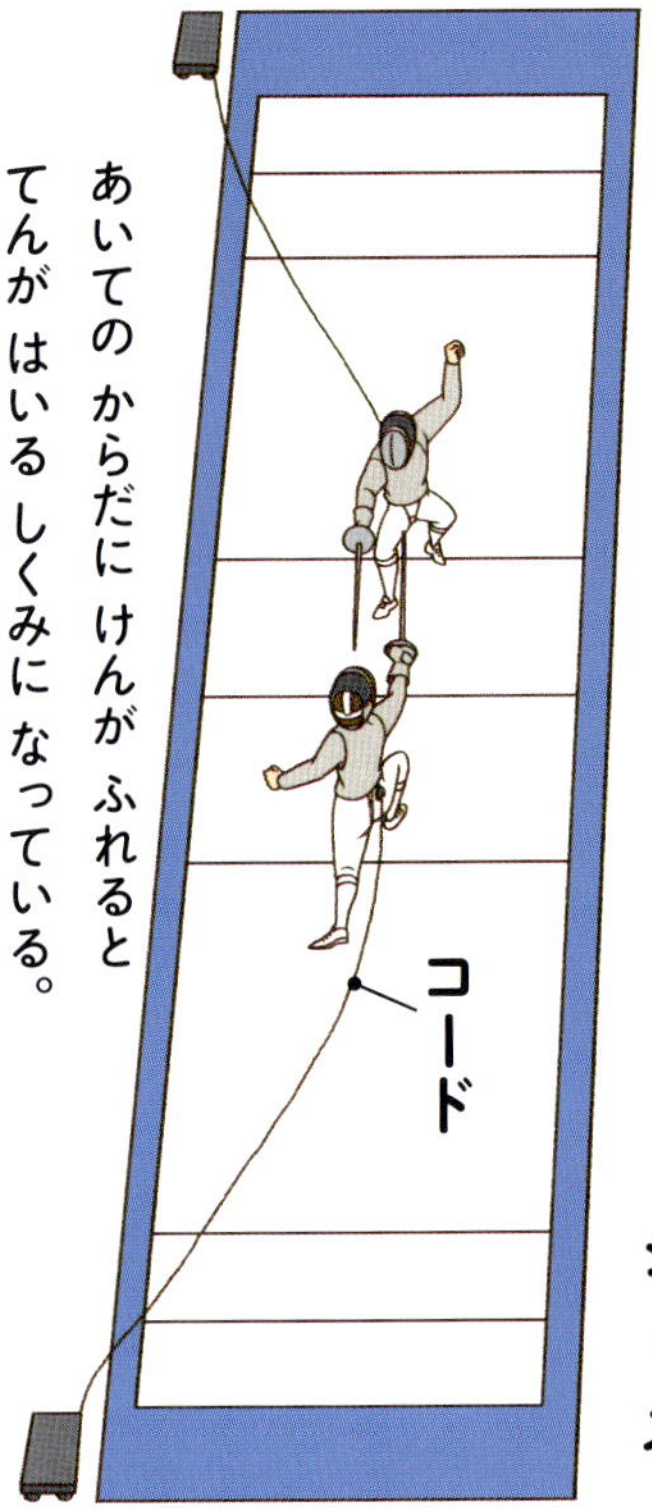

あいての からだに けんが ふれると てんが はいる しくみに なって いる。

しゅもく

しゅもくに よって けんの しゅるいや こうげきしても よい からだの ぶぶんは ちがいます。

けんを よこに きったときの はの かたち。

フルーレ

こうげきできるのは どうたいだけ。けんで ついて てんを とる。

エペ

からだ ぜんたいを こうげきできる。けんで ついて、てんを とる。

サーブル

こうげきできるのは こしより うえだけ。けんで つくだけで なく きる どうさを しても よい。

ばじゅつ

うまに のり、はしったり えんぎを したりします。

「ばばばじゅつ」「しょうがいばじゅつ」

「そうごうばじゅつ」の 3つの しゅもくが あります。

ふくそうと うま

ばばばじゅつ

ハット
しろの タイ
えんびふく
しろの ズボン
ブーツ
8さいいじょうの うま

しょうがいばじゅつ

ヘルメット
ジャケット
9さいいじょうの うま

そうごうばじゅつ

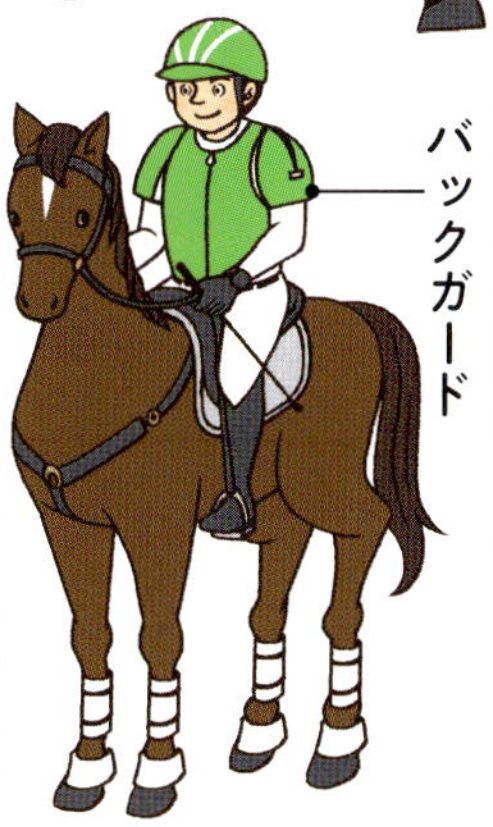

バックガード
8さいいじょうの うま

しゅもく

ばばばじゅつ

うまと いっしょに えんぎを して うつくしさを きそう。うまの あるく はやさや あしの うごきかたなどの ちがいで いろいろな わざが ある。

きどって あるく。
あしを こうささせて あるく。

しょうがいばじゅつ

コースの なかに ある しょうがいぶつを こえながら はしり、はやさを きそう。

しょうがいぶつ

そうごうばじゅつ

ばばばじゅつと しょうがいばじゅつと クロスカントリーを おこなう。クロスカントリーは、まるたや おおきな みずたまりを こえながら はしり はやさを きそう。

おうちのかたへ

フェンシングは決められた得点を先にとった方が勝ちとなります。フルーレ、サーブルでは、「攻撃権」を持っている方が相手を突いたときに得点になります。攻撃権は主審の合図を受けて、先に剣先を相手に向けた方に与えられます。攻撃権を奪われた側が、相手の剣先を払ったりたたいたりして攻撃を阻止すると、攻撃権は移行します。エペの場合は攻撃権はなく、先に相手を突いた方にポイントが入ります。同時に突き合った場合は両選手にポイントが入ります。

しゃげき

じゅうで まとを うち、あたった ばしょや かずを きそいます。「ライフルしゃげき」「ピストルしゃげき」「クレーしゃげき」の 3つの しゅもくが あります。

ふくそうと どうぐ

しゅもくに よって つかう じゅうが ちがう。

まと

ライフル
ピストル
さんだん
じゅう

イヤープロテクター
おとから みみを まもる。
しゃげきようの
コート

しゅもく

ライフルしゃげき

ライフルで とおくに ある うごかない まとを ねらって うつ。じゅうだんの あたった ばしょが まとの まんなかに ちかいほど てんすうが たかく なる。いろいろな しせいで うつ。

ふせて うつ。
たって うつ。
すわって うつ。

ピストルしゃげき

ピストルで とおくの まとを ねらって うつ。ピストルは かたてで もち、たって うつ。

クレーしゃげき

くうちゅうに とぶ 「クレー」という ちいさな さらを さんだんじゅうで うつ。あてた かずだけ てんすうに なる。

クレー
とびだす
ほうこうは さまざま。

しょうりんじけんぽう

こうげきされたときに みを まもるための ほうほうを みに つける スポーツです。わざを つかって あいてと たたかう しあいは おこなわれませんが、わざを みせあって その せいかくさや うまさを きそいます。

しょうりんじけんぽうの わざ

ごうほう

あいてから けられたり うたれたりしたときに、おなじように あいてに こうげきする ほうほう。

じゅうほう

あいてに ふくや てなどを つかまれたときに、なげたり、おさえたりして みを まもる ほうほう。

たいきょくけん

ちゅうごくで うまれた スポーツで、からだを きたえたり、こころを おちつかせたり するために、さまざまな わざを みに つけます。ひとりで おこなう わざと、ふたりひとくみで おこなう わざが あります。

たいきょくけんの うごきかた

ゆっくりと えんを えがくように てあしを うごかす。

おうちのかたへ

ライフル射撃の的までの距離は10m、50mの2種類があり、ピストル射撃の場合は、10m、25m、50mの3種類があります。

少林寺拳法の大会では、技を自由に組み合わせて披露する演武があり、演武には1人でおこなうものや、2人1組でおこなうもの、数名の団体でおこなうものがあります。2人や団体での演武では「剛法」と「柔法」をうまく組み合わせ、正確に技を決められているか、表現力にすぐれているか、礼儀正しくふるまえているか、といった点が評価されます。

きんだい5しゅ

ひとりの せんしゅが 1にちで 5しゅるいの きょうぎを おこないます。さきに フェンシング、すいえい、ばじゅつの 3つの きょうぎを おこない てんすうを つけ、てんすうの たかい ひとから「コンバインド」（しゃげき・ランニング）を スタートし、ゴールに つく じゅんばんを きそいます。

おこなう きょうぎ

1 フェンシング

からだぜんたいを こうげきできる エペ（⬇130ページ）を おこなう。

2 すいえい

じゆうがた（⬇46ページ）で 200メートル およぐ。

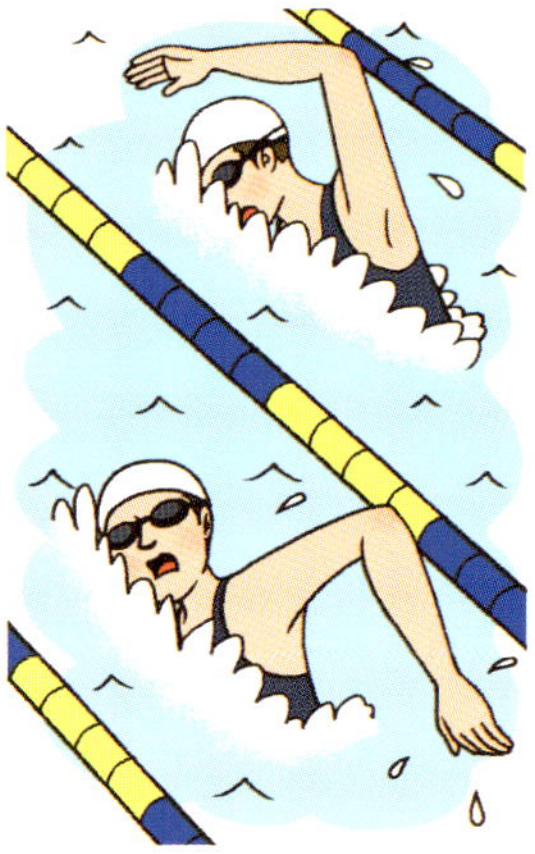

3 ばじゅつ

うまに のって きめられた かずだけ、しょうがいぶつ（⬇131ページ）を こえる。

4 しゃげき

たった しせいで ピストル（⬇132ページ）を もち まとを ねらって うつ。

5 ランニング

800メートルを はしる。

4と5を こうたいで 4かい おこなうことを「コンバインド」と いう。

おうちのかたへ

近代5種のフェンシングは、1分間一本勝負の総当たり戦でおこない、勝率70％を基準に得点を計算します。水泳は、基準の時間から、タイム差を点数化します。馬術は、12個の障害物を飛び越え、タイム以内にすべての障害を飛び越えた場合を満点とし、ミスやタイムオーバーを減点していきます。コンバインドは、フェンシング、水泳、馬術の合計点の上位の選手から時間差でスタートし、ゴールした順番が最終的な順位となります。コンバインドは「レーザーラン」と呼ばれることもあります。

6 ふゆのスポーツ

スキー① ノルディックスキー

ノルディックスキーは ブーツの つまさきの ぶぶんだけを こていする スキーいたを つかって すべります。3つの しゅもくが あります。

クロスカントリー

きめられた きょりを スキーで すべったり はしったりして はやさを きそいます。

かかとは こていされていない。
ストック
ほそくて ながい。
さきは とがっている。
スキーいた
はばが ほそくて
かるく、うごかしやすい。

クロスカントリーの コース

ゆきが つもった のはらの なかを なんしゅうか まわって、きめられた きょりだけ すべる。コースの なかには のぼりざか、くだりざか、たいらな みちが ある。

すべりかた

つぎの ふたつの すべりかたが ある。

クラシカルそうほう

りょうあしを まっすぐ まえに むけて かたあしずつ じゅんばんに うしろに キックして すべる。

フリーそうほう

じゆうに すべる。
つまさきを そとがわに むけて、スケートのような すべりかたを する「スケーティング」が おおい。

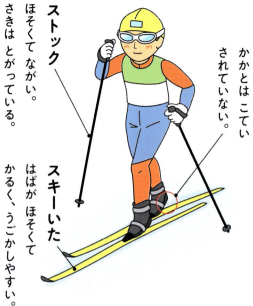

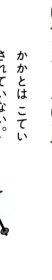

ジャンプ

ジャンプだいを すべりおりて くうちゅうに とびだし、とんだきょりと とんだときの しせいの うつくしさを きそいます。

ジャンプスーツ
じょうげが つながっている スーツを きる。
スキーいた
まっすぐで とても ながい。

ジャンプだい

しゅもくに よって おおきさの ちがう ジャンプだいを つかう。

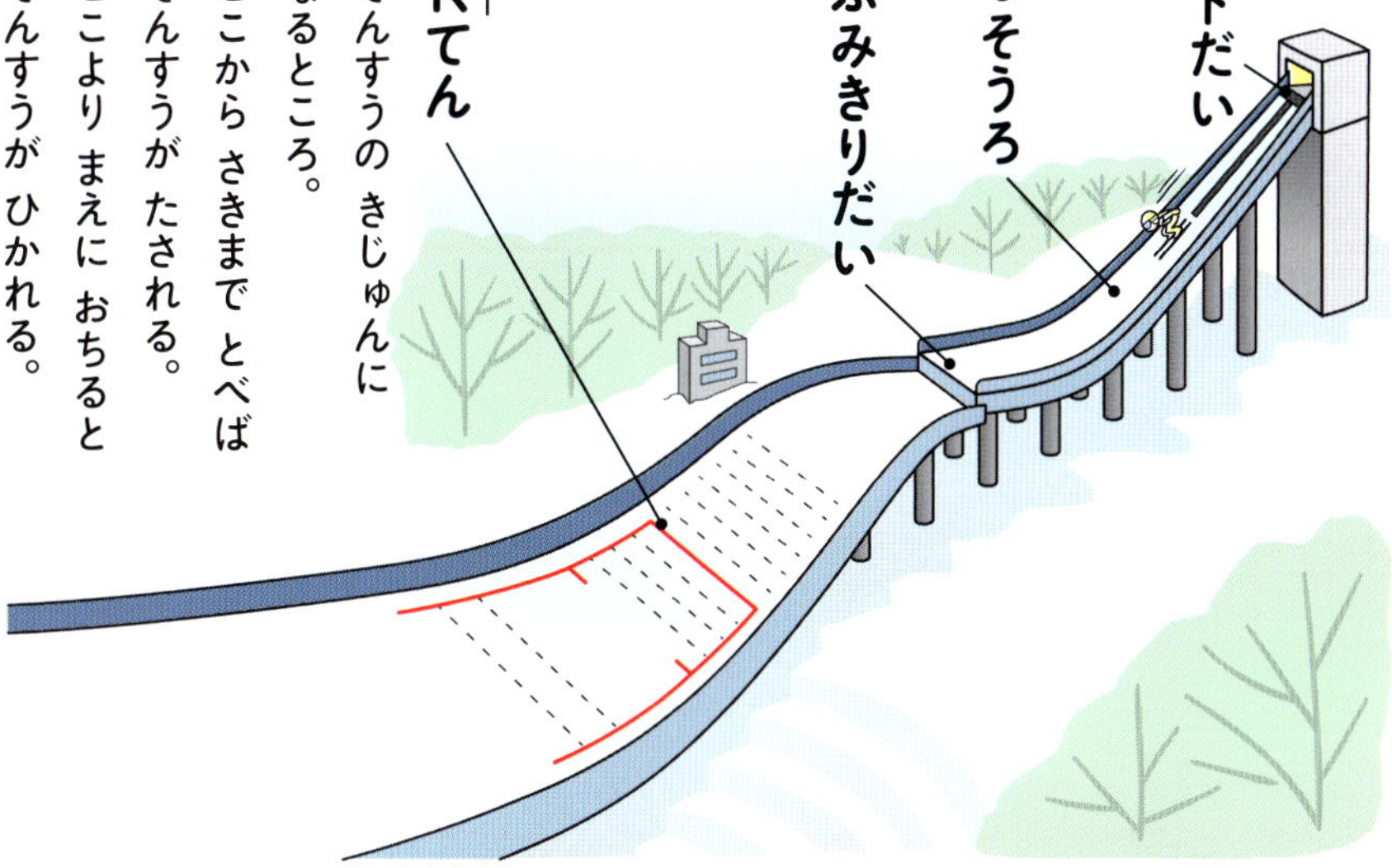
スタートだい
じょそうろ
ふみきりだい
K《ケー》てん
てんすうの きじゅんに なるところ。ここから さきまで とべば てんすうが たされる。ここより まえに おちると てんすうが ひかれる。

ノルディックふくごう（コンバインド）

クロスカントリーと ジャンプの りょうほうの しゅもくを おこない、ごうけいてんを きそいます。ジャンプを さきに おこない、てんすうの たかい せんしゅから クロスカントリーを スタートする ルールで よく おこなわれます。

おうちのかたへ

スキー競技で使用するスキー板や服装は、種目などによって規定が異なり、それぞれに合わせたものを使います。ジャンプ競技のスキー板は、選手の身長や体重によって、使用できる幅や長さが決められています。ジャンプスーツには、特に細かい規定があり、素材、サイズ、厚さ、ジッパーの幅と位置まで細かく指定されています。ジャンプ台は、踏み切り台の先からK点までの距離が85～１０９ｍの「ノーマルヒル」や１１０～１８４ｍの「ラージヒル」などがあります。

スキー②
アルペンスキー

アルペンスキーは、ゆきやまを すべりおりて はやさを きそう スポーツです。「きもん」という ぼうが たてられた コースを ターン（ほうこうを かえて まがること）しながら すべります。コースの しゅるいによって しゅもくが わけられています。

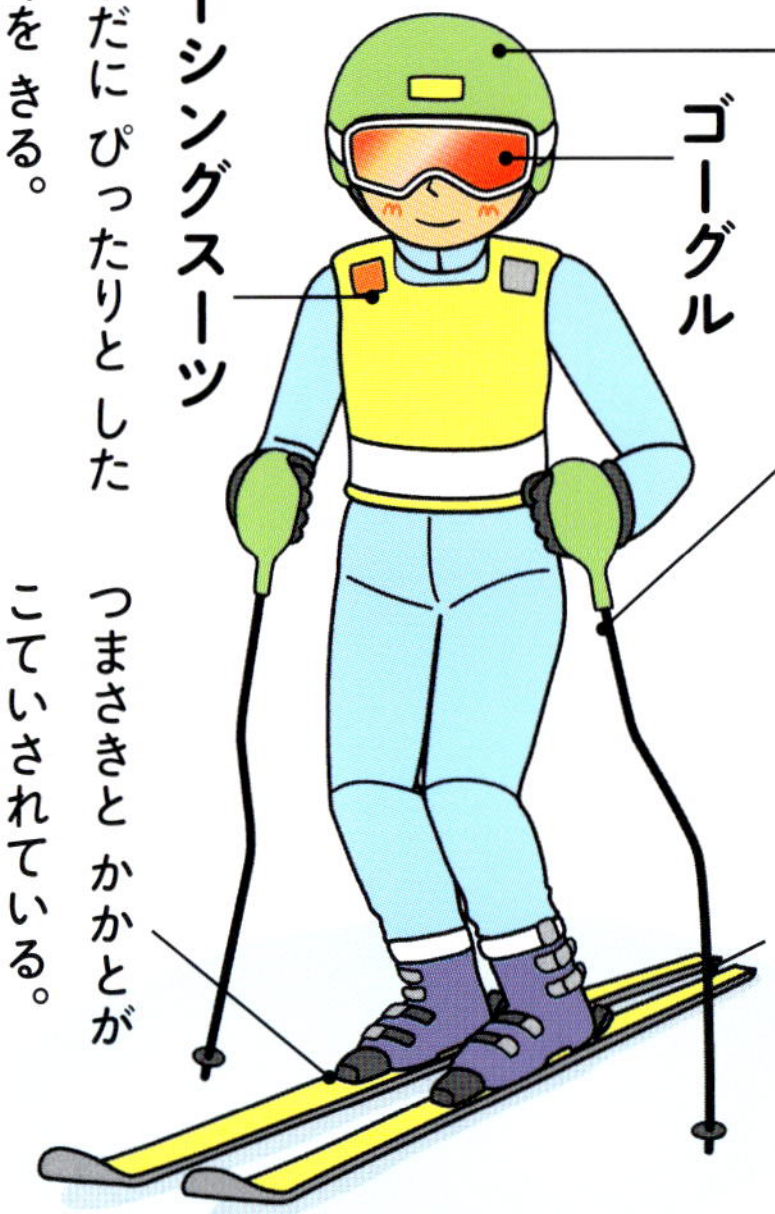

レーシングスーツ
からだに ぴったりと した ふくを きる。

スキーいた
こまかく ターンする しゅもく（「かいてん」など）は、みじかいもの、おおきく ターンする しゅもく（「かっこう」など）は ながいものを つかう。

つまさきと かかとが こていされている。

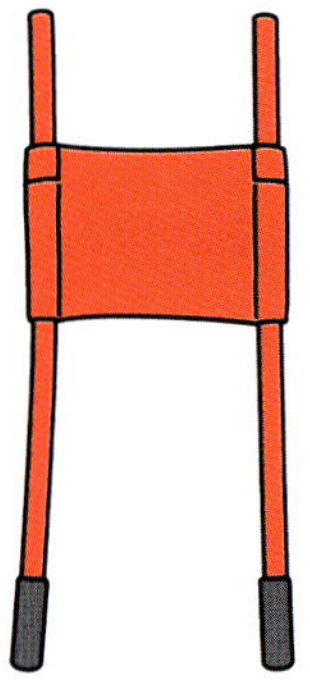

きもん（ポール）
せんしゅが すべる ばしょを しめすための ぼう。はたが ついているものと ついていないものが ある。

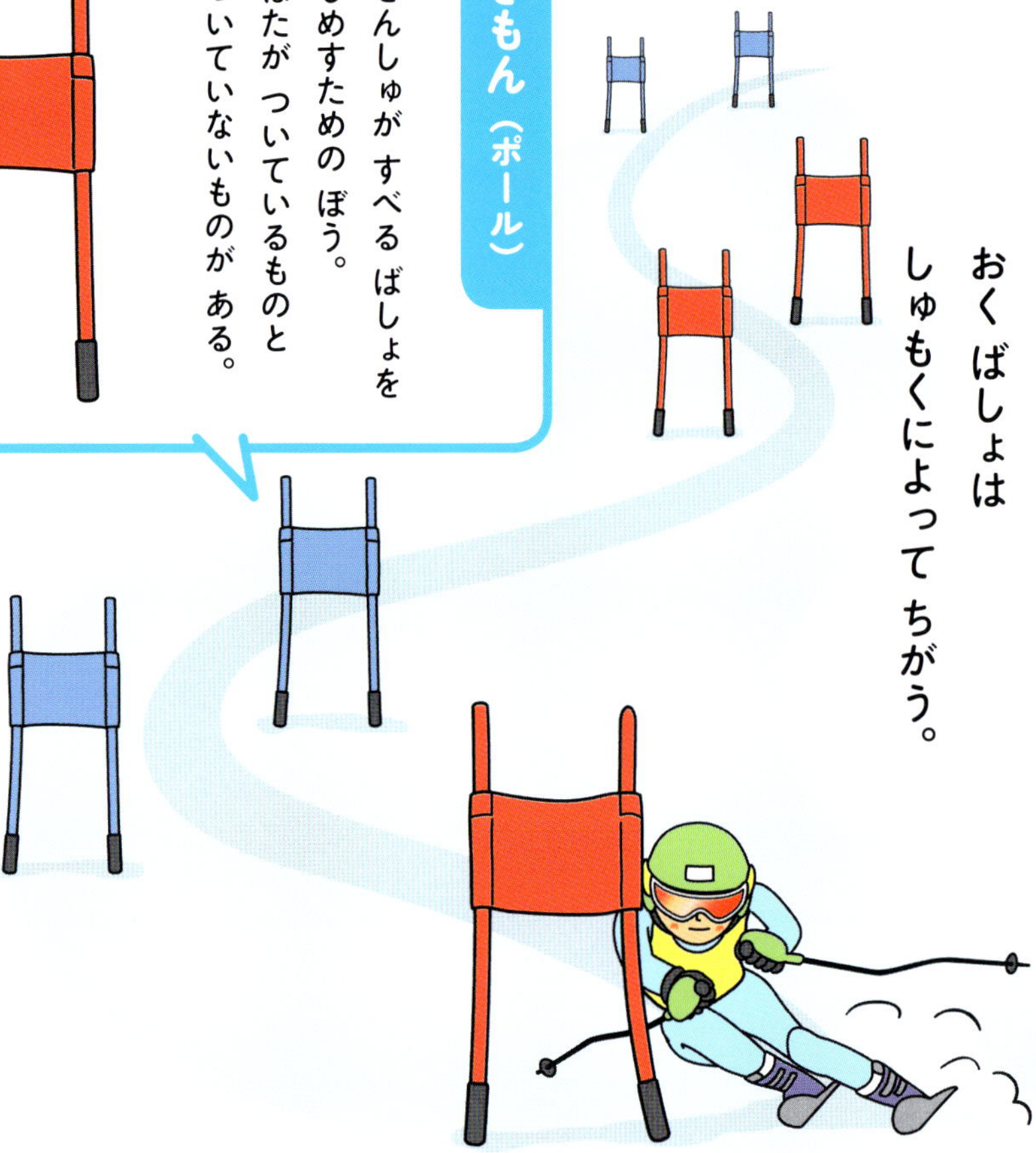

コース
ゆきやまの なかに きもんが ならんでいて、きもんの あいだを ターンしながら すべらなければ ならない。きもんの かずや おく ばしょは しゅもくによって ちがう。

ターンの しかた
からだを おおきく かたむけて きもんに ぎりぎりまで ちかづいて ターン する。

ひとつでも きもんを まがりそこねると しっかくに なる。

しゅもく

かっこう(ダウンヒル)

きもんが すくなく、おおきく ターンする コースを すべる。
5つの しゅもくの なかで すべる きょりが 1ばん ながく、スピードも はやい。

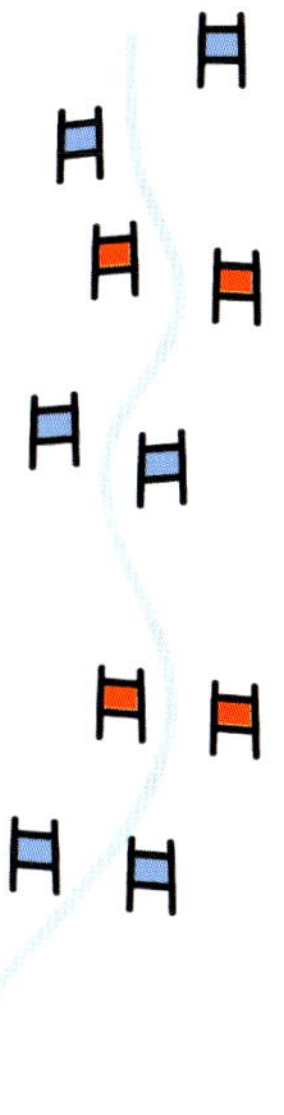

かいてん(スラローム)

きもんが 1ばん おおく、こまかく ターンする コースを すべる。
2かい すべって ごうけいタイムを きそう。

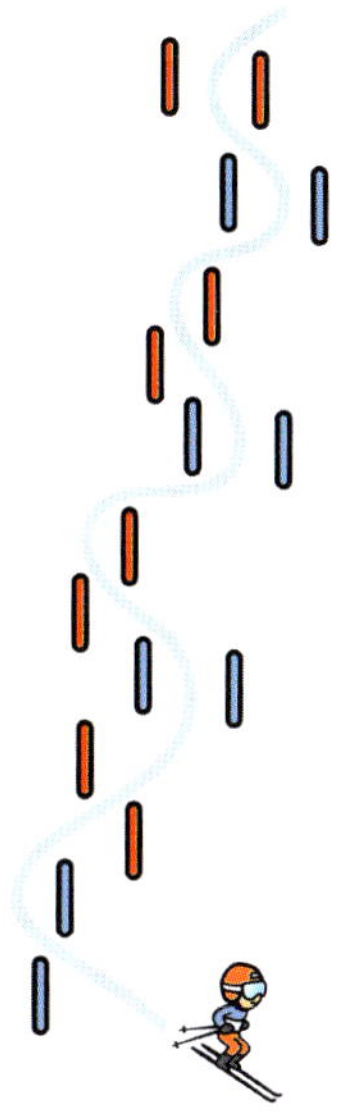

だいかいてん(ジャイアントスラローム)

きもんが 2ばんめに おおく、でこぼこして、まがりくねった コースを すべる。
2かい すべって ごうけいタイムを きそう。

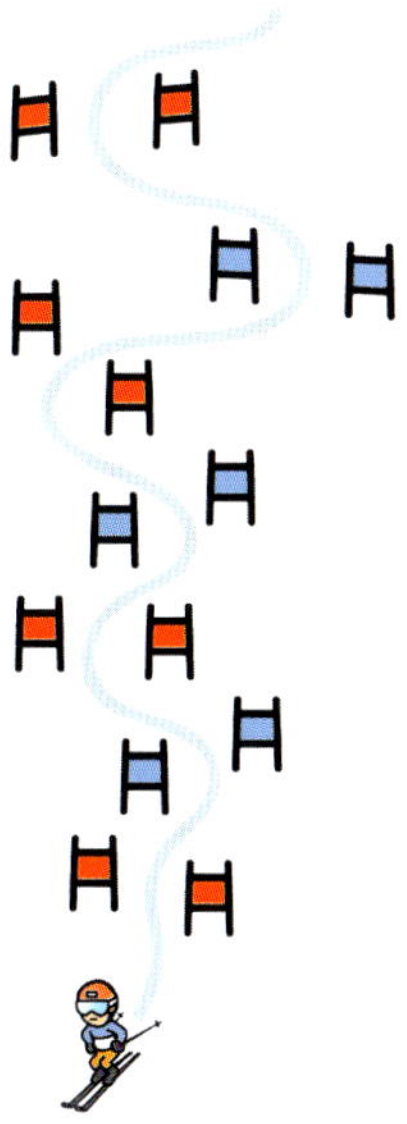

スーパーだいかいてん

だいかいてんのように でこぼこした コースを かっこうのように はやい スピードで、すべる。

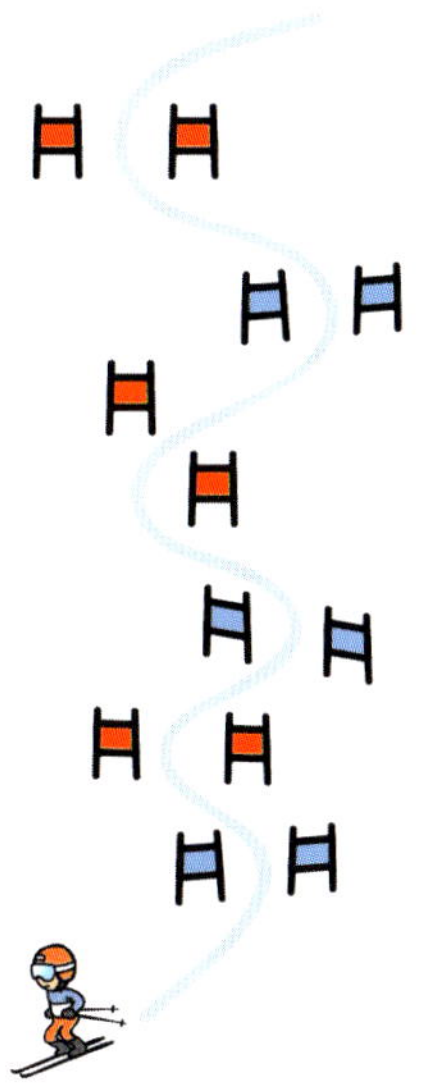

ふくごう(コンバインド)

スーパーだいかいてんと かいてんの 2つの しゅもくを おこない、ごうけいの てんすうを きそう。

おうちのかたへ

オリンピックの回転（スラローム）のコースでは、スタート地点とゴール地点の標高差は２００ｍ前後です。旗門の数は標高差によって決められます。滑降（ダウンヒル）のコースは標高差が５００ｍ以上と大きく、急な斜面のため選手は時速１００km以上のスピードにのって滑走します。

レーシングスーツは空気抵抗を減らすため、伸縮性のある素材で体にぴったりあうようにつくられていますが、旗門に当たりやすい肩や腕の部分には保護用のパッドがついています。

スキー③ フリースタイルスキー

スキーで すべりながら
ジャンプをしたり、くうちゅうで
えんぎを したりします。
いろいろな しゅもくが あります。

しゅもく

モーグル

こぶの ある きゅうな さかみちを すべりおり、さかみちの とちゅうに ある 2つの エアだいで ジャンプして、くうちゅうで えんぎを する。

スキークロス

4にんから 6にんの せんしゅが どうじに スタートして、でこぼこした みちや ジャンプだいのようなところなど、さまざまな しょうがいぶつの ある コースを すべり、はやさを きそう。

エアリアル

「キッカー」という おおきな ジャンプだいから ジャンプして くうちゅうで ちゅうがえりなどの えんぎを する。

スキースロープスタイル

てすり（ジブ）や ジャンプだいなどの しょうがいぶつの ある コースを えんぎを しながら すべる。

スキーハーフパイプ

「U《ユー》」の じの かたちをした コースを みぎから ひだり、ひだりから みぎへと すべり、コースの はしに きたときに ちゅうがえりなどの えんぎを する。

パラリンピックのスキー

パラリンピックでも ノルディックスキー（→136ページ）と アルペンスキー（→138ページ）を おこないます。どちらも、すべりかたは 3つに わかれていて、せんしゅは とくべつな どうぐを つかったり、ひとの たすけを かりて、ゆきの うえを すべります。

すわった しせいで すべる

チェアスキー

スキーいたの うえに いすが とりつけられている。アルペンスキーで つかう。

アウトリガー

ストックの かわりに もつ。

シットスキー

せいざの しせいで すわれる いすが とりつけられている。クロスカントリー（→136ページ）や バイアスロン（→143ページ）で つかう。

たった しせいで すべる

アルペンスキーでは 1ぽんの スキーいたで すべる せんしゅも いる。

「ぎそく」を つけて すべる せんしゅも いる。

ぎそく

あしの かわりと なる どうぐ。

「ガイド」と いっしょに すべる

めに しょうがいの ある せんしゅが 「ガイド」と いっしょに すべる。

ガイド

せんしゅの まえを すべり、どこを すべるのかなどを こえで つたえる。

おうちのかたへ

モーグルは、こぶとこぶの間を左右に向きをかえながら滑る「ターン」、ジャンプしたあとにおこなう空中演技の「エア」、スタートからゴールまでの「タイム」の、3つの要素で採点されます。そのうちもっとも配点が高いのがターンで、滑り方の技術や、姿勢などを評価されます。

チェアスキーのシートは、角度や高さを調節することができます。シートの下には、ばねがついていて、ひざの代わりに衝撃を吸収する役割を果たします。

スノーボード

「スノーボード」という いたに のり、
ゆきの うえを すべります。
しゅもくに よって コースの
かたちが ちがいます。

パラレルだいかいてん

アルペンスキー（⇒138ページ）と
おなじように きもんが
たてられた コースを はしる。
ふたりの せんしゅが どうじに
スタートして はやさを きそう。

ハーフパイプ

スキーハーフパイプと
おなじように 「U《ユー》」のじの
かたちの コースを すべり、
くうちゅうで ちゅうがえりなどして、
わざの うつくしさを きそう。

スノーボードクロス

4にんから6にんの せんしゅが どうじに
スタートして、うねりの ある みちや
ジャンプだいのようなところなど、
さまざまな しょうがいぶつの ある
コースを すべり、はやさを きそう。

スロープスタイル

てすり（ジブ）やジャンプだいなどの
しょうがいぶつの ある コースを
くうちゅうで まわるなどの
わざを みせながら すべる。

バイアスロン

クロスカントリー（↓136ページ）と しゃげき（↓132ページ）を くみあわせた きょうぎです。じゅうを せおって コースを すべっていき、とちゅうで しゃげきを おこないます。

たって うつときと はらばいに なって うつときが ある。

パラリンピックの スノーボード

パラリンピックにも うでや あしなどに しょうがいの ある せんしゅが おこなう スノーボードが あります。

スノーボードクロス

うねりの ある みちや ジャンプだいのような しょうがいぶつが あるコースを すべり、はやさを きそう。

あしに どうぐ（ぎそく）を つけた せんしゅも ストックを つかわないで すべる。

バンクドスラローム

アルペンスキー（↓138ページ）と おなじように きもんが たてられた コースを すべる。まがりやすいように 「バンク」の ある コースに なっている。

スピードを おとさずに まがれるように ななめに なっているところ。

おうちのかたへ

スノーボードの種目には、ほかにもビッグエアがあります。急斜面の助走路を滑って、ジャンプ台から高く飛び上がり、高難度の技を披露する種目です。

パラリンピックのスノーボードクロスは予選のタイムによって組分けされた2人1組で滑ります。バンクドスラロームは同じコースを1人3回ずつ滑り、一番早いタイムで順位を決定します。バンクでいかにスピードを落とさずに曲がるかが、好タイムを出すかぎとなっています。

スケート

スケートぐつを はいて こおりの うえを すべります。すべる はやさを きそう しゅもくと えんぎを して うつくしさなどを きそう しゅもくが あります。

スピードスケート

1しゅうが 400メートルの トラックを きめられた きょりだけ すべり、 はやさを きそいます。

スラップスケート
かかとと はが はなれている。

スケートスーツ
からだに ぴったりしていて ぼうしも ついている。

スケートリンク
うちがわと そとがわの ふたつの レーンが ある。

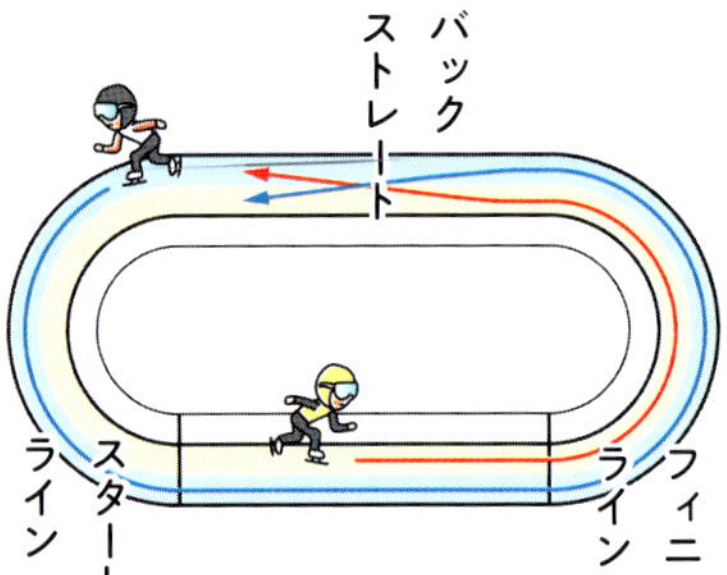

レーンの うちがわと そとがわで ながさが ちがうので バックストレートの ところで レーンの うちがわと そとがわの せんしゅが いれかわって すべる。

ショートトラック

1しゅうが 111.12メートルの トラックを 4にんか 6にんの せんしゅが どうじに すべり、 じゅんばんを きそいます。

スケートリンク
スピードスケートの トラックよりも ちいさくて カーブが きゅうに なっている。

ほかの せんしゅと ぶつかることも おおいので けがを しないように ヘルメットと ひじあて、 ひざあてを つける。

きゅうカーブなので すべっている あいだ からだが おおきく かたむく。

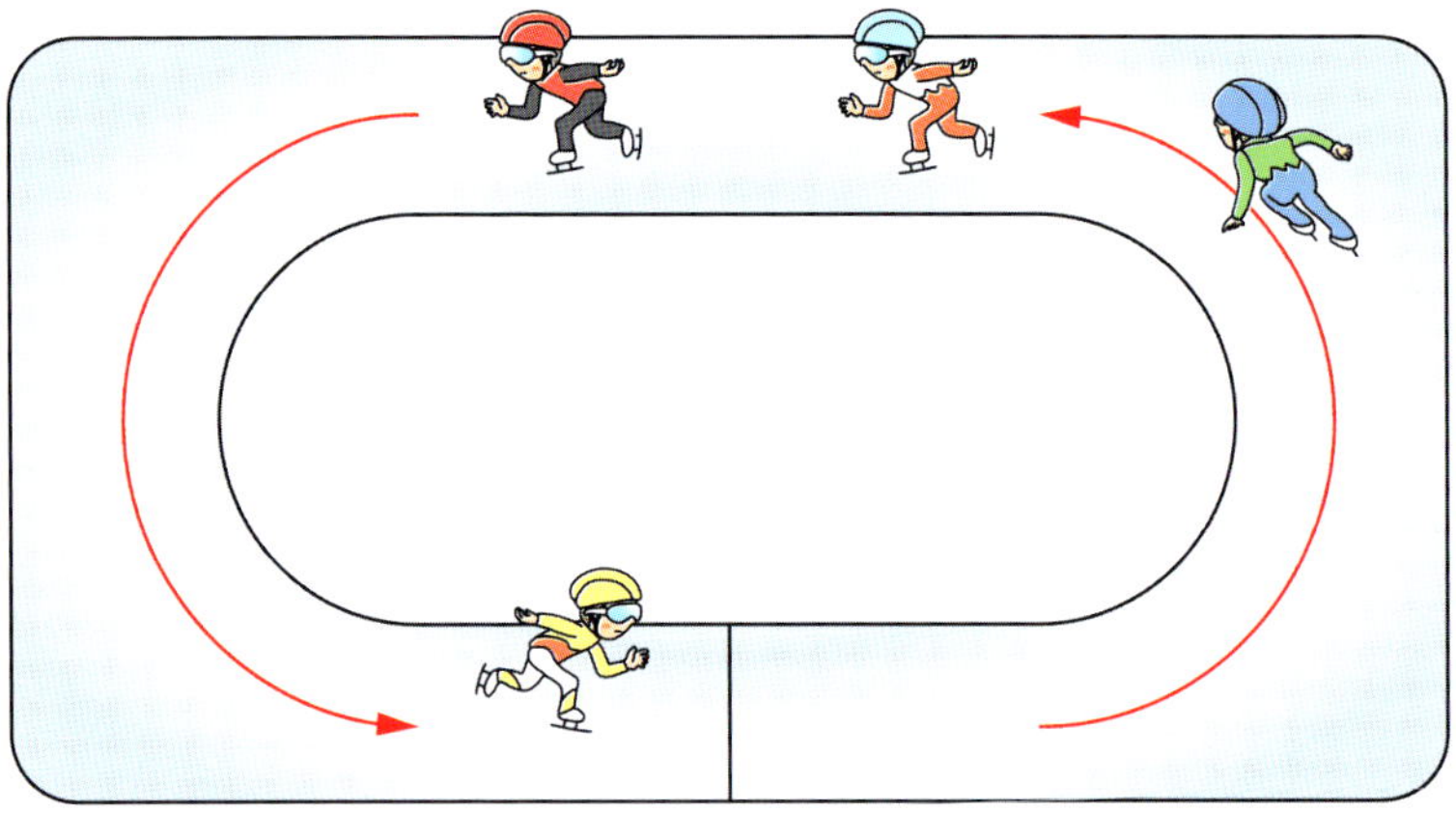

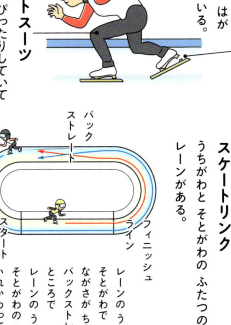

フィギュアスケート

おんがくに あわせて えんぎを して、
わざの むずかしさや うつくしさを きそいます。
ひとりで えんぎする「シングル」の ほかに、
ふたりで えんぎする「ペア」「アイスダンス」の
しゅもくが あります。

シングル

ペア

アイスダンス

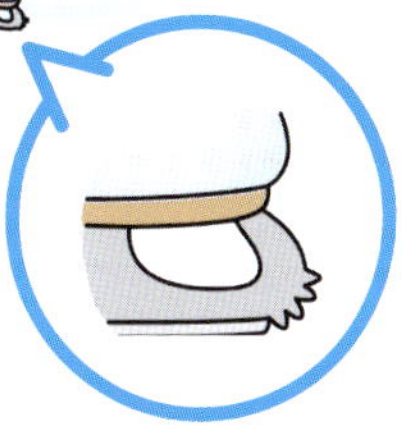

スケートぐつ
はの さきが
ぎざぎざに
なっている。

フィギュアスケートの わざ

いろいろな わざを くみあわせて えんぎします。

スピン
おなじ ばしょで おなじ
しせいの まま なんども
くるくる まわる。

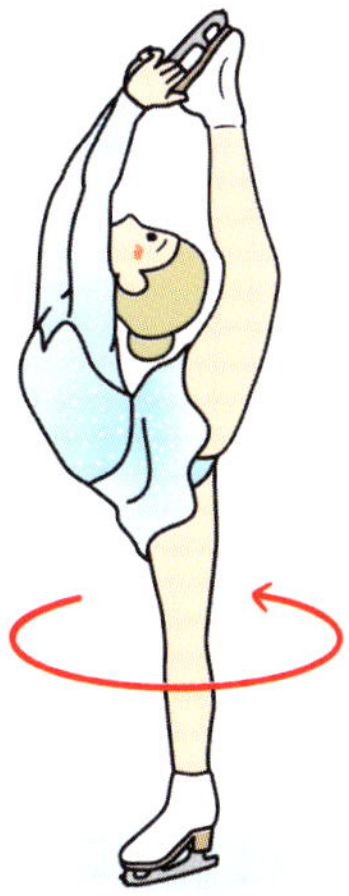

ステップ
こまかく むきを かえながら
リズムよく すべる。

ジャンプ
とんで くうちゅうで
くるくる まわる。
いろいろな しゅるいが ある。

アクセル
まえを むいて ひだりあしの
そとがわで ふみきる。

おうちのかたへ

フィギュアスケートの「ペア」は男性が女性を高く持ち上げる技や、男性が女性を投げ上げて女性が空中で回転する技などがあります。「アイスダンス」はステップなど滑りの技術に重点が置かれていて、ジャンプや、女性を肩よりも高く持ち上げる技などは禁止されています。「シングル」のジャンプは、かかとで踏み切るアクセル、サルコウ、ループ、つま先で踏み切る、トウループ、フリップ、ルッツの6種類があります。また、アクセル以外のジャンプはすべてうしろ向きの状態で踏み切ります。

アイスホッケー

こおりの リンクの うえで おこなう、ホッケー（⬇68ページ）に にた スポーツです。2つの チームが あいてチームの ゴールに、「スティック」と いう ぼうを つかって 「パック」と いう まるい ゴムを いれ、てんすうを きそいます。1チームの にんずうは ゴールキーパーを いれて 6にんで、1かい（1ピリオド）20ぷんの しあいを 3かい おこないます。

ふくそうと どうぐ

ぶつかったときに けがを しないように ユニフォームは ぶあつく できている。

ヘルメット
ゴールキーパー
ゴールキーパー いがい
スティック
パック
まるくて ひらたい。こおりの うえで よく すべる。

アイスホッケーの リンク

しあいちゅうに パックが リンクの そとに とびださないように、まわりには とうめいの いた（フェンス）が とりつけられている。

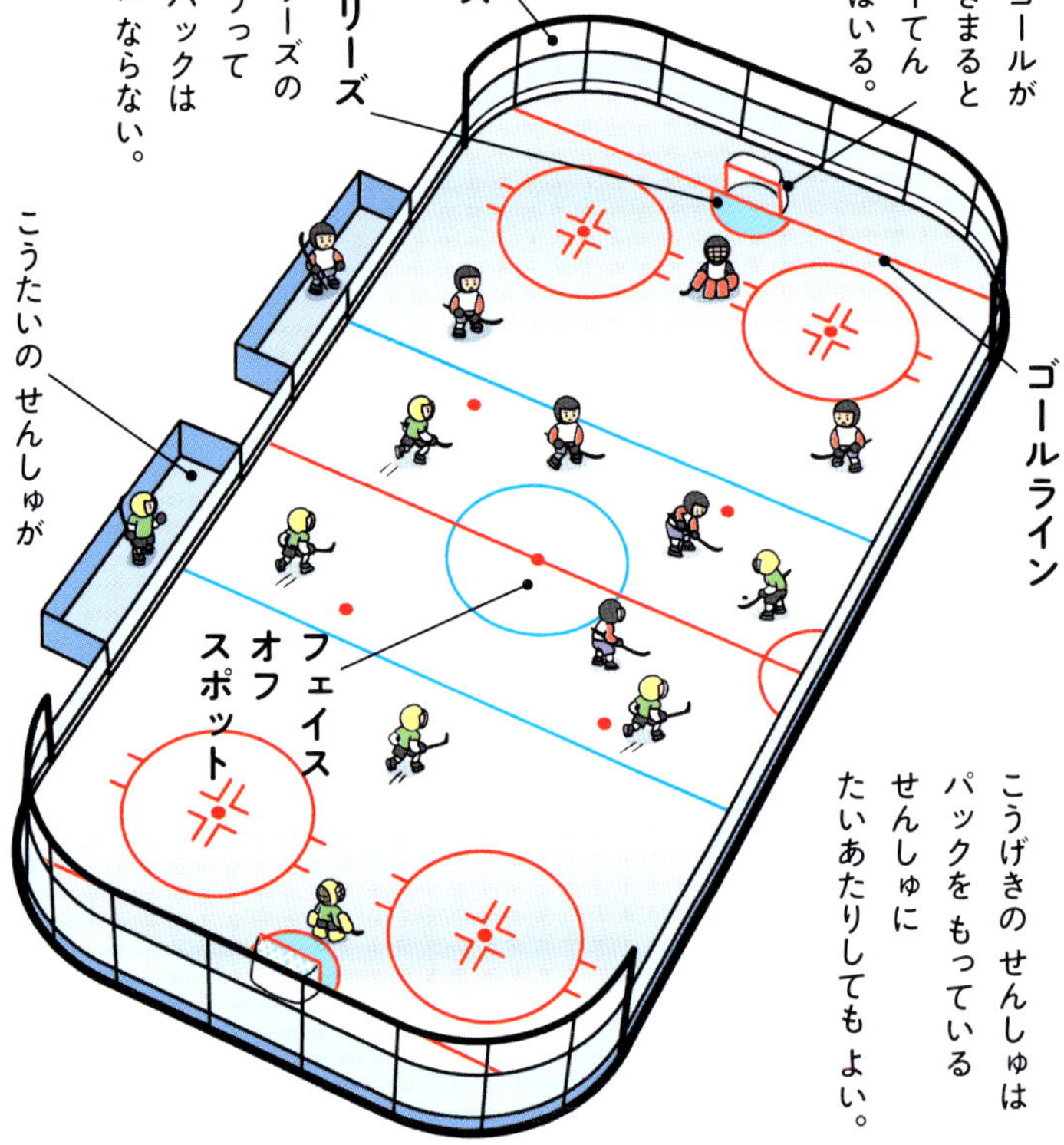

ゴール
ゴールが きまると 1てん はいる。
フェンス
ゴールクリーズ
ゴールクリーズの なかから うって はいった パックは てんすうに ならない。
こうたいの せんしゅが まっている ところ。
ゴールライン
フェイス オフ スポット
こうげきの せんしゅは パックを もっている せんしゅに たいあたりしても よい。

しあいの はじめかた

❶ チームから ひとりずつ リンクの まんなかの フェイスオフスポットに でる。

❷ しんぱんが ふたりの あいだに おとした パックを うばいあい、しあいが はじまる。

パラアイスホッケー

「スレッジ」という そりに のって おこなう アイスホッケーで、パラリンピックで おこなわれる きょうぎです。
リンクの おおきさや 1チームの にんずうは アイスホッケーと おなじです。
1かい（1ピリオド）15ふんの しあいを 3かい おこないます。

ふくそうと どうぐ

ゴールキーパーいがい

りょうてに スティックを もつ。

ピック
ここで こおりを かいて まえに すすむ。さきが とがっている。

スティック
パックを うつところの はんたいがわに「ピック」が ついている。

スレッジ

ゴールキーパー

スレッジ
あぐらを かいて すわるような かたちに なっている。

スティック
1ぽんだけ もつ。

おうちの かたへ

アイスホッケーは「氷上の格闘技」と呼ばれるほど、激しい接触プレーが多いスポーツです。選手が打ったパックは時速160㎞をこえるスピードが出ます。危険が伴うスポーツであるため、厳しいルールが設定されています。ひじで相手を妨害する、パックを持っていない選手のプレーを妨害する、相手を押さえこんだりするなどの行為は反則です。反則をした選手は審判が決めた時間だけプレーに参加できず、その間、その選手のチームは少ない人数でプレーしなくてはなりません。

カーリング

2つの チームが こおりの リンクの うえに かかれた「ハウス」という えんの まんなかを ねらって ストーン（いし）を すべらせ、てんすうを きそいます。1チームの にんずうは 4にんです。

どうぐ

ストーン（いし）
うえに もちてが ついている まるい いし。おもさは 20キログラム ある。

ブルーム（ブラシ）
こおりを こする どうぐ。

カーリングの リンクと しあいの ながれ

リンクの うえに せんや ハウスが かいてある。ストーンを おしだす ひとや こおりを こする ひとなど それぞれ やくわりが ある。

❶ ハックを けって じょうそうを つけ、ストーンを おしだす。

❷ ブルームで こおりを こすって ストーンを すべりやすくし、ハウスまで はこぶ。

ハウス
ここの まんなかを ねらって ストーンを すべらせる。
ハウスの なかにも ストーンの おしだしかたや こおりの こすりかたの しじを する ひとが いる。

てんすうの はいりかた

ハウスの まんなかに いちばん ちかいところに ストーンが ある チームにだけ てんすうが はいる。あいてチームの まんなかに いちばん ちかい ストーン（★）よりも、うちがわに ある ストーンの かずが てんすうに なる。

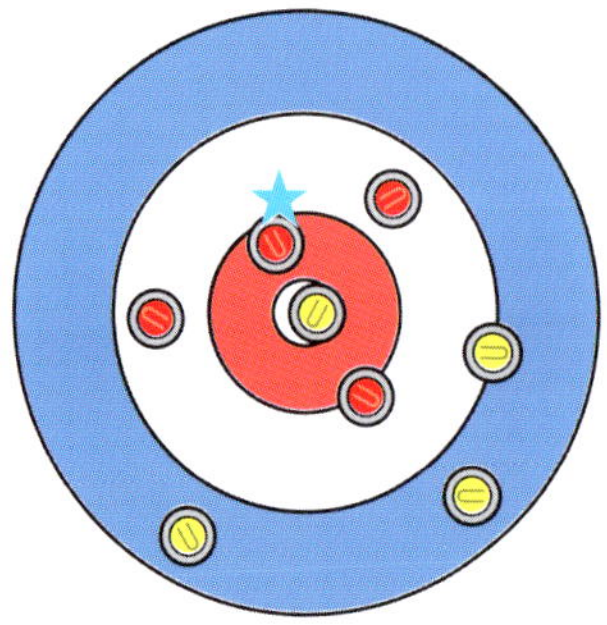

きいろの ストーンを なげた チームに 1てん。

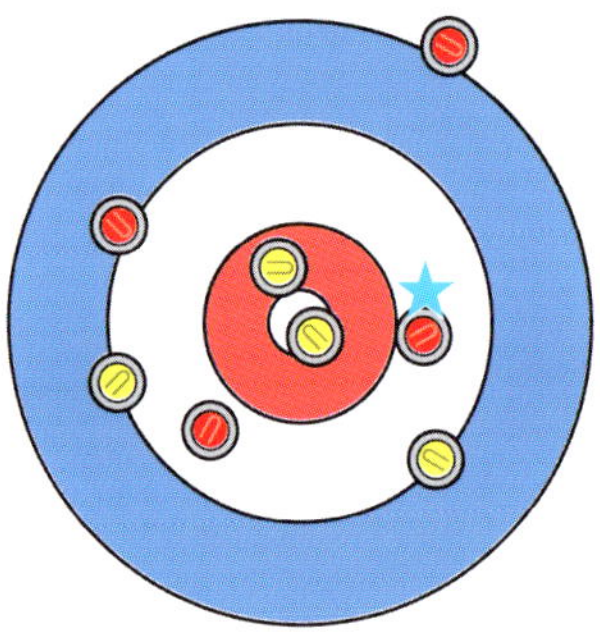

きいろの ストーンを なげた チームに 2てん。

ボブスレー

カーブの おおい こおりの さかみちを ふたりのりか 4にんのりの そりで すべり、はやさを きそいます。

まえに のる せんしゅは ハンドルを まわす。うしろの せんしゅは ブレーキを かける。

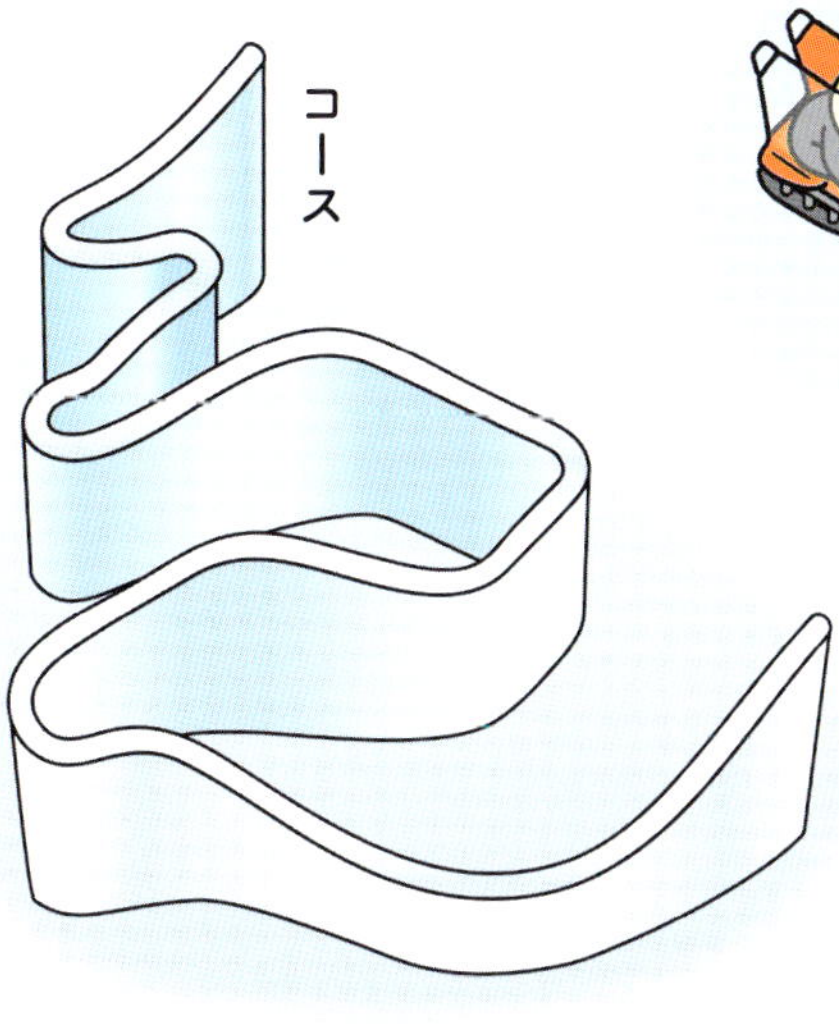
コース

リュージュ

ボブスレーと おなじ コースを、あおむけの しせいで そりに のって すべり、はやさを きそいます。

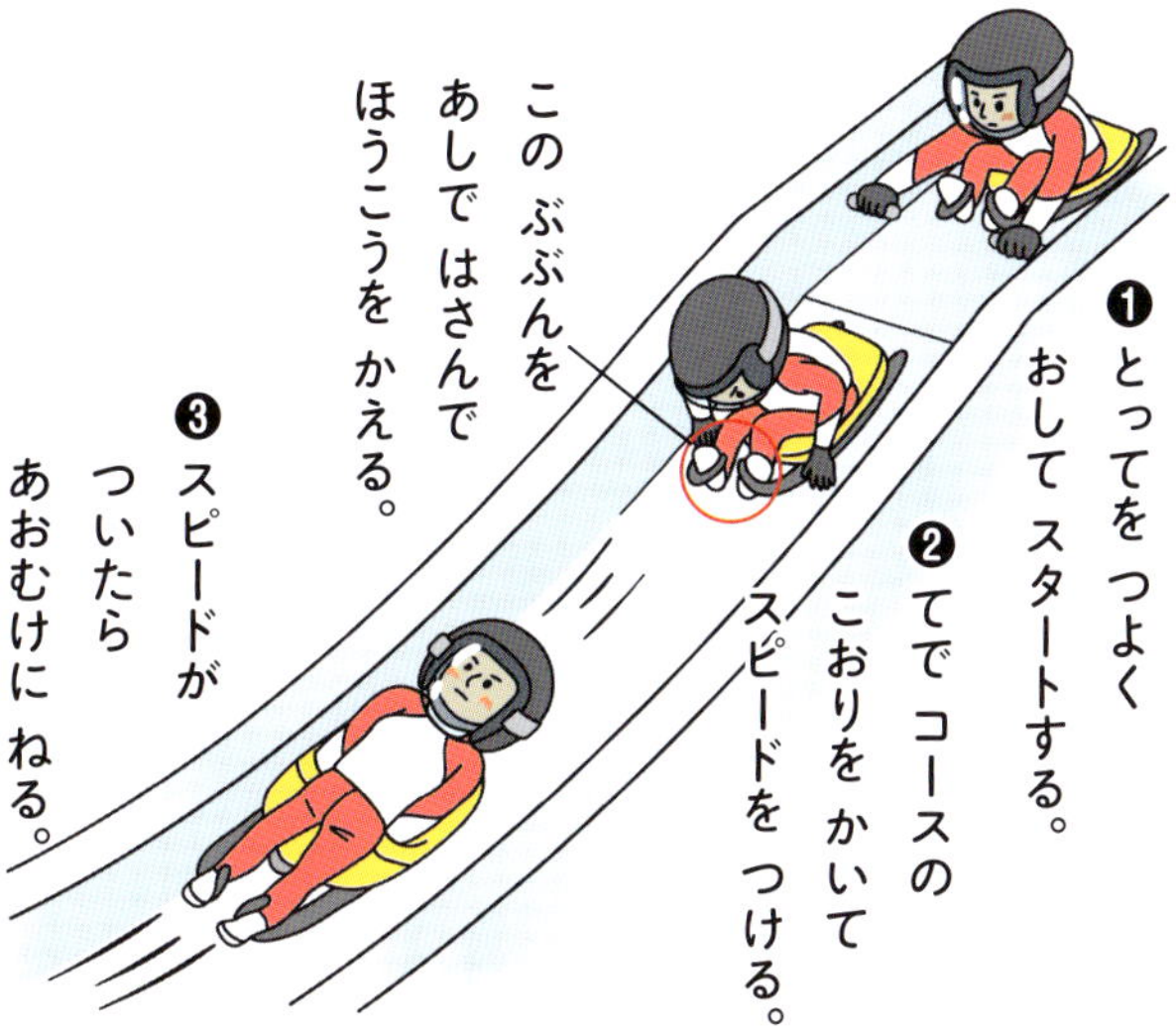
❶とってを つよく おして スタートする。
❷てで コースの こおりを かいて スピードを つける。
この ぶぶんを あしで はさんで ほうこうを かえる。
❸スピードが ついたら あおむけに ねる。

スケルトン

ボブスレーと おなじ コースを はらばいの しせいで そりに のって すべり、はやさを きそいます。

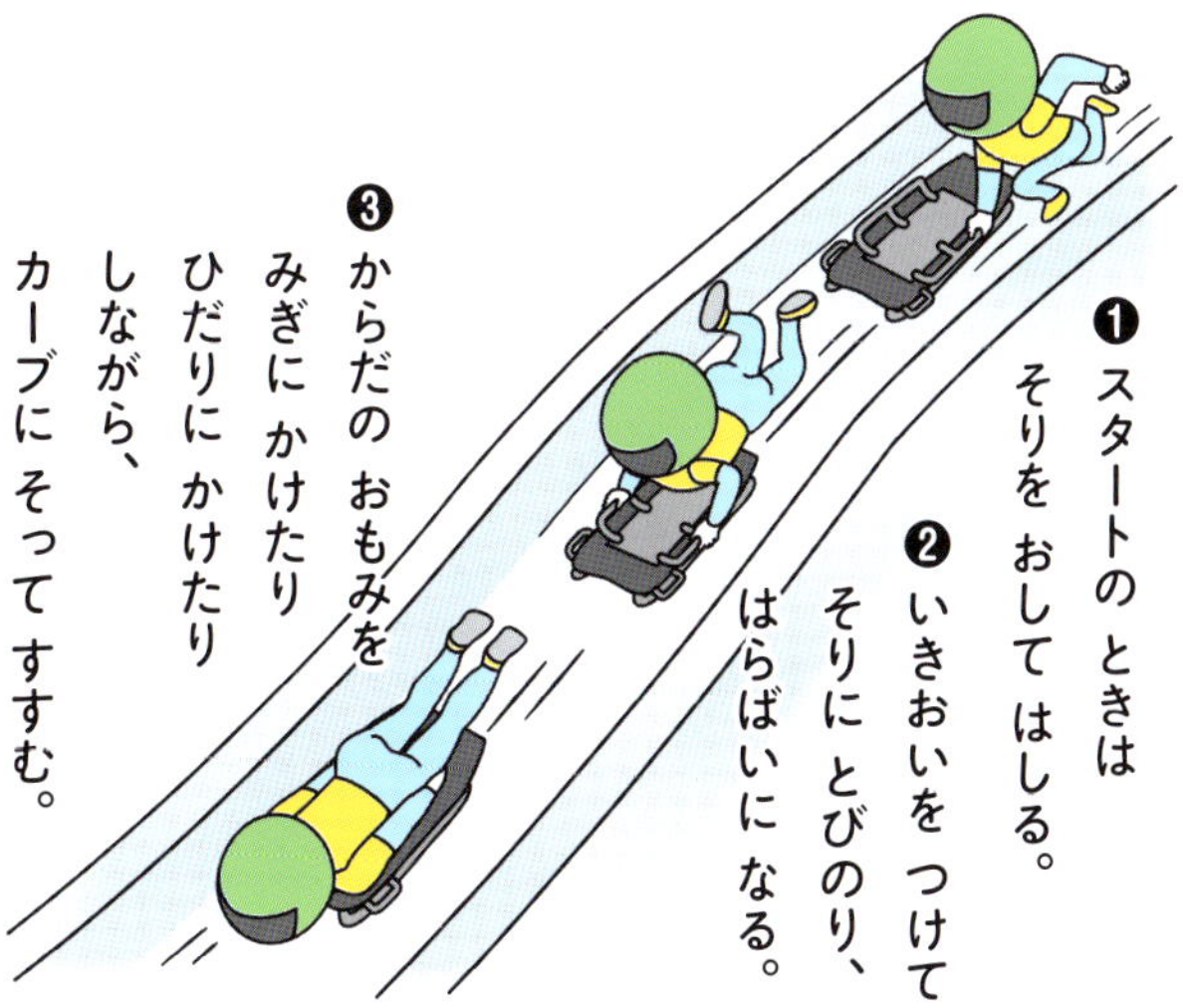
❶スタートの ときは そりを おして はしる。
❷いきおいを つけて そりに とびのり、はらばいに なる。
❸からだの おもみを みぎに かけたり ひだりに かけたり しながら、カーブに そって すすむ。

おうちのかたへ

カーリングは1チーム4人です。1エンドにつき1人2回ずつストーンを投げ、1試合でこれを10エンドおこないます。氷の状態を見てストーンを投げる強さや回転のかけ方を調整するなど、頭脳を使うため「氷上のチェス」といわれます。試合中は「スキップ」と呼ばれるキャプテンが指示を出します。

そり競技のコースは全長1300～1500mほどで、直線コースと数種類のカーブが設けられています。オリンピックでは時速100km以上のスピードが出ることもめずらしくありません。

さくいん

内容指導 ―― 白旗和也（日本体育大学）
装丁 ―― 大薮胤美（フレーズ）
本文デザイン ―― 月島奈々子（フレーズ）
表紙立体制作 ―― 長谷部真美子
イラスト ―― ジャンボ・KAME
高山千草
たじまなおと
多田あゆ実
TICTOC
メイヴ
わたなべふみ
撮影 ―― 上林徳寛
校正 ―― 村井みちよ
編集協力 ―― 漆原泉 酒井かおる
成瀬久美子 野口和恵
編集・制作 ―― 株式会社 童夢

こども スポーツ絵じてん
2018年5月30日　初版発行

こども スポーツ絵じてん

2018年5月30日　第1刷発行

編　者　　三省堂編修所
発行者　　株式会社 三省堂　代表者 北口克彦
発行所　　株式会社 三省堂
〒101-8371 東京都千代田区神田三崎町二丁目22番14号
電話　編集（03）3230-9411　営業（03）3230-9412
http://www.sanseido.co.jp/
印刷所　　三省堂印刷株式会社

落丁本・乱丁本はお取り替えいたします。
ISBN978-4-385-14328-6〈スポ- ツ絵じてん・152pp.〉